ヒエログリフを解け

ロゼッタストーンに挑んだ
英仏ふたりの天才と究極の解読レース

エドワード・ドルニック
Edward Dolnick

杉田七重［訳］
Nanae Sugita

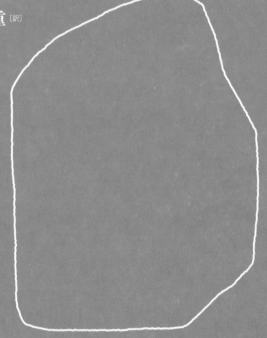

東京創元社

The Writing of the Gods

The Race to Decode the Rosetta Stone

1

「アルプスを越えるナポレオン」ジャック=ルイ・ダヴィッド作。ナポレオンはダヴィッドに、「暴れ馬」にまたがった自分を描くよう指示を出したが、このとき彼が実際にまたがっていたのはラバだった。

2

3

ロゼッタストーンの解読レースに挑んだふたりのライバル。ヤング（左）はイギリス人で、知的興味が広範に及ぶことで知られている。シャンポリオン（右）はフランス人で、その情熱はひたすらエジプトに注がれた。共通するのは天才であるという一点のみで、その他のあらゆる点でふたりは異なっていた。

4

ジョバンニ・ベルツォーニ。1800年代は、考古学のための発掘と略奪行為の境目が曖昧だった。ベルツォーニは伝説的人物で、サーカスの怪力男から探検家に転身してエジプトで盗掘を行い、ヒエログリフの解読劇において重要な役割を果たす鍵を掘り出した。

5

6

ヒエログリフはエジプト全土に遍在するが、時代が下ると、その解読方法を知る者はどこにもいなくなった。エジプトはひらかれた本ではあったが、誰も読めなかった。「錐《きり》や針で穴を突く隙間もないほどに、何かの表象や文字のようなものがびっしり並んでいるのだが、そのひとつとして意味を解することができない」と、バグダッドからやってきた旅行者が1183年に書いている。

7

ヒエログリフは謎めいているだけでなく、魅惑的でもある。精緻な文字が入念に描かれているため、深遠な謎を秘めているに違いないと思わせる。中央の楕円内に綴《つづ》られているのはホルエムヘブ王の名前と名誉称号。ホルエムヘブはツタンカーメン王のあとに支配権を握った。ツタンカーメンに関する情報がわずかしか得られないのは、彫像でも記念碑でも、そこにツタンカーメンの名があるとみれば、このホルエムヘブがすべて削り落としたのが一因。

8

この巨大な彫像は4体ともすべて、古代エジプト最強の王、ラムセス2世をかたどったもの。それぞれ6階建ての建物と同じ高さがある（神殿の入り口の、向かってすぐ左にある彫像は、遠い昔に頭と胴を失っている。ともに足もとの地面に崩れ落ちていて、今も見ることができる）。現在アブ・シンベル神殿は世界で最も有名な遺跡のひとつになっている。

9

ナポレオンはエジプト遠征に芸術家や科学者を伴った。1800年代初頭に帰国した彼らがエジプトの驚異を報告したのがきっかけで、エジプト熱に火が点《つ》いた。エジプトマニアと呼ばれたその熱狂は、以降何十年にもわたって続き、ヨーロッパばかりかアメリカにも広がった（それゆえワシントン記念塔はオベリスクとなった）。1912年、アメリカ屈指の著名な建築家が、リンカーン記念館のデザインとして上掲のスケッチを提出した。リンカーンの遺体をピラミッドのなかに安置するという構想だ。

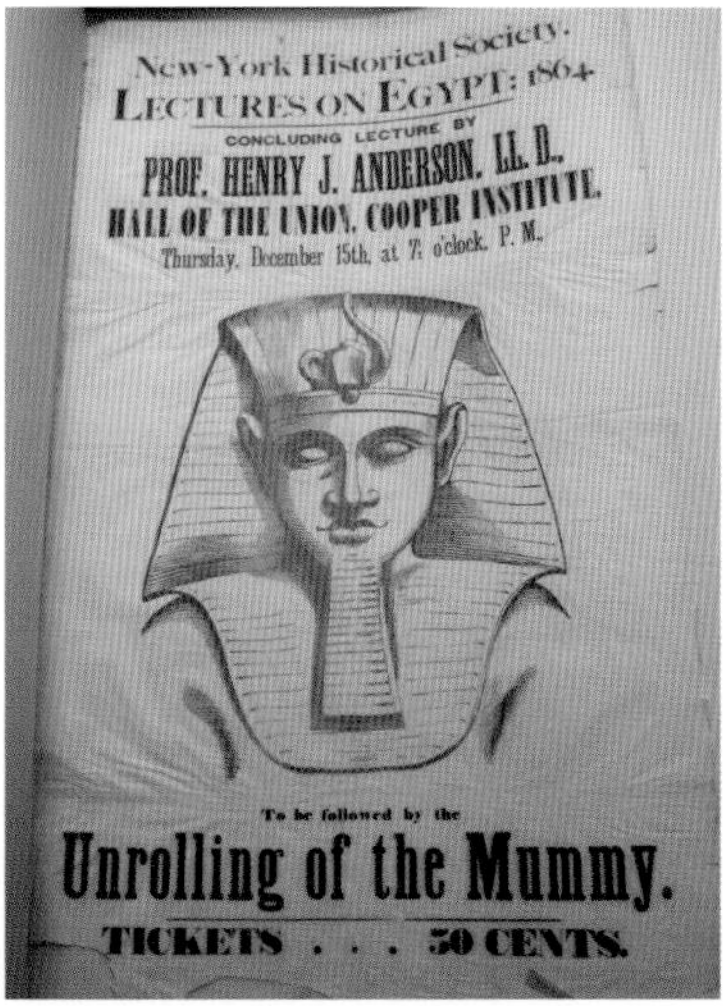

10

11

エジプトに関するものなら何でも興奮を巻き起こした。講演会はミイラの麻布をはがすところが見られるという謳い文句で人寄せをし、画家はミイラを碾《ひ》いて粉にした顔料を絵の具に使った。

ヒエログリフを解け　目次

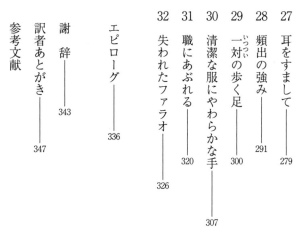

ヒエログリフを解け

リン、サム、ベンに捧げる。

ぼくらは今エジプトにいる。ファラオの国、プトレマイオス朝の王たちの国、クレオパトラの王国……ここでぼくらは頭を膝のようにつるつるに剃り上げ、ソファに寝そべって長いパイプを吸い、コーヒーを飲んでいる。どういえばいい？　どんな言葉を連ねれば、この状況をきみに伝えることができるだろう？ぼくはまだ、最初の衝撃からほとんど立ち直れずにいる。

——ギュスターブ・フローベール（一八五〇年）

年　表

紀元前 3100	最古のヒエログリフが刻まれる
2686～2181	エジプト古王国時代
2600	大スフィンクスと大ピラミッドが建造される
2040～1782	エジプト中王国時代（古代エジプト文学の黄金時代）
1570～1070	エジプト新王国時代（エジプトが歴史上最も豊かだったとされる時代）
1334～1325	ツタンカーメン王時代
1279～1213	ラムセス2世時代（エジプト史上最も偉大なファラオ）
332	アレクサンドロス大王がエジプトを征服
196	ロゼッタストーンにヒエログリフが刻まれる
30	ローマ帝国がエジプトを征服。クレオパトラが自殺
紀元後 394	知られている最後のヒエログリフが刻まれる
642	アラブがエジプトを征服
1773	トマス・ヤング誕生
1790	ジャン＝フランソワ・シャンポリオン誕生
1798	ナポレオンがエジプトに侵攻
1799	ロゼッタストーンが発見される

※古代の年代は歴史家と考古学者の最良と思われる推定に基づく

プロローグ

想像してほしい。今から数千年先の未来で、考古学者が土にシャベルを差し入れたところ、何か固いものに当たって音がしたと。これほど遠い未来になると、アメリカ合衆国という国が本当にあったのかどうか誰も知らない。アトランティスのような伝説の国にされているかもしれない。英語を話す人間はもうおらず、英語の文献の切れ端がわずかに残るのみ。それさえ誰ひとり読めない。

シャベルを取り去ると、表面がつるつるした石が現れた。何か大きな石のブロックのほんの一部だろう。それでも、なめらかな面を見て、考古学者の心臓は激しく鼓動する。これほど整った面を持つ石は自然界にはまず存在しない。目を近づけて見て、さらに期待が高まった。直線や曲線が刻まれている。ひょっとして、何かの碑文ではないか？

それから数週間、数か月、研究者の一団は、曲線や、すり減った記号らしきものを丹念にたどり続けている。これらはいったい何を意味するのか。謎を解明するべく果てなき挑戦が始まった。しかし損傷や摩耗《まもう》がひどくて判別がつかない部分もあるし、ごっそり欠け落ちている部分もある。

OUR SC E AN SEV

いや、これは逆から読むのかもしれない。

VES NA E CS RUO

さて、未来の学者たちはいかにしてこれを読み解くのか。英語もアメリカの歴史もまったく知らない人間たちが、大昔の石造建築の内壁に刻まれた、次のような演説の冒頭を果たして解読できるものだろうか。

Four score and seven years ago（ゲティスバーグ演説の出だしの文句）

1 賭け

ロゼッタストーンが発見された一七九九年当時のエジプトは、蒸し暑いばかりの貧しい国だった。しかしそんなことは問題ではない。西洋人を魅了してきたのは、いつだって古代のエジプトなのだから。

世界で初めて、異国人の目から見たエジプトの驚異を記録したのは、「歴史の父」と呼ばれたヘロドトスだ。何から何までが珍しい国の物語を紀元前四四〇年に書いて読者を大いに魅了した。世界でも希《まれ》な「珍しい気候」と「珍しい性質の川」を持つエジプト。何より驚くべきは、「他国の人間とは何から何まで異なる」エジプト人の「生活様式と習慣である」とヘロドトスは書いている。

数千マイルにわたる砂漠を両側に従えた細長い緑地の国土も珍しければ、自然に反するように南から北へ流れるナイル川もまた珍しい。が、その川の一番の驚異は、雨がほとんど降らない気候にもかかわらず、毎年決まって氾濫《はんらん》するという点だ。そして水が引いたあとには農業にうってつけの肥沃《ひよく》な黒土が残されるのである。

古代世界は農耕を中心にまわっていたが、天候に左右される農業は、エジプト以外の地域では不安定なものだった。雨が降れば豊作になるが、雨は必ず降ってくれるものではなく、干魃《かんばつ》になって作物が枯れ、一家が飢えに苦しむことも珍しくない。

しかし神に守られたエジプトでは、そういう心配はほとんど不要だった。年間を通して空は晴れているにもかかわらず、いつでもナイル川は氾濫する。これまでずっとそうだったし、未来においても変わらない。翌年も、またその翌年も、氾濫は確実にやってくる。それこそ神の貴重な賜《たまもの》であり、永遠の繁栄が保証されているのである。東西の境には砂漠、北の境には海が広がり、南の境には急流が流れているため、敵はどこからも侵入できない。黙っていても安全と繁栄が保証されているエジプトは、世界の憧れだった。

そして何よりも、古代のエジプトは途方もなく裕福な国だった。「エジプトでは金が砂漠の砂さながらに埋蔵されている」と、隣国アッシリアの王が、ツタンカーメン王時代のエジプトについて憧れを込めて述べている。これはさほど大げさな物言いでもない。ツタンカーメンはアメリカの大統領でいえばミラード・フィルモア（第十三代大統領）程度の、いわばぱっとしないファラオであるが、この王の墓に納められていた副葬品は、今日《こんにち》まで足繁く博物館に通う人々の目をくらませている。棺は入れ子式の三重になっており、一番内側の重さ二百二十ポンドの純金製の棺の中に、麻布でくるまれたツタンカーメン王のミイラが入っている。頭と肩をすっぽり覆って優美に輝く黄金の仮面は、三千年のあいだ人目に触れることがなかった。

世界史の中で、古代エジプトほどよく知られた長寿文明はなく、その時間枠は想像を絶する。紀元前約三一〇〇年からクレオパトラが自殺した紀元前三〇年まで歴代のファラオが治めてきた。アメリカの歴史は三百年にも満たないが、古代エジプトは三千年続いた。

エジプトの歴史年表を完全に把握しようと思ったら、めまいを起こしかねない。エジプトで最も有名な記念碑、大ピラミッドとスフィンクスは、英国のストーンヘンジより古い。大ピラミッドもスフィンクスも紀元前二六〇〇年あたりにつくられたが（ストーンヘンジはおよそ紀元前二四〇〇年)、その頃にはエジプトはすでに建国から五百年が経っている。*

ピラミッド建造時代からクレオパトラの時代に至る時間は、クレオパトラからライト兄弟が登場するまでの時間より長い。その広大な時間の中で、エジプトはつねに世界の頂点に君臨していた。それに続く二千年、すなわちクレオパトラの時代からシーザーの時代を経て現代に至るまで、エジプトの神秘性はまったく衰えなかった。この驚異の国で「摩訶不思議《まかふしぎ》なものを何百何千と見てきたが……どれを前にしても驚きにわれを忘れてしまう」と、一六七一年にトルコ人の旅行者が記している。

かつて栄えた強国、アッシリアやバビロンに思いを馳《は》せる人間は今ではめったにいないが、エジプトの魅力はいまなお燦然《さんぜん》と輝いて、多くの人々を引きつけてやまない。遠い昔からそうであったし、一七〇〇年代末にナポレオンが遠征してきたときも、エジプトの魅力はまったく衰えていなかった。

なぜナポレオンはエジプトに遠征したのか。本人はもっともらしい大義名分を並べているが、じつはその裏に極めて単純な動機があった。彼がヒーローと崇《あが》めるアレクサンドロス大王とジュリアス・シーザー。ふたりともにエジプトを征服している。だったら自分も、というわけだった。現地でエジプトについて研究すると同時に、その地にフランス文明の恩恵をもたらすべく、遠征には優

*世界で最も有名なモニュメントには、他に次のようなものがある――パルテノン神殿(紀元前四五〇年頃)、ローマのコロセウム(紀元後一〇〇年頃)、アンコールワット(紀元後一一〇〇年頃)、中国の万里の長城(紀元後一四〇〇年頃)、聖ペテロ大聖堂(紀元後一六〇〇年頃)、タージマハル(紀元後一六五〇年頃)。

秀な科学者と芸術家を大勢引き連れていった。彼らが目にしたエジプトの驚異の数々が母国に伝えられたことで、エジプト熱と呼ばれる熱狂が広がったのである。

ヨーロッパ人にとってエジプトは、美（クレオパトラ！）と壮大（ピラミッド！）と謎（スフィンクス！）の宝庫。しかもそこに、恐怖（ミイラ！）まで加味されるのだから、興奮はいやが上にも高まる（エジプト遠征から帰国したナポレオンは、妻のジョセフィーヌにミイラの頭部を土産《みやげ》として持ち帰っている）。

その昔、遙か遠いエジプトの地へヨーロッパから足を延ばすにはよほどの覚悟が必要だった。そうしていざ行ってみれば、驚きの連続。地元の人間には日が昇って沈むのと同じぐらい当たり前の物事に、勇猛なる旅行者がことごとく目を丸くした。「最初に見たとき、ナイル川は満水だったが氾濫はしていなかった。それから一か月後に見たナイルはエジプトの国土全体に海のように広がっていた。村は水面に浮かんでいるように見え、人間も牛も半分水につかって移動していた」と、英国の旅行者ウィリアム・バンクスが一八一五年に記している。

広大な黄褐色《おうかっしょく》のキャンバスに緑の絵の具で線を引いたようなナイル川はもちろん、ヤシの木、蜃《しん》気楼《きろう》、イナゴ、果てしなく広がる砂漠の砂まで、西洋人の目にはありとあらゆるものが驚異と映った。「ヨーロッパ人からすれば、ここは外国というより、時空を超えた別世界なのである」とバンクスは書いている。

ヨーロッパ人の驚きの目は、古代エジプトの魅惑的な文字体系ヒエログリフにも向けられる。* ロゼッタストーンの発見を機に解読が叶うまで、長きにわたってヒエログリフの謎はエジプトを訪れる人々の眼前に突きつけられてきた。エジプトの記念碑や墓はことごとく、ほとんど偏執狂的といっていいほどに、心そそられる精緻な絵文字でびっしり覆われている。初期の冒険家は「無限のヒエログリフ」という言葉をつかっており、それをどう読めばいいのか誰も知らなかった。

神殿の壁には長いメッセージらしきものが刻まれているが、そこにとどまらず、柱、梁《はり》や梁の裏側、天井、オベリスク、無数のパピルス、ミイラを収めた棺、果てはミイラの包帯にまで、それと同様のものが見られるのである。「錐《きり》や針で穴を突く隙間もないほどに、何かの表象や文字のようなものがびっしり並んでいるのだが、そのひとつとして意味を解することができない」と、バグダッドからやってきた旅行者が一一八三年に記している。

それらがいったい何を意味するのか。わからないままにヘロドトスはヒエログリフを凝視し続けた。そのあとに続く学者たちも、征服者たちが持ち帰ったり、旅行者が綿密に書写したりしたオベリスクに刻まれたヒエログリフを――まるまる二千年にわたって――穴があくほど見てきた。しかし答えは出ない。謎めいたジグザグや鳥の絵、半円などを前に当惑するばかりだった。

どうあっても解読できないシンボルを前にした学者たちは、こんなものは単なる飾りに過ぎないと見くびったかもしれない。しかし事実はまったく逆だった。

よくよく考えたヨーロッパの学者たちは、ヒエログリフは他の文字体系にはとても真似できない、秘密の優れたコミュニケーションツールであると結論づけた。よくある文字体系のように文字や音を表しているのではなく、「思想」を表現しているというのである。

＊文字自体は「ヒエログリフ」であって、「ヒエログリフィック」と呼ぶのは誤用だとエジプト学者は主張する。「ヒエログリフィック」は、「アーティスティック」や「マジェスティック」と同じ形容詞だというのである。

フィラエ島のイシス神殿のヒエログリフ。

しかもそれは、ヒエログリフが文字によらないメッセージ伝達ツールであるといった単純な話ではない。タバコの絵を赤い斜線で切りつけた「禁煙」の看板とは違う。ヒエログリフが伝えるのは日常的なメッセージではなく、深遠な宇宙の真理であるというのだ。

言語学者と歴史学者は、ヒエログリフは他文化でお馴染みの文字体系とはなんら関係ないと主張する。ギリシャやローマでつかわれているような平凡なアルファベットは恋文や税の領収書につかわれるが、ヒエログリフには、もっと高尚な使用目的があったというのである。つまり、ヒエログリフが「ミルク、バター、何か子どもが食べられそうなもの」といった買物メモなどにも使用される日常使いの文字である可能性を完全に否定し、ヒエログリフで綴《つづ》られた文章は、どれもみな空間や時間の性質に関する内観を表していると信じて疑わなかったのだ。

ヒエログリフの持つ美的な価値を思えば、そういう誤りを犯すのも無理はなかろう。

上の写真のような動物の記号などは特に芸術的で、博物学者のフィールドノートに書かれていてもおかしくない精密さだった。

それとは逆に、美的価値のほとんどない文字体系を目にしたとき、言語学者は正反対のことを思う。こんな走り書きや殴り書きのような線が、文字や言葉を表しているわけがないと。たとえば、世界最古の重要な文字体系に、キュネアフォーム（楔形《くさびがた》）という名前を最初につけた学者は、命名したときには、それが文字であるなどとは思いもしなかった。その学者とは、オックスフォード大学でヘブライ語とアラビア語を教えていた古代言語の権威であるトマス・ハイド。一七〇〇年には古代ペルシアに関する大部の書を刊行したが、ペルシアの至るところで見受けられる粘土板に刻まれた精緻な楔のしるしに真剣に目を向けることはなかった。これは文字であると主張する学者の見解を否定し、手は込んでいるものの、単なる楔や矢印の飾りに過ぎないとしたのである。

しかし蓋《ふた》をあけてみれば、その楔形のしるしは立派な文字であって、形は変われど、三千年の長きにわたって中東のさまざまな言語を書き表すのにつかわれてきたのだった。ハイドの学問への貢献は、語学を教える大学教授（彼の場合は二言語）でも信じがたい間違いを犯す、その実例を見せたくらいのものであると、ある現代の専門家は揶揄《やゆ》している（楔形文字は、世界最古の文字という点で大方の学者の意見は一致している。誕生したのは紀元前三一〇〇年あたり。エジプトのヒエログリフが誕生した紀元前三〇〇〇年よりわずかに古い。中国最古の文字はそれよりあとの紀元前一二〇〇年頃に生まれた）。

同じように、とてつもなく重要な考古学的発見でありながら、文字であるはずがないと一蹴《いっしゅう》されたのが、ギリシャ文字の祖先である線文字Bと呼ばれるものである。一八八〇年代にクレタ島で巨大な石のブロックに彫られたものが見つかったのだ。そこは神話と歴史に満ちており、王によって塔に投獄されたダイダロスとイカロスの父子が翼を広げて空に飛び立った島だった。

紀元前一四五〇年あたりの線文字Bが、ヨーロッパ最古の文字であることがのちに証明されるのだが、その形に魅了された考古学者たちが、それぞれの文字に実際以上の深い意味を見て取ってもいいはずだった。ところがそうではなく、線文字Bを最初に目にした専門家たちは、これは「石工が作業中につけた目印である」と即座に決めつけた。

しかしヒエログリフについては、見下すような扱いをする人間はほぼ皆無で、いわば宇宙の深遠を覗き見させてくれる記号として迎え入れられたのである。現代でいうなら、上海でもシカゴでも、物理学者が同じように筆記し理解する、$E = mc^2$が内包する真実のようなものだ。二千年近くのあいだ、ヨーロッパの学者たちはエジプトの神官を今日《こんにち》の科学者に相当する者と見なし、重要な洞察を披露するにあたって賢人たちは、自分たちのあいだだけで理解できる難解な暗号を考案したと考えた。つまり、その方面の知識に通じた者だけに理解でき、そうでない人間には皆目わからないようにしたというのだ。

三世紀の哲学者プロティノスは、「(エジプトでメッセージを伝えようとする者は) 文字や単語や文章だけですべて賄《まかな》っていたわけではなく」賢人たちはもっとよい伝達手段を編み出したと書いている。ある種の記号で考えを伝えようとした、すなわち「それぞれ独立した記号のひとつひとつが、一個の知識、知恵、現実の一片を表しており、ひと目見ただけでそれを関知できる」というのである。

とはいえ、それは推測に過ぎない。何しろその頃にはたった一個のヒエログリフの意味さえ、世界で誰ひとり知らなかったのだから。エジプトは無数のメッセージで覆われていながら、そのどれひとつとして、見る者に何も伝えてはくれなかった。

ヒエログリフが滅びた決定的な要因にはキリスト教の台頭がある。紀元後三〇〇年代初頭にローマ帝国のコンスタンティヌス大帝がキリスト教に改宗した。これにより、歴史の最も重要な流れが大きく変わることになる。同じ世紀の終わり近くに、キリスト教はローマの国教となり、世紀末には、かつては弱小だった新宗教が強大な力を持って、他の宗教を駆逐するまでになるのである。

三九一年、ローマ皇帝テオドシウス一世は、エジプトのあらゆる神殿はキリスト教を侮辱するものだとして、ひとつ残らず壊すよう命じた (古い異教の神々を信仰するのは、たとえ家の中であっても禁じられ、見つかった場合には死罪に処された)。結果、三九四年にナイル川上流にあったフィラエ島の神殿の壁に刻まれたのを最後に、以降ヒエログリフはつかわれなくなる。

テオドシウスの布告したような命令は、当時は前代未聞だった。戦争と迫害は人間の歴史が始まって以来ついてまわったが、信仰の違いが問題になることはほとんどなかった。多神教が当たり前だった時代、征服者は領土だけでなく、地元の神々までも自分たちのものにしていった。すでに多数の神々を信仰していれば、そこにまた新たな神々を迎える余地も十分にあったのだ。

そういう流れががらりと変わるのは、唯一の神を信じる一神教が広まってからだ。「ギリシャ人やローマ人は（コンスタンティヌス大帝の改宗以前には）古い神々を信仰していたが、一神教となれば必然的に、古い神々は排除されねばならない」とエジプト学者のバーバラ・マーツが書いている。過去の悪習の象徴として、ヒエログリフはとりわけ徹底的に排除され、まもなく完全に忘れ去られたのである。

とにもかくにもエジプトでは忘れられた。ヨーロッパとアラブ諸国では、ヒエログリフ解読の試みは続いたものの、進捗は見られない。どれだけ長期間、秘密のベールに覆われていたか考えてほしい。ローマ帝国が生まれ、滅んでも、「ヒエログリフの謎」はいまだ解明されない（エジプトに魅了されたローマの征服者たちは、ヒエログリフに覆われた巨大なオベリスクを十三基、故郷に持ち帰っている。今日《こんにち》では、エジプトよりローマにあるオベリスクの数のほうが多い）。中世になって空を貫く聖堂がヨーロッパのあちこちで建造され、ピラミッドから四千年を経て、ようやくそれを超える高層建築が生まれたわけだが、継続されてきたヒエログリフ解読の試みは、時ここに至ってもまだ少しも進まなかった。ルネッサンス文化が開花し、科学の時代が到来し、現代の世界が誕生しても、依然として……何もわからない。

未知の問題は閉じられた本であるという、決まり文句があるが、エジプトはそうではない。エジプトはひらかれた本で、全ページにイラストが入っているものの、どのようにして読んだらいいのか、誰にもわからなかったのである。

2 発　見

ロゼッタストーンを発掘しようなどと考える人間はいなかった。そんなものが存在すること自体、誰ひとり知らなかったのだから。とはいえ、そういうものがあったらいいと、旅行者や学者はずいぶん昔から夢見ていたかもしれない。結局二千年近いあいだロゼッタストーンは土に埋もれていた。あるいは未来永劫《えいごう》、人の目には触れなかった可能性もある。

発見されたのは、エジプトのかつて栄えた田舎町ラシード。一七九九年のうだるように暑い七月のある日、瓦礫《がれき》の中から見つかった。その前年にフランスがエジプトに侵攻していた。フランス軍を率いるのは、ちょうど名を揚げたばかりの若き将校ナポレオン・ボナパルト。まもなく彼は世界中で知られるようになり、その名がささやかれるところ、つねに畏怖《いふ》と恐怖が広がった（英国では、幼い子どもが大人しく寝ないと、「今にボウニー（ナポレオンの蔑称）にさらわれて、食われてしまうぞ」と脅された）。

フランスの兵士らは、ナイル河口の三角州にあるラシード砦の再建を命じられた（フランス人はその町をロゼッタと呼んだ）。砦は横に長い堂々たるもので、八十平方ヤードの敷地の片側に小塔、中央に高楼《こうろう》が建っている。しかし、何世紀も放置されていたため、フランス軍が到着したときには早急な修繕が必要だった。「いつ攻撃を受けてもおかしくありません」と現地の司令官から報告を受けたナポレオンは、瓦礫の山だったそこを、兵舎と頑丈な城壁を備えた立派な砦に変えるべく、すぐさま部下たちに命じて仕事に着手させた。

その現場にいた誰が、ロゼッタストーンを見つけたのかはわからない。おそらくエジプト人の労働者と思われるが、そうであったとしても、その名前は記録に残っていない。発見者の栄誉を得たのは、再建の責任者だった将校、ピエール＝フランソワ・ブシャール。同じような石が山になっている中に、一部が壊れた大きな石板があって、誰かがそのことをブシャールに教えたのだ。埃《ほこり》と土に覆われた石の黒い表面に、何か奇妙なしるしがついている。これはひょっとして重要なものではないか？

ブシャールは軍人である前に科学者であり、その重たい石板の片面を覆うように刻まれているのが文字らしきものだとすぐ見抜いた。石の端から端まで何行にもわたって、びっしり刻まれている。これだけでも驚くべきことだが、ブシャールの心臓が高鳴ったのは、そこに彫られている文字らしきものが三種類あったからだった。

石の最上部には、円や星、ライオンや跪《ひざまず》く男といったヒエログリフが十四行にわたって刻まれていた（二三ページ上段の写真参照）。ただし、このヒエログリフが刻まれた部分は完全ではない。過去のある時点で、石板のてっぺんと左右の両端が欠けて、多くの行が消えていたのだ。

石板の真ん中に刻まれている記号のようなものはもっと分量があり、単純な曲線や渦巻きが三十二行にわたって続いている（二三ページ中段の写真参照）。未知の言語を綴《つづ》る文字か、あるいは暗号につかわれる記号にも見え、ヒエログリフのような絵文字でないことははっきりわかる。しかし、文字だったとしても意味はさっぱりわからない。単なる飾り模様にしては不思議と規則的な感じがあり、何か意味ありげだった。

そして最下段に置かれた一連のしるし（二三ページ下段の写真参照）。これについては、他の二

ロゼッタストーンに刻まれたヒエログリフの接写画像。

謎の記号が並ぶ真ん中部分を接写した画像——解読不能で、何の言語を表しているのかも不明。

学者たちが解読できたギリシャ文字の接写画像。

種のような謎は皆無だった。五十三行（右下だけがわずかに欠けている）にわたって刻まれているそれは、ひと目見て古代ギリシャ語の文字だとわかる。日常のメモ書きというよりは、法的な文書のようで、その分解読は難しいが十分に読めるのである。

石板の大きさは縦四フィート、横二・四フィートで、重さは〇・七五トン。てっぺんがギザギザになっていることから、もっと大きな全体の一部と考えられる。エジプトは樹木に乏しいため、重要な建築物はたいてい石で造られてきた。それも、いわば緩慢なリサイクルといった形で、古代につかわれた同じ石のブロックが、新たな建物の建材として繰り返しつかわれてきた。中には千二百年以上も再利用され続けた石がある（ピラミッドの建造につかわれた石さえも略奪され、別の建築物に再利用されている。それゆえに、今となってはピラミッドに平らな側面は皆無だ）。

そういったことが、ここでも起こったと考えられる。ロゼッタストーンはもともと、ある神殿の重要な場所に置かれていた。ギリシャ語の文字テキストによると時代は紀元前一九六年。それから数世紀が経過したところで神殿は破壊され、ロゼッタストーンは瓦礫に埋まった。

そのまま何世代ものあいだ放っておかれたかもしれない。あるいは、また別の建造物や一連の建物に再利用されたかもしれない。そのあたりの事情は誰にもわからない。そうして一四七〇年――ヒエログリフを読める人間が世界から消えて千年が経過したとき――に、あるアラブのスルタン（支配者）が、神殿の建っていた場所近くに砦を構築しはじめた。

スルタンの新しい砦につかわれた建材の中には、どこから持ってきたかわからない石の山も含まれていたはずだ。労働者は黙々と石を並べていくだけで、ロゼッタストーンに刻まれた文字様のものは無視した。おそらく目に入りもしなかったのだろう。いずれにしろ、他の無数の石と同じように並べて、これといった特徴のない壁を築いて、どこにでもある砦をつくっていった。グーテンベ

3種の文字が刻まれたロゼッタストーン。てっぺんにはヒエログリフ、真ん中には見慣れない文字、下段には古代ギリシャ語の文字が刻まれている。学者たちにはギリシャ文字は読めたが、他の2種類の文字が何を表すのか、まったくわからなかった。

ルク聖書をドアストッパーにつかうようなものだった。

最初のうち、ロゼッタストーンは二週間もあれば解読できると考えられた。ところが実際には「二十年」かかっている。最初にこれを目にした言語学者らは、馬力を出せばすぐにでも解けると思い込み、嬉々として解読に取りかかった。しかしすぐに頭を抱えることになり、すっかり業《ごう》を煮やし、早々に絶望してしまった。結果、これは解読不能の謎であるという、後続の者たちの希望を打ち砕く警告だけを残したのである。

結論からいえば、この謎の解明は、ライバル関係にあったフランス人とイギリス人、ふたりの天才によってほぼ達成された。どちらも幼いときから神童と呼ばれ、各種言語に尋常ならざる才能を発揮していたが、それ以外の点では、ふたりはまったく両極の人物だった。イギリス人であるトマス・ヤングは世に希《まれ》に見る多芸多才の天才。フランス人のジャン＝フランソワ・シャンポリオンはエジプトを偏愛する一点集中型の天才で、ただひたすらエジプトに熱中した。クールで洗練されたヤング。熱血漢で激しやすいシャンポリオン。ヤングはエジプトの「迷信」や「堕落」をあざ笑い、シャンポリオンは古代世界最強といっていい帝国の威光に驚嘆するばかりだった。

知の世界において、これほどまでに熾烈《しれつ》な戦いはまずない。両者の頭にあるのは、相手をしのぐことばかりではない。歴史上頻繁にぶつかってきたイギリスとフランス、それぞれの母国の威信もかけた戦いだった。エジプトの神秘は超一級のもので、その文字を解読できれば、千年以上にわたって世界を愚弄《ぐろう》してきた大きな謎が解けるのである。

ロゼッタストーンに刻まれた古代ギリシャ語の文字。その重要性を見逃すものはいなかった。もし同じひとつのメッセージが三種の方法で記されているとしたら――そうでなくて、どうしてわざわざ同じ石に刻みつけるだろう?――最初のきっかけさえつかめればヒエログリフは一気に解読できるはずだ。まるで宮殿の鍵穴に鍵がささったままになっているようなもので、これ以上に挑戦者の意欲をそそる謎はなかった。

3 難問

ナポレオンが侵攻した時代、エジプトの至るところに散在する記念碑や神殿は何千年もの昔から有名だったが、誰が、いつ、何のために、それらを建てたのかはほとんどわからなかった。わかっていたのは、世界のどこでも、まだ他の人間が洞窟の中で震えながら土をほじってナメクジやカタツムリを探していた時代に、エジプトのファラオたちは華麗な治世を誇っていたということだけだ。ロゼッタストーンが発見されたとき、世界はフランスとイギリスの二大強国が覇権を争っていた。

けれども、ロゼッタストーンが「書かれた」紀元前一九六年には、フランスもイギリスも、野蛮人がうろついているだけだった。紀元前五四年、シーザーがガリアを征服する過程で、ブリテンに侵攻したときも、その図式にほとんど変わりはない。そこでシーザーが目にしたのは、身体を青く塗って獣の毛皮を着た、勇敢だが粗暴で野蛮な敵だった。その僻地《へきち》では、「兄弟同士、あるいは父と息子が」妻を共有していたと、シーザーはあざ笑っている。

シーザーの時代——クレオパトラとの情事は紀元前四八年に始まった——すでにエジプトの輝かしき日々は遠い過去になっていた。しかしそうであっても、シーザーのローマは、エジプトには遠く及ばない。アテネをはじめとする当時の諸都市も同様だった。

シーザーとクレオパトラの時代、エジプトの首都アレクサンドリアは世界で最も巨大で壮麗な都市だった。ずらりと並ぶ彫像と公園に彩られた街は、大勢の買い物客や旅行客で賑わい、ローマの田舎町と比べたらまるで現在のパリのようだった。馬で引く二輪戦車が八台横並びに通れてしまう道幅九十フィートの大通り。何千何万という、いまだかつてない大量の書物が集められたアレクサンドリアの図書館はまさに知の宝庫。それもすべての書物が手書きの写本だった時代なのだから驚かされる。最盛期には、ユークリッドやアルキメデスといった偉人をはじめ、古代屈指のエリート学者たちを終身雇用と破格の高給で迎えようとしたという。

けれども、われわれがエジプトときいてまず頭に浮かぶのは、学問よりも、目もくらむばかりの栄耀栄華だ。クレオパトラは、紫の帆と銀のオールを備える金箔を張った平底荷船に乗ってナイル川を渡った。香の香りがふわりと漂う中、笛の音がやわらかく響き、かたわらにすわる少年たちが扇をそっと動かして、女王にそよ風を送る。

しかしクレオパトラの生きた時代はエジプトの帝国支配が終わる寸前のこと。ツタンカーメン王の治世からは千三百年、古代エジプト文学の黄金時代からは二千年、大ピラミッドの時代からは二千六百年が経過している。

そういった時代の流れを今のわれわれは知っている。古代エジプト人の信仰、生活、恐れや希望などなど、現代の人間は古代エジプトの人々についてじつにことこまかに知っている。だがそこにはひとつ、大きな落とし穴がある。われわれが知っている古代エジプトは、じつはそこに暮らしていた膨大な人々の暮らしの、ほんの上澄みでしかない。古代エジプト人の大多数は、文字の読み書きもできない貧しい農民で、一生無名のまま厳しい暮らしで命をすり減らしていった。「赤貧と窮乏と、過酷な肉体労働に耐えながら、この世に生きた痕跡も残さずに死んでいく」と、歴史家のリカルド・カミノスが書いている。「彼らの遺体は砂漠のはずれに置き去りにされるか、よくて砂に掘った浅い穴に投げこまれるか。どんなに粗末でもいい、せめてその名を冠する墓石がないかと思っても、それさえ皆無なのだ」

貧しい者たちの姿が見えていないという至極尤《もっと》もな警告を踏まえても、それでも他のいかなる古代文明より、われわれは古代エジプトについて遙かに多くのことを知っている。それというのも、エジプト人自らが語ってくれている――書き留めてくれている――からで、現代のわれわれは彼らの残した碑文や書状や物語からさまざまなことを知ることができるのである。その道をひらいてくれたのが、他ならぬロゼッタストーンなのだ。

しかしこのロゼッタストーンについては誰もが陥りやすい誤解がある。三種の異なる文字で書かれているなら、レストランで用意されている数カ国語で料理名が書かれたメニューのようなものと思いかねない。

roast chicken with French fries/ poulet rôti avec frites/ Brathähnchen mit Pommes frites

右のようなメニュー（フライドポテトとローストチキン）があれば、英語しか話さない人間も、フランス語やドイツ語を解読する手がかりになる。

実際ロゼッタストーンをつくづくと眺めた人々も、まずはそれと同じことを期待した。しかしこれは大きな間違いだった。解読の道を歩きだしたとたん、早速迷路に入りこみ、もっともらしい手がかりに注意を持っていかれて袋小路に突っこんでしまう。しかし、そこで絶望したかと思えば、また新たな標識が見えてきて、嬉々としてそちらへ走っていく……。

なぜそうなるのか。その理由を知っていたら、きっと誰も最初から解読になど手を出さなかっただろう。つまり、ロゼッタストーンに刻まれた三種類の文章は一語一語に即した翻訳ではないからだ。

もちろん大意はあっているのだが、不正確このうえなく、まるで同じ映画のあらすじを三人三様に語っているようなものだった。

　しかしそれも数ある困難のほんのひとつに過ぎない。ロゼッタストーンを解読しようと考えた人間がぶつかった巨大な壁を知るために、もう一度 roast chicken と poulet rôti について考えてほしい。たとえばわれわれがフランス語を一語もしゃべらない、あるいはフランス語と呼ばれる言語があることも知らなかったとする。それでも初めてロゼッタストーンの解読に挑んだ学者たちより遙かに楽な立場にいるのである。

　ひとつには、それが何語かわからずとも、メニューに書かれているアルファベットは見たことがあり、声に出して発音することができるからだ。しかし、ロゼッタストーンを前にした初期の学者たちは戸惑うばかりだった。ハゲワシやミソサザイや垂直線や斜線が、果たして文字を表すのか、音節を表すのか、単語を表すのか、概念を表すのか。初めてそれらを目にしたエジプト学者に、どうしてわかるだろう？　さらにメニューの場合は、左から右へ読むのか、それとも右から左へ読むのか、判断がつきかねたとしても、poulet rôti のほうが itôr teluop より、なんとなくあり得そうだという推測はつく。

　ところが当時の解読者には、当然こうなるだろうと考えられる規準が一切なかった。文章の読み方はいわば何でもありだ。英語のように左から右へ読むものもあれば、ヘブライ語やアラビア語のように右から左へ読むもの、中国語や日本語のように上から下へ読むものもある。もっと手の込んだ読み方が広く用いられていた時代もある。古代ギリシャ語の文書の中には、畑を耕《たがや》すように行ったり来たりを繰り返しながら読むものもあり、それは一行目は左から右へ、その次の行は右から左へ、また次の行は左から右へ（新しい行に移るたびに、各々の文字方向も左右が逆転する）……といった具合なのだ。ある歴史学者が、アステカ語の文字についてこう描写している。「まるでスネークス・アンド・ラダーズ（ヘビと梯子の絵のついた盤を用いるすごろく遊び）のゲームのように、行がページ内をのたくっており、線や点で読む方向が示される」

前述の数カ国語で併記されたメニューでは、さらに深掘りができる。たとえばpouletを発音してみると、おぼろげな記憶が立ち上がってくる。「英語のpulletはメンドリかオンドリのことではなかったか？ となると、これはニワトリに関する何かを表す語？」そこから推測はさらに進み、oの上にのっかっている小さな帽子のような記号に目を引かれて、「rôtiは、roastにちょっと似ていないか？」と思う。最終的には、pouletが登場する文献から、事例を集めることになる（料理のメニューはほんの足がかりであって、一言語全体を解読するには、当然他の文献にもあたらねばならない）。するとそこに、帽子のような記号をかぶったoやeやiがさらにたくさん見つかるのである。そうして、forêt、bête、côte、îleなどを見て、そこに付随する絵や文脈を判断材料に、これらがforest、beast、coast、isleではないかと考える。その過程で、この帽子のようなしるしは、欠損しているsの文字と何か関係があるのではないかという推測に至るのである。

そんなふうに、われわれは何度も立ち止まりながらではあるものの、推測を進めていくことができる。では、ロゼッタストーンの解読に挑んだ人たちはどうだったか。彼らが直面した困難について考えてみたい。

そこに刻まれた記号には、参照できるような既存の文字はなく、声に出して発音して、その音から手がかりを探すこともできない。解読者をあざ笑うかのように、最も基本となるヒントさえ与えてくれない。何しろ、ロゼッタストーンに刻まれた記号は切れ目なくどこまでも続いているのである（これらが言葉を表すのだとして）いったいどこからどこまでが一語で、次の語はどこから始まるのか？

さらに厄介な——このうえなく厄介といっていい——事実がある。すなわち、古代エジプト語を話していた最後の人間は数千年前に死んでいるということだ（エジプト人は七世紀以降、アラビア語を話すようになった）。これが文字の解読においてどういう影響を与えるのか、現代ならさしずめこう考えていくとわかりやすい。まず中国語を話さない人間が中国語の文字を読もうとすることを想像してほしい。次に、今度は中国語を知る者が誰ひとりいない世界で、中国語の文字を読もうとする試みを想像してほしい。

なんとかしてヒエログリフを声に出して読む方法を発見したとしよう。そうして発音した言葉は、ファラオの時代以来、誰も口にしていない言葉である。はて、その音は何を意味しているのだろう？

英語を話す最後の人間が二千年前に息絶えた未来。catという文字列は一息でキャットと発音していたとわかった。しかしそれが、「髭《ひげ》のあるふわふわした動物」を意味するのだと、いったい誰にわかるだろう？

ヒエログリフの解読をことさら難しくしている要素は何なのか。本作の中心テーマはそこにあるが、その裏にあるもうひとつ重要な側面も忘れてはならない。すなわち、難解でありながらも、ヒエログリフを解読してみようと考える人間は大勢いたという事実だ。理由は簡単で、あの「見た目」が、ある程度の頭脳と忍耐を持っていれば、素人でも解けるのではないかと思わせるのである。これは有名なエニグマの暗号とは著しい対照をなす。というのも、素人はナチスがエニグマ機をつかって暗号化したメッセージをいくら眺めていても、ランダムな文字列にしか見えず、一行目も二行目も区別がつかないからだ。数学者以外、誰が解読に挑もうとしても、崖の表面のように取りつく島がないのである。

けれども、小鳥、ヘビ、楕円、四角などがずらりと並ぶヒエログリフは、さあ意味を考えてごらんと、見る者を解読に誘っているかのようだ。フクロウは、現代のわたしたちが考えるように、古代のエジプト人にとっても知恵を意味するのではないか？　ロゼッタストーンのギリシャ文字の部分には王に関することが書かれている。ヒエログリフで「王」を意味しているのは、どこだ？

ヒエログリフは絵で構成されているため、見た瞬間、われわれの意識は二方向へ向かう。現存する文字で似ているものはほぼ皆無なのでまずは失望するものの、それからすぐ胸に明るい希望が差してくる。絵で成り立っているゆえに、他のどんな文字体系よりも抽象度が低く、親しみやすく感じられるのである。

よって、エニグマの解読のように、お先真っ暗というわけではない。われわれ素人もひるむことなく解読に挑み、ヤングやシャンポリオンはもちろん、それ以前に解読に挑んだ数々の人たちが引きこまれてはあざ笑われた、同じパズルのピース群から手がかりを探すことができるのである。

4　土の中からきこえる声

謎の言語とその解読をめぐる物語は過去のものではない。奇妙な文字で書かれていて、まだ解読されていないテキストというものが今日《こんにち》も存在する。古代イタリアでつかわれていた言語*と、イースター島でつかわれていた言語がその最たるもので、こういうものを前にすると、文明と文化の底知れぬ深い淵を覗きこむ気分になる。話すことと書くことは一枚のコインの表裏のように感じられるが、根本的には、書く方がずっと難しい。赤ん坊は身のまわりの音を吸収しながら自動的に話す能力を獲得していく。しかし、読み書きが自然にできるようになる赤ん坊はいない。印刷された文字は身のまわりにいくらでも存在するというのにだ。

どうしてなのか。その疑問に答えは出ない。おそらく読むのはそれだけ難しいのだろう。しかし、話すのは難しくないというのは、考えてみれば驚くべきことではないか。言葉の泉にザブンと放りこまれるなり、赤ん坊はさまざまな取捨選択をしながら自力で泳ぐ。小説家のニコルソン・ベイカ

---

*エトルリアは、ローマ帝国より数百年前に栄えた都市国家群で、学者らの尽力でその文字は読めるようになった。しかし言葉の意味はわからない。つまり、声に出して読むことはできても、その文章が「生きるべきか死ぬべきか」といっているのか、「ネコ大好きフリスキー（ネコ用ペットフードの宣伝）」といっているのか、依然とわからないのである。

ーは、バブバブしかいえない小さな冒険者の頭の中で、どれだけ大変なことが起きているか、言語学者には真似できない明快さで表現している。「んご、まーく、ぷろーと――自分の口から飛び出した音声が、周囲からもきこえてくる。そうすると、じつに明確な形で音声の区分ができるようになる。まだ生まれてまもない赤ん坊であり、子宮という幽閉場所からつい最近出てきたばかりだというのに、まるでブレッチリー・パーク（イギリスにある庭園、邸宅。第二次世界大戦時に政府の暗号学校が置かれた）の暗号解読者ばりに、早くも音声の解析に着手し、類似点と相似点を検証し、パターンを見分け、言葉の始まりと終わりを見いだし、意味のヒントを探しはじめるのである」

ヒト個人の真実は人類全体の真実でもある。すなわち、人類はおよそ五万年前に話しはじめたものの、その無数の話し言葉を、どこかの天才が簡単な記号や殴り書きのような線でとらえたのは、それからさらに長い長い時を経て、五千年前になってようやくだったのだ。いや天才はひとりではなく、何人もの天才たちが時代を超えて徐々に改良を加えていって、ようやくできあがったのかもしれない。

ここで見逃してならないのは、話すことは自然にできるのに対して、書くためには発明が必要だということ。しゃべることは、ハイハイや歩行のように生得的な能力だが、書くことは電話や飛行機のように人間の発明の才で生み出されたのである（文字という、とてつもない大発明がいかになされたのか、悔しいことに伝わっていない。当たり前だが、誰も記録していないからだ）。

というわけで、読めるようになるには努力が必要なのだ。そう考えると、ロゼッタストーンの解読は、われわれひとりひとりに身近なものとして迫ってくる。エジプトの古代文字を解読するのとほぼ同じことを、われわれは幼い頃にやってきているのである。あの *The Cat in the Hat*（声に出して読みながら、子どもが楽しく読み方の規則を習得できるスース博士の絵本）の中に書かれた、くねくねとのたうつ線に、次から次へ命を吹きこむことを考えてほしい。スケールはずっと小さいものの、やっていることはヒエログリフの解読と同じである。読むことすなわち解読であると考えれば、われわれはみな言語探偵であり、ブレッチリー・パークの卒業生と考えていいのである。

そういった解読作業の果てに得られる賜《たまもの》の価値は計り知れない。作家アルベルト・マングェルは、文字を読むことができるようになったまさにその瞬間を覚えている。四歳のとき、車の窓から広告板を見た瞬間、書かれていることの意味がわかったのだ。「その広告板に何が書かれていたかは、遠い昔のことで今はもう覚えてはいない……しかし、それまではただぼうっと眺めているだけだった文字が、ふいに理解できるようになった瞬間の衝撃は、まるで昨日のことのようにはっきり覚えている」

それは「まるで、まったく新しい感覚を獲得したようなものだった」という。

書くことの発明は、あらゆる知的な大発明の中でも最大級のものであるとよくいわれる。それについて、人類学者のローレン・アイズリーはこんなことをいっている。「文字で書き留めなければ、過去の話はあっというまに滅んで、事実かどうか定かではない神話や寓話《ぐうわ》に堕してしまう。人類最大の叙事詩といえる迫り来る大陸氷河との長きにわたる四回の戦いについても、人間の記憶の中から跡形もなく消えてしまうだろう。文字の読み書きができない祖先が消えてしまえば、それからたった数世代を経て、長い歳月にわたる偉大な物語のひとつが消え失せるのである」

無数に存在する小さな物語もまた、誰も書き留めることをしなければ消えてしまうと、言語学者のジョン・マクウォーターはいう。「もし人類がこの世に生まれて滅びるまでの期間が一日だとしたら、書くことはだいたい午後十一時頃に発明された」と。その歴史時計でいうなら、午後十一時以前の出来事は、部族同士の戦いであろうと、木陰でささやかれる恋人同士の会話であろうと、未来の誰も知ることはないのだ。

われわれが頭の中に記憶を保持しておけるのは、せいぜい過去二世代か、三世代前のことまでだろう。わたしの祖父は九十代まで生きていた。小さいときにはよく会ったと思う。しかし今となっては、わたしに祖父の物語を語ってくれる人間はいないし、参照すべき手紙も日記も残っていない。その九十年のあいだに起きたあらゆる出来事が雲散霧消してしまったのである。わたしが覚えているのは、祖父の頰の剃り残した髯《ひげ》のチクチクする感触（さよならのキスをされるのが嫌いだった）と、だらんとした長い袖の中から突き出ていた骨の浮いた手首ぐらいだ。

書き留めることをしなければ、長きにわたって続いていた文化がそっくりそのまま、あっというまに消えてしまうこともある。アマドゥ・ハンパテ・バーは故郷マリで口承文学を数多く集めることに人生を捧げた詩人であり、歴史家であるが、その彼がこう嘆いている。「アフリカでは、老人がひとり死ぬと、図書館がひとつ焼失する」

そう考えると、文字獲得の物語は、忘却との戦いともいえる。ロゼッタストーンをめぐる年譜は、かび臭い書斎で向き合う深遠な学問などではさらさらない。それとはまったく逆で、一歩そこに踏みこめば、これまで見たこともない谷や、見知らぬ地形へ連れていかれることになる。自分の居場所を見失わないためにも、ある人類学者の著作のタイトルのように「つねに川を右手に見て」の精神で、ロゼッタストーンそのものから、あまり遠く離れることは慎みたい。とはいえ、われわれが目指す山はとてつもなく険しい。空威張りする冒険家が古代の墓に頭から真っ逆さまに落ちるのを目にすることもあるだろう。何しろ目指すのは、事物や事象を記号でとらえるというかつてない試みの最高峰の頂上なのだから。そうであれば、そこにたどり着くまでには、死と忘却から逃れようとしてもがく古代エジプト人の奮闘も見ることになるだろう。ヒエログリフだけにしがみついてよそ見をせず、そういった重要な側面を見逃すのは間違いだ。

というのも、ロゼッタストーンのみに目を向けていれば、その背後に広がる歴史の沃野《よくや》を見逃してしまうからだ。ロゼッタストーンは世にも珍しい、固い石からできた一枚の窓である。そこから覗けるのは、解読へ向かう本道ばかりではない。その背景にある言語という沃野や、歴史の脇道や、人間の生み出した文化が深化していく過程までが、すべて覗けるのである。

大事なことでありながら見逃しがちな点がある。文字を読み書きするようになったのは人類史上最も大きな躍進のひとつだが、それと同時に最も難しい難題でもあったという点だ。どれだけの時間がかかったか、考えてほしい。数万年ものあいだ、われわれの祖先は驚くほど巧みな技術とセンスで、洞窟に壁画を描いてきた。彼らはまた、日差しも通すほど薄く、鋼鉄の外科用メスをもしのぐ性能のナイフを石でこしらえもした。しかし、それらの作り手である匠《たくみ》たちの中に、自分の作品に署名をした者はひとりもいない。誰にもそんなことはできなかった。そのあいだ、何千世代と人間が入れ替わっても、誰ひとりとして、音を記号に変換する術《すべ》を見つけられなかったのだ。

時間を下った時代にいるわれわれから見れば、先祖のインテリたちが飛び越えなければならなかったハードルがいかに高かったか、実感するのは難しい。解決済みの謎は、そもそもの最初から簡単な話ではなかったかと、そう考えてしまうのが常だ。しかし、現代の偏狭な見方で過去を見てしまえば、それこそ落とし穴に落ちるというもの。実際答えがどれだけ単純であったとしても、そこに行き着くまでに、人はさまざまに複雑な思考をめぐらせるものなのだ。

「それに気づいた瞬間、人類の思考の歴史は大きな飛躍を果たしたのである」とは、哲学者アルフレッド・ノース・ホワイトヘッドの言葉だ。今は忘れられたどこかの天才が、二匹の魚、二日、二本の棒という、一見何の関係もない事物のあいだに、「ふたつ」という抽象的な要素が共通してあると見抜いた、その瞬間をいっているのである。それまでに気の遠くなるほどの年月が経っていながら、そこに至るまで誰ひとりとして見抜けなかった事実。このささやかな洞察が、そののち途方もない結果を生み出すことになる。大切なのは、「2」という概念であって、たまたま目にしている二匹の魚ではないと、その重要な事実に気づいた時点で、あなたはもう「2＋2＝4」といった宇宙の法則に近づいているのである。

わかってみればじつに単純なことながら、わかるまではまったくの謎。あらゆる解読の物語は、人の目を惑わす謎が、やぶのようにからみあう森に踏みこんでいくようなものだ。ロゼッタストーンの場合はとりわけそれが顕著で、ヒエログリフの、あの興味をそそる外見が、人を誤った道に誘いこむのである。あらゆる解読作業は、言語の謎という深みに飛びこまなくてはならず、その言語というものは苛立《いらだ》つほどに多様で、果てしなく複雑だ。さまざまな言語を見てみると、そこには共通する点も多々ある。そもそも表現する世界が同じなのだから、どんな言語にも、母親、兄弟、太陽、月、急流、這い回る赤ん坊などを表す言葉があるわけだ。しかし同じものを表現しながら、それぞれの言語の見かけと音声は驚くほど異なっている。

北京の空港で飛行機を降りる。そのとたん、面くらう人もいるだろう。無理もない。言語というのは発声による空気のゆらぎから成り立っているわけで、レンガや木材から成る具体物と違って、ほぼ無限に変容するからである。

要するに、解読作業はとてつもなく難しい。けれどそれに成功することで得られるメリットは計り知れない。じつにささいな出来事でも、このうえなく壮大な年代記でも、文字で書かれたものは

1000年ぶりに開かれたエジプトの墓。その壁画は細部の装飾も色彩も鮮やかさを保っていた。

永遠に生き続ける可能性がある。数千年前に書かれたラブレター、一ダースのオットマンを買ったときのレシート、勇者と怪物の死闘を描いた勇壮な物語などが、数千年の時を経て発見される。

　古代エジプトの場合、ヒエログリフを解読することは、三千年前に死んだファラオや学生や商人、旅行者などに意見を述べる機会を与えることに等しい。もっと湿気の多い土地なら、そういったメッセージの類いはすぐに分解されてしまうが、エジプトの暑く乾燥した気候が、図らずもタイムカプセルの役割を果たして、遙か昔に記念碑に刻まれたり、神殿の壁に書かれたりしたメッセージが、少しも損なわれることなく、現在もくっきり残っているのである。パピルスに書かれたテキストが無数に残存するのはもちろん、書いた人間のインクに汚れた指跡や、学生の作品を教師が添削した跡が見られるテキストも見つかっている。

　雨の多い地域の人間は、エジプトにやってきてその極端な乾燥気候にもれなく驚く。たとえば日差しのまぶしいルクソールの町では、年間平均降雨量はゼロ。古代からずっとそうだった。「雨も、雨を匂わせるようなしるしも、墓で見つかった絵にはまったく見られない。雨除《あまよ》けの帽子も、傘も、水をしたたらせる牛も、まったく描かれていない」と、イギリスの考古学者フリンダーズ・ピートリーが一世紀前に指摘している。

　エジプトにおいては、「朽《く》ちる」という言葉は、ほとんどつかわれない。三千年前につくられたリースの花が、現在でもそれとわかる形をとどめているし、ギリシャ・ローマ時代より昔に焼かれたパンの塊に、パン職人の親指の指紋が残っている。エジプトの熱暑と乾燥にさらされれば、時間のかかる難しい処理を施《ほどこ》さずとも、遺体は自然にミイラになる。それなのに、古代エジプトのミイラに、じつに複雑な死体防腐処理が施されているのはなぜか。それは自然に反することをしているからだ。

　エジプト人は死後の生活を信じていた。ミイラにするのがとても重要なのは、死後も生き続けるために、生きていたときと同じ身体が必要だからだ。死体の防腐処理は難しい上に、大変な時間がかかる。鉤《かぎ》をつかって鼻から脳をひっぱりだし、特別なナイフをつかって腹を切り開いて内臓を取り出す。それでもそのあとに、貧しい者たちの昔からの定番である、砂に浅く掘った穴に放りこんで終わりという埋葬ならば、暑い砂と焼けつく日射によって、自然にミイラになる。

　しかし、富める者はどうしても、豪華な埋葬でないと満足しない。棺の中に収めて日の差さない暗がりに閉じこめるならば、腐敗や腐食から守るために一連のさまざまな技術が必要になる。

　古代エジプトでは、人工遺物は放置していても未来まで残る。永続性に取り憑かれた文化においてそれは非常に大切なことで、この時を超える力を求めるゆえに、文字の読み書きが他のあらゆる技術を超えて特別視されるようになった。ヒエログリフは神々の文字であり、神々が人間にこの素晴らしい贈り物を授《さず》けてくれたのだと、古代のテキストにきっぱり記されている。最初期の頃から、エジプト人はその可能性を認識していたらしい。

ロゼッタストーンと同じ時代に刻まれた、ある神殿の銘文は「最初に文字をつくりだした神々」を讃えて、次のようにいっている。神々からの賜によって「子孫は祖先と話すことができるようになり、海を挟んで暮らす友同士が意思の疎通を図ることができ、顔を合わせなくても相手のいいたいことが伝わるのである」。

刻まれた銘文は主として王や神について書かれているが、パピルスに書かれたメッセージには日常の実用的な内容が多い。「サンダルを一足つくってほしい」とあるのは、紀元前一二〇〇年頃のメモ書き。同じ時代に書かれた「どうして返事をくれないの？　こっちは一週間前にメッセージを送ったのに！」というテキストも見つかっている。

ある若い書記が監督者について不平をこぼしているものもある。紀元前一二四〇年頃に書かれたもので、自分がどれだけ不当な扱いを受けているか、次のように訴えている。「わたしはあなたにとってロバのようなもの。仕事があれば、そら、ロバを連れてこい、となるのに……ビールがあるときには呼びもせず、仕事があるときだけ、わたしを探しにくる」

虐《しいた》げられた母親が、恩知らずの子どもたちをののしっているテキストもあり、その悔しい気持ちが少しも薄められることなく悠久の時を超えてダイレクトに伝わってくる。「わたしはファラオの国に生まれた自由な女」と、その母親は紀元前一一四〇頃に自分の遺書に綴《つづ》っている。「八人の子どもを育てあげ、それぞれの成長段階において、必要なものはすべて与えてきた。それなのに子どもたちは、年老いた母親の世話をしようとはしない。誰でもかまわない、母を助けてくれた子にわたしは自分の財産を託す。母親を無視する子どもには一切援助はしない」

一箇所に集積した、おそらく史上最大量と思われる古代文字が、一八九七年に発見された。イギリスの考古学者ふたりが、カイロの南の砂漠で、砂（さまざまなゴミが混じった）に覆われた高さ三十フィートのパピルスの切れ端から成る山をいくつか見つけたのである。もともとそれは、オクシリンコス（〝鼻のとがった魚の都市〟という意味）という、かつて栄えた町の、ゴミの山にあったもの。砂漠の乾燥に守られて、二千年の時を経てもインクの黒味は褪せていなかった。

五十万片ほどが生き残り、その中には切手大の小さなものや、テーブルクロス大のものまであった。大半のものから、当時の日常が垣間見られる。ある裕福な夫婦は友人の息子の結婚式に千本のバラと四千本のスイセンを贈ったとか、ジュダという男性が馬から落ちたときには、その身体を起こしてもらうのに、ふたりの看護師の力が必要だったとか。結婚契約書や星占いやエロチックな小説の切れ端が見つかる一方、ソフォクレスの未知の戯曲や、サッフォーの詩の抜粋なども出てきた。

古代エジプトのテキストの多くは、今のわれわれにも一見馴染みがあるようでいて、じつは異質な特徴を持っており、ドキリとさせられる。ああ、そういうことはよくあるなと思って読んでいくと、ふいに驚くような内容が出てきて、やはりわれわれとは遠く隔たっていると思い直すことになる。紀元前十四世紀頃、ツタンカーメン王の時代に書かれた詩は、若い恋人同士の前に立ちはだかる障害物について次のように描写している。「わたしの恋人は向こう岸／ふたりのあいだを隔てる川／砂の岸にはクロコダイルが待っている」

ときに、残された書き物から、まったく奇妙で恐ろしい世界を覗けることがある。たとえば古代エジプトでは人が死ぬと、神々がその心臓を天秤ばかりにかけるらしい。片側の皿には心臓を、もう一方の皿には羽根を一枚載せ、両者が釣りあえば、その者は嘘のない人生を送ったと判断されて天国のような場所に行ける。しかし、そのテストに失敗したら、業火《ごうか》の燃えさかる地獄に行くので

「心臓の計測」の儀式。トキの頭部を持つ書記の神トトが右側に立ち、計測の結果を記そうと構えている。

はなく、ただ消えるのみ！　明らかに心臓とわかるものが、カバとクロコダイルが合体したような生き物に向かって投げられ、がぶりと呑みこまれている絵がある。ぱっと消えてしまいなのである。

最も注目すべきは、まるでつい昨日きこえてきたように感じられる次の声だろう。ある書記が欲求不満を記したもので、このテキストは現在大英博物館に収まっている。「まだ誰にも知られていない言葉があったらいいのに。遠い昔の人間が口にしていながら、古くさくはなっていない、そんな言葉はないのか」と、これは紀元前二〇〇〇年頃のもので、ホメロスの時代より千年をさかのぼる。

しかし、過去の文字が生き残っていたとして、それを読むための知識がなかったらどうするのか？

5　近くて遠い存在

カメラを十分遠くまで引くと、あらゆる文化は同じに見える。人と人が出会って恋に落ち、慢心してライバルをあざ笑い、唯一の神または多数の神を信じ、死を恐れる。けれど細部に目を向ければ、これほど違っているものもない。アステカでは神をなだめるために、戦闘で捕虜にした人間の鼓動している心臓を切り裂く。ジャイナ教徒は、どんな虫も踏まぬように歩道をきれいに掃除する。

古代エジプトについて、われわれはなんでもよく知っている。それゆえに実際以上によくわかっていると慢心することもある。「ビールをあおる職人や几帳面な手紙の書き手、エレガントな貴婦人、野心に満ちた官僚、仕事熱心な猟師——どれもこれも馴染みがあって、身近にいそうな感じがすると（うっかり）思いこむ」と、歴史家のピーター・グリーンが書いている。

けれどもそれは間違いだとして、「（異常とまではいわないまでも）まったく異質の文化なのだ」とグリーンはいう。

自分たちとよく似ている、いやぜんぜん違う。その行きつもどりつのダンスが、古代エジプトの魅力を説明するのに大いに役立つ。われわれが世界の歴史を想像するとき、古代エジプトはいつでも甘美な場所だ。身近に思えて引きよせられ、いや、われわれとはかけ離れすぎていると知って、その謎に魅入られるのである。

過去のエジプトで生活することを想像するとき、われわれは空想旅行家がそうであるように、現実の闇は脇に置いておく。危険や困難は真っ先に頭から追い出してしまうのだ。太古の昔を夢想するとき、恐竜の顎に挟まれてもがき苦しむ自分を思い浮かべる人間はいない。それと同じで、ファラオの下で働く大勢の労働者に混じって、汚い傾斜路に石のブロックを放りあげて汗を流す場面を想像したりはしない。

いったい古代エジプトの人気がいつまでも衰えないのはどういうわけか。他の古代文明は退屈で面白みがないのか、これといって話題にもならない。古代エジプトの有名なイメージは、もうほとんどアイコンと化しているからだといわれても、ならばどうしてそうなったのか、議論は堂々めぐりだ。

神官が犠牲者の心臓を取り除く様子を描いたアステカの絵。

ひとつ考えられるのは、純粋にそのスケールの大きさである。われわれはまだ六歳児の感覚から抜け出ておらず、圧倒的に大きなものに今でも魅了される。たとえば先ほど例に出した恐竜だ。世界のどの自然史博物館を訪れても、天井に頭が届きそうな巨大な恐竜の骨格標本を見あげながら、口をぽかんとあけている群衆がいる。それはピラミッドも同じで、その途方もない大きさ（そして、デザインのシンプルさ）が人を魅了する。これがスフィンクスとなるとさらに興奮するのは、並はずれた大きさ（前足ひとつだけでも、スクールバスよりも大きい）に加えて、ミステリアスな要素を持つからだ。

ミステリアスではあるものの、その謎にまったく手が届かないというわけではない。古代エジプト人の日常生活について、他の古代文明とは比べ物にならないぐらい、われわれはずいぶんよく知っている。その理由は、奇妙な話だが、死後の生活を描いた古代エジプトの絵をたくさん見ているからだ。古代エジプトでは、死んでも楽しめるというのが当たり前の考えだった。慣れ親しんだ身体のままで永遠に生き続け、食べたり、飲んだり、人生を楽しんだりできる。つまり死後を描いた絵がそのまま、エジプト人の日常生活を生き生きと語ってくれているのである。

墓には、椅子やベッドやパンの塊、水差しに入ったワイン、大きな切り身の肉、衣類、玩具、化粧品、宝飾品がぎっしり詰まっている。「まるで、未知の世界へ旅に出かけるのに何を持っていけばいいかわからず、思いつくものをかたっぱしから持っていったようだ」と、ある歴史家はそう記す。

エジプトの文化は驚くほどに、「死」に執着している。ピラミッド、ミイラ、墓、神々、死者の書などなど、エジプトといわれてわれわれが思い浮かべるものはすべて、死を追い払い、あるいはねじ伏せ、死後の世界で迷うことなく生きていくためのものだ。山ほど見つかった祈禱文《きとうぶん》や呪文はどれもみな、死は終わりではないと訴えており、代々のファラオたちは、次のような魔法の呪文とともに死後の世界へ送られていった――「あなたはまた若返って、再び生きていく、また若返って、永遠に生きていく」。

なぜ古代エジプト人は、死と死後の生活にとことん執着したのか。それは今日《こんにち》に至るまでエジプト学者を悩ませてきた問題だった。永遠に生きることへのこだわりが、なぜこれほどまでに強いのか？　死ぬことは、考えただけでぞっとするからか。それとも、人生があまりに素晴らしいので、それが終わると考えるのが耐えられないのか。「古代エジプト人は人生を存分に味わっていた。生きることにしがみついたのは、死を恐怖しての絶望からではなく、自分たちはつねに勝利してきたのだから死ぬべき運命にも打ち勝てるだろうという楽観的な発想からだった」＊と、エジプト学者ジョン・ウィルソンはいう。

古代エジプト人が思い描く死後の生活は、どこまでも現実的だ。なぜミイラにするのかといえば、死後にも同じ肉体が必要だからで、これまでと同じように生活するために、肉体の損傷を防いで保存するというのが、ミイラづくりの要諦なのだ＊＊。

キリスト教の天国はもっと厳しく、食事や飲酒や性交をする場所ではない（代わりに天国では賛

＊古代エジプト人がどれだけ死にこだわっていたか。それを考えるとき、われわれが実際以上に大げさに見積もってしまうことを問題視する考古学者もいる。古代エジプトでは、たいてい人々の暮らす町は湿った肥沃《ひよく》な土地の上に広がっており、墓や埋葬地は砂漠のはずれに追いやられる。その結果、保存状態のよいものが数多く見つかるのは、死にまつわるものばかり。「このため、その文化に対して、われわれは非常にゆがんだ見方をすることになる」と、エジプト学者リチャード・パーキンソンが書いている。「ビクトリア朝時代のイギリスの遺物が、市民墓地から出土したものしか残っていなかったとしたらどうなるか想像してほしい」（歴史の時代区分である石器時代という呼び名もまた、同様の誤解を生むかもしれない。なぜ「石器時代」と呼ぶかというと、今日まで残っているその時代の遺物が石器しかないからだ。われわれの知る限り、石器時代の祖先たちは、木製の皿や革靴を日常的につかっていた）

＊＊輪廻転生《りんねてんしょう》は人気のテーマだが、古代エジプト人はそれを信じていなかった。もし信じていたなら、魂が新しい肉体に宿るわけだから、わざわざ古い肉体をミイラ化して保存する必要はないのだ。

美歌が歌われると聖アウグスティヌスがいっている。「あらゆる活動は〝アーメン〟と〝ハレルヤ〟なのだ」)。それでも、西洋人が日常的に思い描く天国は、昔に亡くした友をハグし、大好きだった飼い犬に棒を投げてやる場所なわけで、古代エジプト人の考えるそれとあまり変わらない。

　こういった文化の類似点をおそらく一ダースは挙げられるだろう。古代のパピルスには、白髪、禿頭、インポテンツの治療法を大げさに宣伝しているものがあって、世界のどこでも同じようにメールの受信ボックスに大量にたまっていく迷惑メールと大差ない。紀元前二四〇〇年のエッセイには、「上司とうまくやっていくためのアドバイス」が詳細に書かれており、今日《こんにち》でも有意義な内容だ。「上司と同じテーブルについた場合は、上司が笑うときに自分も笑う。そうすれば上司に受け入れてもらえるだろう」

　エジプトの民話には、塔に幽閉された王女、三つの願いを叶える勇者、たまたま見つけた美しいスリッパの持ち主の女性を国中血眼《ちまなこ》になって捜させる王の話がある。「西暦紀元の初頭から、十九世紀中葉に至るまで、こういった話を読める人間は地球上にひとりもいなかった。それなのに同じ話の設定が、それから遙か未来に下って、『ラプンツェル』や『シンデレラ』に出てくるのは驚くべきことだ」とエジプト学者のバーバラ・マーツはいう。

　他にも古代エジプト人とわれわれとのあいだには、長い時間の隔たりを飛び越えて共通する面がまだある。抗議する人物の肖像画を焼くとか、スーパースターたちが地元を捨てて違う都市へ移ったために、その選手たちのシャツを焼くといった行動には、ツタンカーメン王も深くうなずいたに違いない。エジプト学者ロバート・リブトナーは書いている。「ツタンカーメン王のサンダルは捕虜の姿で飾られている。王の杖の持ち手には捕縛した敵国人が、盾には負かした敵軍が、オットマンには捕縛した捕虜が描かれている。こうして表立って敵意を表明することで、特別な儀式をせずとも、王は国家の敵になり得る人間を抑圧し、徹底的にやっつけているのである」

古代エジプトの尽きない魅力はまだまだ高まる可能性がある。というのも、他の古代文明では信じがたいことなのだが、エジプトの物語はまだこれからも発展していくようなのだ。古代エジプトに関して、考古学上の驚くべき遺物の大半は比較的最近発見されている。おそらく最も崇《あが》められているであろうネフェルティティ女王の彫像は一九一二年に発見されたばかりだ。ある彫刻家の工房で逆さまになって、半ば瓦礫《がれき》に埋もれているのが見つかった。ツタンカーメン王の墓が見つかったのはわずか一世紀前の一九二二年。エジプトのまばゆいばかりの宝、大ピラミッドを建てたファラオのためにつくられた全長百四十四フィートの木船が見つかったのはもっと最近だ。クフ王の船とも呼ばれるそれは、王を死後の世界へ運ぶためにつくられたと見られ、一九五四年に大ピラミッドの隣にある地下室から見つかった。

これからもこのようなものがまだ発見されるだろうというのが、大方の考古学者の見方だ。無数の可能性の中からひとつを例に挙げると、古代エジプトで最も優れたアーティストだったと思われるのに、その身の上が何ひとつ不明の人物がいる。ある著名な歴史家は彼を「ナイルのミケランジエロ」と呼んでいる。ネバムンという名の役人の墓に壁画を描いたことで知られ、しなやかな動きを見せる踊り子や、宴会や狩猟の場面を鮮やかな色で細部まで生き生きと描いている。

ネバムンは有名な人物でもなんでもなく、その墓は多くの謎に包まれている。壁画を描いた画家の名前は誰も知らない。中位の役人が、なぜこれほどの壁画を捧げられたのか、これもまったくわからない。そもそも墓の場所さえ誰も知らないのである（ギリシャの盗掘者が一八三〇年代に見つけて、壁画を持って逃げた。それを蒐集家《しゅうしゅうか》に売ったのだが、やがて安値で買い取られたと思いこみ、二十年後、その恨みを抱いたまま死んで、壁画のあった場所をとうとう誰にも明かさなかった)。所在不明のネバムンの墓に、壁画以外にも宝物が埋まっているのかどうか、今日《こんにち》に至るまでわかっていない。

エジプトと同じようにヨーロッパにも未知の驚異がまだ無数に存在するとしたら、砂や泥の下に依然としてシスティナ礼拝堂が埋まっていて、穴に消えた飼い犬の行方を追っていた少年がその存在を発見するのを待っているということになる。


古代の墓から出てきたラピスラズリのネックレスや黄金のブレスレットの美しさ、ネフェルティティの頭部彫刻の優美さ、ボードゲームやまわして遊ぶ独楽《こま》の微笑ましさ。どれもこれも、遙かな過去から、われわれの心を引きつける魅力にあふれている。

しかし、ここでもう一度考えてほしい。ピーター・グリーンがいっていた古代エジプト文明の〝異質〟な側面はやはり厳然と存在する。エジプトの魅力は頻繁に紹介されるので、われわれはもはやそれを奇妙だとは思わなくなっている。大ピラミッドは、ベルサイユ宮殿と同じように強大な権力を見せつける記念碑と変わらず、代々のファラオもキルトやサンダルを着用したルイ十四世と同じだろうと思っている。ミイラに至ってはホラー映画でも、もはや月並みだ。

しかし、最も見慣れた古代エジプトの風景でも、よくよく見れば、極めて異質であることがわかる。王や専制君主や圧制者が、自分のために記念碑をつくるのは理解できる。しかし、大ピラミッドは、他のどんな記念碑とも似ていない。空に高々とそびえる石の山のようなそれは、記念碑の枠には収まりきらない。

地上四十階相当の高さで、使用された石のブロックは二百万個以上。ブロック一個は平均して二トンで、腰ほどの高さがあって幅は数フィート。ちょっとした計算をしてみれば、ピラミッドの建設にどれだけの労働力が必要だったかが推測できる。平均すれば、二トンのブロックを五分ごとに正しい場所にはめこむことを、昼も夜も繰り返して二十年かかる計算だ。

おそらく一度に一万人の労働者が巨大な重荷を背負って、アリのように休むことなく働いたと考えられる。* その労働は休みがないだけでなく、危険でもあった。地上から数百フィートの高さへ重い石を持ち上げてはめこんでいくわけだから、その石がすべり落ちてくれば、腕や脚の骨が折れ、頭はつぶれる。そういう危険が回避できたとしても、絶え間ない重労働は身体に大きな打撃を与える。実際、考古学者が掘り出した労働者の骨格には、変形した骨やねじれた背骨がはっきり見受けられる。

しかし、大変な重労働でありながら、人間の筋力以外の手段はほとんどつかわない。古代エジプト人は車輪さえもつかわず、荷車や荷馬車はもちろん、クレーンや滑車も持たなかった。つまりピ

＊労働者は自由民だった。「誰もが知る」事実に反して、ピラミッドは奴隷によって建設されたのではない。そもそも聖書の物語に歴史的事実が含まれていると仮定しても、ピラミッドが建てられたのは、モーセや、災いや、紅海がふたつに割れる奇跡の時代より一千年前だった。つまり、ユダヤ人の奴隷が親方に鞭で叩かれながらピラミッドを建設したという考えは、いわば二重の意味で誤りなのだ。こういう間違いが起こるのは、一部に、セシル・B・デミル監督のハリウッド映画『十戒』や、共通する文化で無数に起きる脱線の影響がある。たとえばユダヤ人は、毎年行う過越《すぎこし》の祭の祝宴で「われわれがエジプトでファラオの奴隷だった」頃を思い出すというのもそうだ。それは真実だったかもしれないが――異論はあるが歴史家はその説に反対している――ユダヤ人がエジプトで何をしていたにせよ、それはピラミッドの建設ではなかった。

ラミッドは、ソーシャルエンジニアリングの勝利といえるものの、それは通常の意味合いの社会工学ではなく、人間の労働力をそこまで組織したこと自体が、途方もない偉業というわけだ。

とはいえこれは無知というよりも、保守性に因《よ》るのである。古代エジプト人は車輪について知らなかったわけではない。近隣の帝国では五世紀前から活用されていた。つまり、つかおうと思えばつかえたのに、つかわないことにしたのだ（ピラミッド時代が終わっておよそ千年たった頃に、戦車がつくられるようになった）。われわれだって、伝統を守ることの魅力も、変化することの怖さも知っているが、そうだとしても、古代エジプト文化の極端すぎる保守性は、われわれの理解を超えている。

そのことは、出土した美術品の数々が如実《にょじつ》に物語っている。建設時期が二千年離れたふたつの神殿から、同じ絵が何度も何度も発見されているのだ。ファラオが片手で敵の髪をひっつかみ、その顔を思いっきり殴ろうと、もう一方の手を振り上げている絵。それとまったく同じものが、千マイルと千年離れた場所で描かれているのである。

エジプト最南端の国境近くで見つかった絵には、首で数珠つなぎに結ばれ、両手を背中で縛られている不運な囚人たちの行列を、ファラオが検分しているところが描かれている。そしてこれと同じ絵が描かれた壁が、エジプトのあちこちにそびえている。ちょうどアンクル・サム（アメリカを擬人化した呼び名。擬人化されて愛国心を高揚するときにつかわれることが多い）が袖をまくりあげて、屈強な手でライフルをつかんでいる絵と同じで、アートによるプロパガンダだ。しかしそれは、バリーフォージ（独立戦争時、ワシントンとその軍が立てこもった場所）からベトナムまで、時代も場所も異なる戦場で戦う兵士を、同じ絵で鼓舞するようなもの。古代エジプトの場合、同じ絵が、それから二千年先までつかわれるのだ。

「彼らがやっていたのは、同じことを何度も何度も、三千年にわたって繰り返すことだった。美術においては新しいものを生み出すことが価値あることとは見なされなかった。壊れていないなら直す必要はない。神像が欲しいなら、どんなものにするか彫刻家と相談する必要はない。古い神像をひっぱりだしてきて、『これと同じものを』といえばいいのだ」とエジプト学者のボブ・ブライアーはいう。

「博物館に行けば、紀元前二五〇〇年、紀元前一五〇〇年、紀元前五〇〇年につくられた彫像を見ることができるが、それらのあいだに大した違いはない。だから古代エジプトの美術は一見してすぐそれとわかる。時代による変化がなかったからだ」とブライアーは続ける。

ミイラについては、たいていのことを知っているとわれわれは思っているが、ここにも、じつは至って奇妙な事実がある。古代エジプト人がミイラにしたのは人間だけではなかったのだ。人間のミイラを遙かに上まわる数で、動物のミイラがつくられ、ネコやイヌはもちろん、ガゼル、ヘビ、サルに加えて、トキ、トガリネズミ、ハツカネズミやフンコロガシまで、たくさんのミイラが発見されている。

その中で、死後の世界でも飼い主のかたわらで走りまわれるようにとミイラにされた愛玩動物は少数だ。多くは聖なる動物と見なされたもので、それらをミイラにした正確な理由はいまだによくわかっていない。「こういった動物は、教会でキャンドルに火を灯すのと同じような働きをした。巡礼を通じて魂の不滅を神仏に祈るのと同じことを動物のミイラが体現しているのだ」というのはエジプト学者サリマ・イクラムの見解だ。

動物のミイラの需要は極めて多かった。現代において、途方もない数の動物墓地を科学者たちが掘り出している。サッカラと呼ばれる埋葬地では、ひとつの墓地から四百万個のトキのミイラが出

イヌ（くるんでいた布は失われている）は忠実なペットで、王家の谷にある墓から出土した。トキのミイラは、何百万という数で見つかっている。トガリネズミ（尻尾の大部分は欠損しているが、尾の先端が箱のへりを越えるほど伸びている痕跡がある）の小さな像が載っている箱の中にはミイラにしたトガリネズミが入っている。

土しているし、その近くのある埋葬地からは、イヌのミイラが七百万個発見された。一八八八年、エジプトの農夫がたまたま見つけた墓地からは、麻布でくるまれた大昔のネコのミイラが無数に出てきた。「そこここで、ひとつふたつが見つかったのではない。数ダース、数百、数万という数で見つかり、それらが埋まっていた地層は多くの炭層より厚く、ネコ十匹から二十匹分の深さがある」と『イングリッシュ・イラストレイテッド・マガジン』が報じている。そこで、古代の宗教と現代の商業が手を組んだ。すなわち、その偶然の発見からまもなく、十九トンのネコのミイラを積載した船がリバプールの港に蒸気をあげながら入ってきたのである。干からびたネコを商人たちが肥料として売ろうと考えたのだ。

動物崇拝の熱は、古代エジプトで一種「異様」なほどに高まり、「その最も根強い動物崇拝こそ、われわれにとって最も測りがたく、理解を超えた」古代エジプトの信仰の側面なのだと、エジプト学者のヘンリ・フランクフォートはいう。もし古代エジプト人が百獣の王であるライオンや、威風堂々としたタカを崇めていたなら話は別だが、彼らが崇めた対象は、「ムカデやヒキガエルのような、まったく取るに足りない生き物」だったのだ。

そういう面は、われわれの文化と比べるとまったく異色なわけだが、よく似ているとしかいいようのない面もある。

古代エジプトでは、ミイラにした生き物が売れるとわかったとたん、悪いことを目論む連中がボロ布と骨のかけらを包帯でくるんでネコやハヤブサの形に仕立て、死後の世界をともに生きる永遠のパートナーとして、法外な金で売りつけていたのだ。

墓泥棒もまた、エジプト最古の時代からはびこっていた。墓に黄金や宝石を詰めることが当たり前になると同時に、泥棒たちの盗掘が横行する。

さらにひどいのは、死後の生活準備が贅の限りを尽くして細やかに行われるようになればなるほど、凄いお宝が掘り出されるのを待っているという情報が、泥棒たちの耳に届きやすくなるという事実だ。

「同じように死後の生活を信じている者が、仲間の死後の生活を守るお守りを盗もうと考える。それを思うと、人間の悲しい側面が浮かび上がってくるのである」と、歴史家であり小説家でもあるメアリー・ルノーが嘆いている*。
しかし、どこまでも融通がきくかと思えば、どこまでも頑固な面もあり、また限りない多様性を持つからこそ、われわれは人間の性質に興味を引かれるのである。サイモン・シャーマは「歴史のポエトリー」という言葉を引き合いに出し、「人間相互には多くの類似性があると同時に、まったく噛み合わない面も無数にある」といっている。

ここで得られる教訓は、古代文字を解読するのは想像以上に難しいということだ。困難なのは、大量の奇妙な記号と死に絶えた言語の意味をつかむことだけではない。解読者は、目もくらむほど異質な文化の中を迷わず歩いていかねばならないのだ（もしロゼッタストーンにもっと大量のテキストが含まれていたら、古代エジプト文化に分け入って、そこから手がかりを持ってこなくても解読できたかもしれない。しかし実際にはテキストはぜんぜん足りず、手がかりになる他の資料に当たらざるを得なかった）。

文化と歴史に目を向けると、シャンポリオンとヤングが挑んだような古代文字の解読作業と、ブレッチリー・パークの暗号解読者たちが挑んだ作業との違いがなお一層際立ってくる。戦時の暗号作成や解読に関わった人々は途方もない重圧を感じていただろうが、少なくとも取り組むべき問題ははっきり見えていた。彼らの任務は、世界が燃えている中で、巨大なルービックキューブを待ったなしで解くようなものだ。一方、古代文字の解読者の困難は、紀元後七〇〇年のシルクロードや紀元前二六〇〇年のエジプトにタイムトラベルをして、地元の人々に溶けこもうとするのに等しい。

いいかえれば、戦時の暗号はパズルに近い。そこにはトリックと、それに基づいた機械的な手順が存在し、トリックさえわかってしまえば、いずれ暗号は解ける。しかし古代文字の解読は、生物のように進化・成長し続けてきた謎を解こうとするものなのだ。

どちらも困難な仕事には違いないが、暗号解読の作業はまったく先が見えないというわけではない。暗号は意図的に仕組まれた困難だからだ。しかし言語は偶然に発生した困難である（その言語を読める者が遙か昔に死んでいる場合には、困難の度合いはさらに高まる）。暗号解読の鍵はどこかに隠されているものの、言語解読の鍵は失われてしまっているのである。

巧妙な手口で鍵を隠されてしまうより、偶然によって鍵を紛失したほうが、解読においてはずっと被害が大きい。偶然は相手を選ばない。その名を口にしただけで崇拝者らが縮み上がる神さえも、いずれ完全に忘れられてしまうこともあるのだ。そこまで話を大きくしなくても、ほんのささいな知識が失われてしまったことで、頭を抱える謎が生まれることもある。今から数千年を経た未来を想像してほしい。そのとき考古学者たちは、かつて「青（blue）」は悲しい気分を表したらしいとか、「頭はかかとより上（head over heels）」というごく当たり前に思える状態が「深く恋に落ちる」という意味であるらしいと推測できるだろうか？　「ネコがきみの舌を持っていったのかい？（Has the cat got your tongue?）」という慣用句（どうして黙りこんでいるんだい、という意味）を見て、いったいネコが人間の舌を何につかうのだろうと疑問に思うかもしれない。「冷たい肩（cold shoulder）」（よそよそしい態度の意味）と書かれているのを見て、なぜ肩が冷たいのかと首を傾げ、「赤いニシン（red herring）」（人の注意を他へそらす物の意味）とあるのを見て、なぜニシンが赤いのか、いぶかったとしても不思議はない。

＊なぜ盗むのか？　エジプトは物々交換の社会であり、硬貨も紙幣も現金は使用していなかった。しかし泥棒は貨幣の発明よりずっと前に出現している。物々交換の経済であっても、闇取引は盛んだった。他の人間が所有するものに、別の人間が価値を見いだせば、そこで取引は成立するからだ。

ヤングやシャンポリオンのような解読者は、まず何よりも目端が利かないといけなかった。目の前にある古代のテキストは、税金の請求書かもしれないし、祈禱文や詩かもしれない。その無限の可能性は解読者の仕事をますます困難にすると同時に、魅力も高めてくれる。オクシリンコスで見つかったパピルス文書の権威であるピーター・パーソンズはいう。「新しいテキストの発見には、つねに興奮がつきものだ。埋もれていたパピルスの切れ端が詰まった箱をあけてみる。そこには何が入っているのかわからない……古代ギリシャの未知の詩かもしれないし、ローマ帝国の最盛期にロバの価格が高騰したといった珍しい事実が記されているかもしれない……」

それに比べて軍事のメッセージは単純だ。戦時の暗号解読者はじつに狭いフィールドで戦っていたといえる。何しろ、傍受したメッセージは十四行詩や売り上げ高ではないとわかっている。「曙に攻撃」とか、「即時撤退」といったものだ。さらに何語で書かれているかについては、まったく疑問の余地がない。ナチスはドイツ語で、日本軍は日本語で連絡しているに決まっている（クロスワードパズルの回答が、何語でもあり得るとか、死に絶えた言語が含まれているとなったら、どれだけ難しいか想像してほしい）。

しかし、これだけのヒントをもらっても、暗号解読は非常に困難な仕事なのである。ゾディアックと呼ばれる連続殺人犯が警察をばかにする暗号文を一九六九年に送ってきた。その暗号をコンピューターサイエンスの専門家集団が解読したのは、それから五十一年後の二〇二〇年。当初、暗号文は新聞の一面にでかでかと掲載され、解読に挑戦した誰もが、そこに英語を探したし、他の文書にゾディアックが記したあざけりの言葉から、どういう手合いの言葉を探せばいいか、ある程度予測できた。しかも、多くの挑戦者たちは解読に複数のコンピューターを活用することもできた。

そうであっても、この仕事は驚くほど難しかった。なぜならゾディアックがメッセージをどう攪《かく》

ゾディアックの暗号文の冒頭は次のように解読できる――「オレをつかまえるのを大いに楽しんでくれるよう願っている」。

乱《らん》したか（後ろから読むのか？　斜めに読むのか？　一文字おきに読むのか？）、どのような規則で記号に文字を対応させたのか（■はAを意味するのか？　それとも最初に登場したときだけAを意味して、それ以降はJを意味するのか？）まったくわからないからだ。最終的に解読に成功したチームは、コンピューターをなだめすかしながら、無限の時間を費やして、さまざまなメッセージのシンボルをさまざまな配列でプログラムに読みこませることを無限に繰り返していった。今度もだめ。まただめだ。何千何万回という試行を繰り返しても、なんら答えが得られない。二〇二〇年の十二月になって、ようやくふたつのフレーズ――「オレをつかまえる」と「ガス室」――が、組み合わせ錠の中で回転するタンブラーのように、カチリとはまった。

　それはまだほんのスタートに過ぎないが、暗号解読者たちが成功に続く道を歩きはじめたのは明らかだった。いやそれどころか、そのあと二日を費やしただけで暗号文の解読に成功した。ただしゾディアック本人は依然としてつかまっていない。

　これだけの困難に直面しても、暗号解読者は、古代文字の解読者よりまだ有利な点がある。間違いであればすぐに気づくからだ。解読した結果、まったく意味の通らない文章が出てきたら、やり直しが必要だとわかる。けれど古代エジプトの、あるオベリスクの冒頭に掲げられた文章は、ロゼッタストーンの謎が明らかになる以前は、「最高位の精霊と原型が、そのの徳と才を恒星世界の魂に融合した」と解読されたが、実際には一語として正しくなく、まったくの幻想であったことがあとになってわかった。この一連のヒエログリフは、単にあるファラオの名前を示していたのだが、そのことに百五十年のあいだ誰も気づかなかった。

暗号解読者と文字の解読者、両者の違いを最も的確に吟味したふたりがいる。ホワイトフィールド・ディフィと、その妻メアリー・フィッシャーだ。夫は暗号解読法の研究者であり、妻はエジプト学者という、ともにこの問題を探求するのにうってつけの学識を備えている。古代文字の解読者の仕事は普通に考えるより遙かに難しいという点で両者の意見は一致し、「ロゼッタストーンに刻まれた文字を指でたどるのは簡単だが、それを刻みつけた人間の思考をたどるのはまったく別の問題だ」と書いている。

つまり、書かれている内容を理解したいとわずかでも願うなら、それを書いた書き手の思いを、少なくともある程度は理解する必要があるということなのだ。

6　勝利を収めた英雄

一七九七年十二月十日、パリで大規模な祝典が開催され、ナポレオンの勝利を祝おうと熱狂する群衆が集まった。ナポレオンはちょうどイタリアで一連の軍事的勝利を挙げ、スーパースターとしてフランスに戻ってきたばかりだ。そんな彼を、群がる見物人の歓喜の叫びと拡声器から流れる賛辞が圧倒する。「自然の女神はボナパルトをこの世に創造するためすべての力をつかい果たした」と、ある役人は宣言し、残る問題はナポレオンがソクラテスになるのか、それともシーザーになるのか、それのみだと続けた。

それは奇しくもナポレオン自身の考えと一致していた。文字通りの勝利を収めた英雄であり、ほぼ狂気に近い野心を持つ男は、まだ二十八歳であるにもかかわらず、アレクサンドロス大王が自身の大帝国を三十歳までに築き上げたという事実に焦っていた。時間が差し迫っている。次に自分は何をすればいいのか？

そうだ、イギリスに攻め入るのはどうだろう？　一七九八年二月、ナポレオンはフランスの港湾都市で二週間を過ごすあいだ、その勝算を探ろうと、船員、密輸業者、漁師に、自らききこみをした。結果、他へ目を移すことにした。

「ちっぽけなヨーロッパで手に入るものはたかが知れている。目指すはオリエント。その地にこそ最高の栄誉が待ち構えている」ナポレオンは心を決めた。

ナポレオン27歳のときの肖像画。自軍を率いてオーストリア軍との戦いに勝利したのは、エジプト侵攻の2年前の1796年だった。

あらゆる考古学的発見には、まったくの偶然と僥倖《ぎょうこう》がからみあっている。たとえば死海写本が発見されたのは、一九四七年の、いつもと変わらぬ一日だった。ベドウィン族の羊飼いが迷った山羊《やぎ》を捜しているとき、崖の表面にあいた穴をたまたま見つけた。崖にはいくつもの洞窟が点々と口をあけていたが、そのほとんどが地上の高さにある。羊飼いの少年が目をとめた洞窟の入り口は他より小さく、崖表面の高い位置にあった。少年はその真っ暗な入り口に石を放り投げて、固い岩に石が当たるコツンという音が返ってくるものと思っていたら、もっと軽やかで高い、カーンという音がした。ちょうど石が陶製の壺に当たったたような音だった。

洞窟内に足を踏み入れてみれば、音が示したとおりの光景がそこに広がっていた。ずらりと並ぶ陶製の大きな壺。その壺のいくつかに謎めいた巻物が入っている。調べてみると、それはヘブライ語の手稿で、これまで知られているどの聖書のテキストより千年古いものだった。つまり、壺と古代のテキストは、誰に見つかることも読まれることもなく、二千年のあいだ闇の中に埋もれていたのだ。

ツタンカーメン王の墓が発見されたのは、考古学史上おそらく最も驚くべき事件といえるだろう。これが見つかったのもまったくの偶然だった。イギリスの貴族カーナーヴォン伯爵（現在はダウントン・アビーとして有名なハイクレア城に住んでいた）が、弱った肺にはイギリスの冬の気候は厳しすぎると医者に助言されなかったら、永遠に発見されないままだったろう。医者たちが静養先として勧めたエジプトは、身体の弱い金持ちたちの保養地として、当時最も人気のあった場所だった。カーナーヴォン伯爵はその助言に従ったものの、狩猟パーティーやフォーマルな晩餐会《ばんさんかい》にもすぐ飽きがきて、何か別の気晴らしはないかと探しはじめた。そんなときに出会ったのが、ハワード・カーターという、優秀ではあるものの、つきに見放されて、水彩絵の具を売り歩いたり、ツアーガイドをしたりして糊口《ここう》をしのいでいた考古学者だ。ふたりは手を組み、カーナーヴォンがパトロンになって、カーターとともに探検に出ることになった。一九二二年の十一月のある日、ふたりは黄金の詰まった埋葬室を前に呆然と立ち尽くした。三千年前から封じられていた場所だった。

ヒエログリフ解読への道をひらくことになったロゼッタストーンの発見もまた、僥倖としかいいようがないもので、その僥倖をもたらしたのは、ひたすらに栄誉を求めるナポレオンの渇望だった。

帝国を建設したいと願う者たちのあいだで、エジプトは昔から征服地として人気のターゲットだった。まず弱い。そして要所にあって、ヨーロッパ、アフリカ、中東と通じている。一七九八年にはフランスとイギリスは度重《たび》なる対立のさなかにあって、二国間の争いは地球の半分にまで広がっていた。「世界を股にかけた最初の戦争は一七九三年に始まった」と、エジプト学者のジョン・レイは書いている。「そしてそれから一八一五年のワーテルローの戦いまで続いた」

イギリスはすでにインドをものにしている。釣りあうおもりとして、フランスがエジプトを手に入れてもいいのでは？　しかし手に入れたとして、フランスはエジプトをどう活用するのか、意見の一致をまったく見なかった。インドにいる英軍を攻撃する基地としてエジプトをつかうか？　海外の帝国における輝かしい植民地にするのか？　国際的な商業の中心地として、フランスの国庫を満たす役割を担わすか？

が、実際そういったことはさして問題にはならなかった。今チャンスをつかんでおいて、詳細を決めるのはあとでいい。世界政治と同じぐらい、個人的な野心が大きな役割を果たす逸話では、そのような論理で事が進められることが多い。

国益が自分の栄光に結びつくことをつねに夢見てきたナポレオンにとって、やはりエジプトはあらがうことのできない魅力を放っていたのだ。インドはかつて、戦勝国の輝かしい褒賞品であったが、ナポレオンはエジプトも同じように、奪って自分の王冠に飾れる華々しい宝石と考えていたのである。

かくして一七九八年五月二十日、ナポレオンは史上最大といっていい大艦隊の先頭に立ってエジプト征服に向かったのだった。

本書の物語において非常に重要なことは、エジプトに向かったナポレオンの計画は新たな領土を征服することにとどまらなかったということだ。彼は約百六十名に及ぶ、輝かしい才能に恵まれた科学者、美術家、学者を伴っており、彼らの役目は戦うことではなく、自分の目に映るエジプトの珍しい文物《ぶんぶつ》のことごとくを研究し、絵に描き、記録し、計測することだった（当時はまだ写真術というものは生まれていなかった）。そして、サバントと呼ばれる彼らの仕事もまた、エジプトの古代の驚異を記録することにとどまらなかった。彼らには文明の伝道師としての役割もあるのだと、ナポレオンは強調した。すなわち、進歩の遅い無知なエジプトに、世界で最も洗練された文化をあらゆる方面からもたらすのだと。その文化とはもちろんフランスの文化である。

フランスを発つときには、学者も兵士も誰ひとり、行き先がエジプトであることは知らなかった。ナポレオンはその情報をほんの一握りの人間にしか明かしていなかったのだ（フランスの陸軍大臣にさえ打ち明けていなかった）。学者たちにわかっていたのは、機密に関わる何か新しい仕事のために自分たちが選ばれたということだけだったが、ナポレオンに同行するのだから、きっと凄い仕事になるだろうと期待してはいた。

ナポレオンは純粋に科学や技術に興味を持っており、学者たちは彼のお気に入りだった。その中でも特に優秀な数名が選ばれて、ナポレオンの乗る船に同乗する。艦隊の旗艦であり、世界最大の軍艦ロリアンだ。乗員が船酔いで苦しんでいない晩は（苦しんだのはナポレオンも同じで、船酔いを防止しないかと車輪付きのベッドで眠った）、学者たちもナポレオンや将校らとともにテーブルを囲んだ。その際、話題を提供するのはナポレオンの役目で、「夢は何を意味するのか？」、「政府の理想的なあり方とは？」、「別の惑星にも生物は暮らしているのか？」といったテーマで語り合う。海を進む移動サロンのようなもので、ここでは自分も一学者に過ぎないと、ナポレオンはよくいっていた。酒が注がれ、テーブルの上に置かれたランタンの灯りがちらつく中、話は深夜にまで及んだ。

そのあいだイギリスは、傍観者の立ち場に甘んじてナポレオンのあげる気勢に拍手を贈るつもりなどさらさらなかった。世界最強の英国海軍は、エジプトに到達する前にフランスの艦隊を取り押さえて打ち負かすつもりだった。ふたつの超大国はどちらも、伝説的ともいえる人物が指揮をとっていた。イギリス軍を率いるのは、碧眼隻腕《へきがんせきわん》の不屈の提督ホレイショ・ネルソン。フランス軍はまだわずか二十八歳のナポレオン。いまだ負け知らずの軍事の天才で、野望を抱くにふさわしい才能を持ち合わせている。

そうしてフランスとイギリスのスリリングな競争が始まった。生死を賭けた、世紀のかくれんぼ合戦が地中海を舞台に大規模に繰り広げられる。ナポレオンは一七九八年五月十三日の朝にフランス南岸のトゥーロンからエジプトへ出発しようと考えていた（すでに他の港から出航している他の軍勢と海上で合流するつもりだった）。秘密裏に動かなければならない中、フランス軍は百八十の船舶と四万の兵士から成る巨大艦隊を集結した。

一方ネルソンはナポレオンが知らないあいだに綿密な監視と当て推量をもとに、トゥーロンから十二マイル離れた海で待ち伏せをしていた。しかし五月十二日の夜に嵐が吹き荒れて、ネルソンの船は公海の数百マイルにわたる範囲に散らばった。フランス軍は一週間、港にとどまって嵐が収まるのを待った。そうしてようやく嵐が過ぎ去ったところで、しびれを切らして出航したが、その途上で待ち伏せしていたネルソンの艦隊が、嵐に追いやられて消えたことなど知るよしもなかった。

ふたつの艦隊はその後さらに二回、危ないところですれ違った。最も危なかったのは、六月の暗い夜、濃霧に包まれたクレタ島沖だった。視界が閉ざされた中、艦隊が離ればなれにならないよう、ネルソンの船は信号代わりに一定の間隔を置いて大砲を撃ち続けた。フランス軍は闇と霧に守られて静かに進んでいく。イギリス軍の大砲のとどろきがくぐもってきこえるほど、両軍の船は間近を航行していた。

翌日、夜が明けてみれば、両軍の艦隊はどちらもからっぽの海を航海していた。ナポレオンがエジプトに侵攻するつもりだと考えたネルソンは——ただし、このときになってもナポレオンがエジプトの何を狙っているのか誰にもわからなかった——彼をつかまえようと急いでそちらへ向かった。しかしネルソンは速すぎた。イギリス軍がアレクサンドリアに到着したときには、フランス軍はまだ着いていなかったのだ。あっけにとられると同時に激怒して、ネルソンは再び海に出て新たな捜索を始めた。イギリス軍がアレクサンドリアを出航したのは一七九八年六月三十日。フランス軍はその翌日に到着した。

エジプトはかつて超大国だったが、華やかなりし頃は遙か昔。この時代には、見向きもされない貧しい国で、名目上はトルコの統治下にあったものの、実際には五百年ほど前から、マムルークと呼ばれるムスリムの過激派兵士らに支配されていた。これはマムルークとトルコの双方に都合がよく、マムルークが血も涙もなく農民から絞りとったものの一部を「税」としてトルコのスルタンが懐に入れていた。結局エジプトは放っておかれるか、搾取されるか、つねにそのどちらかであり続け、結果、まったくやりきれない国になってしまった。「かつてピラミッドを建設した国でありながら、後世には荷物運搬用の一輪車さえ見られない」*と、ポール・ストレイザンが嘆いている。

侘《わび》しいばかりの背景幕の前に、別の時代から持ってきて置いた輝かしい彫像のように立つマムルーク。乗馬の名手として名高い彼らは、青や黄の派手な絹地を身にまとい、シラサギの羽根を飾ったターバンを巻くか、日差しにきらめく兜をかぶっている。その各人が、まるで小さな武器庫を持ち歩くように、ライフル、銃把に宝石をちりばめたピストル、槍、斧、象牙の柄がついた短剣、三日月刀など、半ダースほどの武器を所持しているのだった。

急襲をかける際には、ホルスターや鞘から順番に武器を引き出していく。敵が射程内に入ったと

---

*古代世界で最も豊かだった国が、現代においてなぜそこまで落ちぶれてしまったか。これには長く複雑な事情があり、外国による侵略と、一三〇〇年代半ばに流行した黒死病の影響がとりわけ大きい（黒死病ではエジプトの全人口の四十パーセントが死亡したと推定される）。

にすることもある。

見るや、まずはライフルを発砲。さらに迫ればピストルに持ち替え、次に槍や斧も飛ばし、至近距離に来たところで、三日月刀で斬りかかっていく。馬の手綱《たづな》を口にくわえて、一度にふたりを相手にすることもある。

その昔、十字軍の時代から、勇猛と、あらがえぬ残忍性で知られてきたマムルーク。そのかしらはフランス人に向かい、「さあフランクども、来られるものなら来てみろ」と挑みかかった。「ひとり残らず馬の蹄《ひづめ》の下敷きにして、かたっぱしから頭を刈っていくぞ。スイカ畑に馬で踏みこむようにな」と、身にまとう絹地におとらぬ派手な啖呵《たんか》を切るのだった。

しかし、マムルークはまだ近代の敵にまみえたことはなかった。一七九八年七月二十一日、ピラミッドの数マイル先でマムルークはフランス軍と対峙する。フランスの兵二万五千人に対して、マムルークはおそらく三万人。フランス兵が純毛の軍服で汗みずくになっている中、マムルークは絹のマントを風になびかせて颯爽《さっそう》と立っている。

「兵士らよ、四千年の歴史がおまえたちを見おろしているぞ」と、ナポレオンがピラミッドをそう表現して自軍にいう。年代はだいたい正しいが――もっとも四千年というのは少々短い――見おろされるような距離ではなかった。目を細めて地平線を見てやっと、ピラミッドは遠くにかすかに見えるだけだった。それでもこの際そんなことは問題にならない。「これはスイカ畑の戦いとは別物なのだから」と、ある歴史家が書いている。

スイカ畑の戦いならぬ、「ピラミッドの戦闘」として、後に知られることになるこの戦いは、片側が完全に優勢だった。耳をつんざく鬨《とき》の声をあげ、三角旗とマントを風にはためかせ、サーベルで日差しを跳ね返しながら蹄の音も荒く、フランス軍の防衛線に突進していくマムルーク。無秩序と大混乱の中、最初から負けが見えた戦いに、勇猛果敢《ゆうもうかかん》に身を投じた彼らの攻撃を、ある歴史家は、

「中世最後にして最大の騎馬攻撃」と記している。

　フランス軍は方形の陣をつくっていた。防衛の隊形であり、まず横一列に六人並んだライフルを持つ兵士が中央を空洞にした方形をつくり、四隅に大砲を置く（方陣を組むのは危急のときだが、その際ちょっとした気晴らしもできた。学者たちの無能をいつも笑っていた兵士たちが、ここに至って大喜びで叫ぶのである。「ロバと学者を真ん中に！」）

　守りを固める側にとって最も難しいのは、動じないこと。早まって発砲すれば、攻撃側は痛くもかゆくもないし、遅すぎれば、眼前で負傷する敵に馬が脅《おび》えて防衛側の隊列に倒れこみ、次の攻撃勢が入る隙間をつくってしまう。

　マムルークが近づいてきても、フランス軍は銃剣で鋼《はがね》の生け垣をつくって踏ん張り、発砲を控えている。そうしてぎりぎりまで迫ってきたところで、さあ今だと一斉射撃を開始し、丈高い草を刈る大鎌さながらに、敵の軍勢を一気に倒していく。大砲がとどろき、馬の甲高い悲鳴が響き渡り、負傷した兵が短剣や銃剣をつかって斬り合うという、まさに目を覆う戦闘だ。

　戦いは二時間で終了。死者数はおそらく、フランス軍二十人に対して、マムルークは二千人余りにのぼったことだろう。勇猛は素晴らしいが、戦術とテクノロジーには遠く及ばない。

　六百人の騎兵が砲列のさなかにまっすぐ飛びこんでいった「騎兵隊突撃」（一八五四年、クリミア戦争中の英軍騎兵隊の突撃。無謀だが勇敢だったと評された）があったのはそれから数十年後のこと。しかし、この絶望的な戦いを目《ま》の当たりにしたフランス人将校もまた、マムルークの突撃を「華々しいが、これは戦争とはいえない」と判断したに違いない。

　フランス軍は勝利に歓喜した（ただしマムルークの大半は、一度退却してからまた戦いに臨み、今度は正面突撃ではなくヒットアンドラン戦法で向かっていった）。ナポレオンがエジプトに到着してわずか三週間経ったばかりのことで、以来すべてが完全に計画通りに進んでいた。
大惨事に見舞われるのは、その十日後だった。

7　燃えあがる甲板

フランス軍は艦隊を丸ごと、アレクサンドリアのすぐそば、アブキール湾に残していた。十三隻の船が海岸線を抱くようにしてずらりと停泊しており、敵と対峙するには理想的な配置だった。海岸にぎりぎり近いところなので、陸側から敵の船が攻撃するのは不可能だとして、大砲はすべて海側に向けておく。

しかし、それはフランス軍の計算違いで、このミスがあとあと命取りになるのだった。一七九八年八月一日、ネルソンがアレクサンドリアに入国。驚くべきことに英軍は、フランスの艦隊を海側と陸側の両面から攻撃する。フランス船の陸に面した側、何の防備もしていない海に深水が見つかることに賭けたのである。それが功を奏し、フランス軍は両側面から敵の十字砲火を浴びた。

至近距離での激しい戦いで、船は燃え、大砲が炸裂する。マストは甲板に倒れて粉々になり、戦いは夜へと突入した。あらゆる戦闘は情け容赦ないものだが、木製の船の近接戦闘はまた格別な恐怖をもたらす。敵同士が海上で出会った場合、移動する余地もあり、逃げることも不可能ではない。しかしこの戦いは違った。フランス軍の旗艦ロリアンでは火災が発生。艦隊司令長官ブリュイは砲弾を受けて両足を失い、そのあとも切断した足の断端に圧迫帯を巻いて甲板に残り、椅子にすわって命令を出していたが、やがて新たな砲弾を受け、木っ端微塵《こっぱみじん》になって死んだ。一方ネルソンは、飛んできた金属片を額に受け、はがれて垂れ下がった皮膚が、見えるほうの目を覆った。何も見えなくなった彼は、「われ死せり」とつぶやきながら、船の医務室に運ばれていった。

今やロリアンの火災は手がつけられないほどに広がり、激しく燃えさかる炎の熱が、英国船に乗っている船員たちにも感じられる。* 火は、何千トンという火薬が保管された弾薬庫へも広がってロリアンは爆発する。巨艦は四分五裂し、二十マイル先まで届く雷鳴を生じさせた。** それから数分のあいだ、ずたずたになった死体や折れたマスト、燃える帆や大砲の破片が空から雨のように降ってきた。ロリアンに乗っていた千人余りのクルーのうち約八百人が死んだ。

フランスはその日、十三の軍艦で戦ったが、翌日の朝までに十一隻の軍艦が、捕獲されたか撃沈された。その大虐殺の現場に目を走らせたネルソンは、「この有様は、〝勝利〟を越えて余りある」といった。ナポレオンは戦闘には参加しておらず、フランスの敗北を知ったのは二週間後だった。知らせは冷静に受け止められた。一七九八年八月十五日、ナポレオンは幕僚たちに向かってこういった。「どうやら諸君はこの国が気に入ったようだ。それは非常に幸運というべきだろう。何しろわれわれにはもう、ヨーロッパへ帰るための艦隊がまるでないのだから」

フランス軍は身動きがとれなくなった。ネルソンは歓喜し、「フランス軍は窮地に陥っている。補給もなしにナイルの北で立ち往生」と書いている。その先状況が改善されることはまずない。英国海軍が地中海を制したということは、食料も武器も海から運びこむことはできないわけで、あとのことは自然と敵対する地元民が、すべて引き受けてくれる。「フランス軍は下痢（赤痢）で衰弱し、千人たりともヨーロッパへ戻ることは永遠に叶わない」とネルソンは続けている。

しかし、戦況が最悪の様相を見せているまさにそのとき、学者たちを取り巻く状況はプラスに転じた。一七九八年八月二十三日、ネルソンがフランスの艦隊を打ち砕いてから、わずか三週間しか経っていないこの日、ナポレオンは学者たちを集めて、初めて正式な会議を催した。場所はカイロの町にある、かつてマムルークの宮殿だった無闇に広い建物。学者たちが集《つど》うこの新しい本拠地を、ナポレオンはパリにあるフランス学士院になぞらえて、エジプト学士院と名づけた。

本家本元の学士院はずいぶん昔から、フランス国家最高の才知が集結した場所であり、芸術家も作家も科学者も、この学士院に名を連ねることは最高の栄誉だった。ナポレオンは一七九七年に学士院のメンバーに推挙され、その栄誉を心ゆくまで噛みしめた（公式文書にはよく、「総司令将官、学士院会員、ボナパルト」と署名した）。

再編された宮殿は、学者の研究活動の中心地として、図書館、研究室、印刷機、動物園、博物館を備え、数学者、物理学者、芸術家、経済学者のそれぞれが独立してつかえるよう区分けされた部屋を持つことになった（数学者の集会場所はかつてハーレムがあった場所だった）。ここで学者たちは、ミイラに関する報告や、蜃気楼《しんきろう》の科学（砂漠に足を踏み入れる者は誰しも、揺れる湖の映像に悩まされたものだった）、ヒエログリフの意味、飛べない鳥ダチョウが持つ小さな羽根の意味に

＊ロリアンが火に巻かれる中、フランスの水兵たちは命からがら海に飛びこんだ。しかし九歳の海軍少尉候補生は甲板に残る。その父親は負傷して船内の医務室に運ばれている。息子は父から許しが出るまで、燃える甲板から立ち去るのを拒んだのだ。数世代前まで、子どもたちは学校で必ずこの話を教えられた（「燃える甲板にただひとり。みなはもう海へ飛びおり。焼け落ちた残骸照らす炎のひかり。少年のまわりは死者ばかり」）。調子よく韻《いん》を踏んだ詩はしかし、血まみれの甲板で男たちがこけつまろびつしながら慟哭《どうこく》する、阿鼻叫喚《あびきょうかん》の現場とは、かけ離れている。

＊＊一九九八年、フランスの考古学者らは、アブキール湾の海底から、ロリアンのマストの破片と、その三十六フィートの舵《かじ》の破片を発見した。

ついて、熱心に耳を傾けた。

結果論からいえば、中でもずば抜けて注目されたテーマがあった。学士院の最初の会議で、ガスパール・モンジュという異彩を放つ数学者が院長に選ばれ（珍しいことに、ナポレオンは副院長になることを選んだ）、モンジュはそこで学者たちの使命として自分が考えていることを簡潔に話した。ここではエジプトの生活についてさまざまな側面から調査しているが、中でも「古代の記念碑をじっくり研究し、そこに刻まれた謎の記号の解読に力を傾注する。御影石でできた本のページを解読することによって、謎に包まれた歴史を明らかにしよう」というのだ。

その一方で、戦況は悪化の一途をたどる。艦隊を破壊された今、ナポレオンは陸戦へ頭を切り替えていた。ここで再びアレクサンドロス大王をお手本にプランを練り、偉大なるヒーローの例に倣って、インドに進撃しようと考えた。

まさに驚くべき野心というべきだが（そもそもインドは三千マイル東）、ナポレオンからすれば、好機に思えていたのだろう。そこでまずフランス軍はシリアの奥深くへ突入した。エジプトから最も近い東の地だが、ここで文字通り、泣きっ面《つら》を蜂に刺されることとなる。

トルコの要塞アッコで、ナポレオンは次から次へ攻撃を仕掛ける。対する敵は「虐殺者」の異名をとる男。「連中の苦しみを存分に楽しもう」と、捕虜の頭だけ外に出して全身を要塞の壁に漆喰《しっくい》で塗り込める男である。そんな虐待を受けた捕虜もついには息を引き取るのだが、それでも外に飛び出した頭は無言の警告として、そのままにしてあったと、当時の目撃者が語っている（虐殺者はまた、味方をもたびたび危険な目に遭わせている。彼のもとで長きにわたって勤め上げた参謀長も、何か失策が見つかるたびに鼻を失い、片目を失い、耳を失っている）。

アッコは海の上に建つ城砦都市であり、この戦いは残酷極まる包囲戦となった。フランス軍が都市の分厚い壁を大砲で破壊する一方、船に乗ったトルコとイギリスの同盟軍が沖から大砲を撃ち返す。砲弾で壁に穴があいたと見るや、フランス軍は突撃命令を出す。急襲をかける部隊の中には梯子《はしご》を携えて向かっていく者もあるが、防衛軍はその侵入を阻み、手榴弾を投げ、煮え立つ油を外に流す。

六十二日間にわたる不毛の戦いは、二千人の死者と負傷者を出し、フランス軍は包囲を解いて退却。アッコは陸戦におけるナポレオン最初の敗戦地となった。

総崩れとなったフランス軍は、喉《のど》の渇きと焼けつく日差しに苛《さいな》まれ、下痢と腺ペスト（罹患《りかん》した六人に五人は死んだ）に苦しみながら、カイロを目指して砂漠を退却していく。さすがのナポレオンも観念した。もっともらしい理由を見つけてエジプトを出ていく、その算段に夏のすべてが費やされた。

この一七九九年の夏には、何もかもがいっぺんに起きた。シリアでの大敗を華々しい勝利の物語につくりかえようと必死のナポレオンがカイロで祝典パレードの開催を決め、軍楽団を用意して兵士に真新しい軍服を着せる中、ピエール＝フランソワ・ブシャールは部下たちとともに、ロゼッタの要塞再建を急いだ。

そんな七月初め、奇妙な石が見つかったと、誰かがブシャールに知らせた。型通りの将校なら、妙なしるしが刻まれた石板に関心を持ってじっくり眺めるようなことはしない。敵の攻撃に備えて全員が一丸となって準備しているときならなおさらだ。しかし若きブシャールは戦闘しか頭にない平凡な軍人ではなかった。二十八歳の若手ながら、彼にはふたつの肩書きがあった。つまり軍人であると同時に、ナポレオン傘下の学者のひとりでもあったのだ。学者と軍人、ふたつの陣営は互いにまったく信を置かない。そんな中、軍人としても学者としても非の打ち所のないブシャールは、両陣営と睦《むつ》まじくできる数少ない人間だったのだ。

学生時代から筋金入りの科学技術マニアであったブシャールは、エジプトに来る前は、フランス軍に新設されたばかりの気球部隊の一員としてヨーロッパで戦っていた。戦場の上空高くに浮上して、（信号旗をつかって）敵の部隊の動向を報告するのが仕事だった。ブシャールは数学や光学技術も勉強しており、時間を見つけてはフランス屈指の優秀な科学者たちと研究に勤しんだ。* 「黙って掘ってろ」という建築現場の監督とは対極にある人物だったのだ。

よって、ロゼッタストーンの発見はまったくの僥倖《ぎょうこう》ではあるものの、そういうものが出てくれば、欣喜雀躍《きんきじゃくやく》して飛びつくであろうことはほぼ間違いなく、現に見た瞬間、これは凄い宝だとブシャールは気がついた。

発見のニュースが軍司令官のジャック・フランソワ・メヌーに届くと、メヌーは早速その石を自分のテントに運ばせた。それから兵士も学者も一丸となって、石をきれいにし、失われた部分の断片を探し、ギリシャ語で書かれた部分の解読に取りかかった。

現在に至るまで、ロゼッタストーンの失われた部分は見つかっていない。しかしギリシャ語が刻まれた部分に損傷はほとんどなく、翻訳者たちは熱意を持って仕事に打ちこんだ。きっと堂々たる文章がトランペットやファンファーレの華やかな響きを伴って、こちらに語りかけてくると思ったのだが、その期待はまるではずれた。

このテキストは紀元前一九六年にあたる年に刻まれたと、まず冒頭でそれが明らかにされていた。内容はつまらないもので、「父の座に取って代わった若き王」への賛辞がぎっしり並べられていた。

この王というのはプトレマイオス五世で、これより八年前、六歳で王座に就いた。

その父親というのが恐ろしい人物で、「若くして堕落の極み」を尽くしたと、現代のある歴史家が評している。強大な帝国を受け継ぎながら、その権力を無為に消費したらしい。その二十年にも満たぬ治世は、「放逸と飲酒と淫乱」に染まり、「文字通りの道楽王」といってよかった。しかもこの男は、自分の叔父、兄弟、母親を殺すよう命令を出していた。幼い息子は粛清を免《まぬが》れたものの、ロゼッタストーンにそういった黒い歴史はまったく記されていない。その代わりに「偉大なるその力でエジプトを守り、繁栄させ、神々への信仰心も篤《あつ》く、敵を蹴散らし、民の暮らしを豊かにする」と、ティーンエイジャーの支配者を熱烈に賛美する言葉が刻まれているのである。

しかし現実的には、プトレマイオス五世の王座は危ういものだった。外部からの敵の攻撃にさらされ、内部からは反逆者に狙われる。神殿の神官らはいつでも手強い権力集団であって、そろそろ現状を見直さないといけないなどとほのめかしたりもする。のちに歴史家たちがこの時代を「大謀《だいむ》反《ほん》」の時代と呼んだように、まだ衰弱してはいないが、エジプトは確かに問題を抱えていたのである。

その問題は、ほとんど一点から発していた。すなわち、代々の支配者がよそ者であるという点だ。

＊つねに首尾よくいったわけではなかった。まだフランスにいた頃、ブシャールは、優秀な発明家であるニコラ・ジャック・コンテとともに軍事気球の新しいコーティング素材を見つけようと研究していた。ところがその最中に爆発事故が起き、ブシャールは右目の視力を失いかねぬ被害を受け、コンテは左目を完全に失う。それでもふたりは負けずに研究を続けた。事故以来、コンテは黒い布製のバンドを額の下部に巻き付け、左目を覆うようになった。

彼らはエジプト人ではなく、ギリシャ人だった。アレクサンドロス大王は、紀元前三三二年にエジプトを征服。その死後、彼の将軍のひとりがファラオになり、プトレマイオスはその将軍の子孫なのだった。「ギリシャ人の役人、商人、兵士から成る小集団が支配する中、エジプトの農民たちはこれまでずっとやってきたように畑を耕《たがや》していた」と、ある歴史家が書いている。王族はギリシャ語を話し、あらゆる公務はすべてギリシャ語で執《と》り行われた。結婚相手もギリシャ人であって、エジプト人という選択肢はない。エジプト人は誰ひとりギリシャ語を読まないし、話さない。ロゼッタストーンに刻まれたプトレマイオスへの賛辞も、エジプト人にとってはちんぷんかんぷんだったことだろう。*

石に銘文を刻んだそもそもの目的は、エジプトでは万事順調に事が運んでいると広く知らしめるためだった。ファラオは若いものの偉大な支配者であり、代々続いた偉大なる王たちの子孫である。神官らもファラオを全面的に支援し、神々に敬意を表する昔からの宗教儀式を神官とファラオがともに誠心誠意執り行うと銘文は続いている。

ロゼッタストーンは重すぎて持ち運べるようなものではない。それでも実際には壁に貼った宣伝ポスターと同じ役割を果たしていた。石の表面からは、裏取引のいかがわしい臭いがぷんぷん漂っている。宣伝文句はまず、ファラオの善行を並べることから始まる。そのくどくどしい列挙は、アメリカ人の耳には独立宣言に列挙されたジョージ三世の悪政の数々を並べたリストを完全にひっくり返したように響くだろう。イギリスの王は「われわれの同意なしに税を課し」かつ「われわれの最も貴重な法律の数々を廃止した」と書かれているのに対して、エジプトのファラオは「(税を)軽減し、その他もろもろの圧政を完全に廃止、すべては治世下の軍人や民間人に繁栄をもたらすためだった」と書かれている。

それればかりではない。ファラオは「長期刑で収監されている囚人たちを解放」し、戦場では勝利を収め、「神殿を傷つけて現王や先王の流儀をないがしろにしてきた」反乱分子を鎮圧し、あっぱれなことに「そういった連中を串刺しにした」という。

賛辞はそのあとも何行も続き、ロゼッタストーンに向き合うギリシャ語の翻訳者は心配になっていく。想像を超えるめくるめく真実が、神秘の文字で綴《つづ》られていると思ったのに、これはいったいどういうことか。書かれていたのは大言壮語と大見得ばかり。次々と意味が明らかになっていくものの、喜びはまるでない。こんな偉そうな文章が、石版の他のテキストとどうつながってくるのか？

やがて答えが出た。

ファラオの善行はあまりに偉大であるために、あらゆる人間に知らしめねばならないと最後の数行に書かれていたのだ。「この宣言は、神々の文字（ヒエログリフ）、記録用の文字（これは明らかに、真ん中に刻まれた謎のテキストを指している）、イオニア（ギリシャ）の文字をつかって堅牢な石版に刻み、永遠に生き続けるファラオの像とともに、最高位の神殿、二位の神殿、三位の神殿に置くものとする」

つまり、ひとつのメッセージが三種類の方式で綴られていたのだ（そして当然ながら、ロ、ゼ、ッ、タ、

＊プトレマイオスの王たちは、誰ひとり、地元の言葉を学ぼうとはしなかった。ある戦闘の前夜、プトレマイオス四世（ロゼッタストーンのプトレマイオス王の父親）が部隊を奮い立たせるために、戦争ドラマ『バンド・オブ・ブラザーズ』ばりに演説をぶったのだが、兵士らには気の抜けたものにしか感じられなかった。通訳がギリシャ語からエジプト語に訳す一手間が加わったためである。

ストーンは、ロゼッタばかりでなく、エジプト全土に散らばっていたのである)。
解読の端緒《たんしょ》がひらけ、競争が始まった。

8　ムッシュー・スミスの遁走《とんそう》

一刻も早くこの発見を知らせることが火急の用務となった。ロゼッタにいるブシャールは二十五歳の数学者ミシェル・アンジュ・ランクレにその任を割り当てる。カイロのエジプト学士院にいる学者仲間たちに書面でこれを知らせよというのだ。ランクレは冷静に次のような文をしたためた。市民ブシャール（革命後は、あらゆる称号が廃止され、名前の前に「市民」を冠するようになった）が「ロゼッタストーンに刻まれた文字について、ある発見をした。みなの興味を大いにそそることだろう」。

一七九九年七月二十九日、学士院では講義の始まりにランクレの手紙を読んできかせた。詳細な記録は残っていないが、この日も例によって学者たちの講義内容は多岐にわたった。博物学者のジョフロワ・サンティレールはナイル川で見つけた淡水フグについて説明。数学者ガスパール・モンジュは進歩的な幾何学における問題について短い講義を行い、植物学者、建築家、詩人も、それぞれに話すことがあった。

そこを訪れたある高官は、そのあいだずっと退屈していたという。講義内容について通訳が懸命に訳してささやくものの、いっこうに興味が持てない。淡水フグの話だけは唯一きく気になったが、その興味も長くは続かなかった。「おい！　たかが魚一匹に、どれだけ言葉を費やせば気が済むのだ」

発見のニュースを最初に報じたのは、一七九九年九月十五日付けのエジプト駐留フランス軍のために発行された『クーリエ・ド・レジプト』紙だった。堂々とした黒い石版に同じ内容を表す文章が異なる三つの表記で刻まれており、「ヒエログリフ研究者のあいだで注目の的になっている。ついに解読の手がかりが見つかったと期待できそうな事件である」と、感心なことにずいぶん抑制した筆致で報じている。

この記事は三面に掲載された。そうきけば、新聞社はこの発見を軽んじたと思えそうだが、この日の新聞を賑わせる大事件はロゼッタストーンに限らなかった。二面には特報として、詳細を省いたわずか四文が印刷されている。ナポレオン、エジプトを出てフランスに帰還！「フランスとエジプトのどちらにおいてもナポレオンの不在はなんら心配を呼び起こすことはない。彼の行動は万事、双方の国に幸いをもたらすことを目的としているのだから」と、まるでなんでもないことのように驚くべきニュースを読者に語っている。

新聞がこのニュースを報じる頃には、ナポレオン本人は母国にほぼ帰り着いていた。一七九九年八月二十三日遅くに、味方の将校たちには何もいわず、こっそりとアレクサンドリアに近い集合場所へ向かった。すぐ沖で一隻の船が待っている。最後の最後になってナポレオンの副司令官ジャン＝バティスト・クレベールは、一枚の書き置きから、自分を含め軍の全員が置き去りにされたことに気づく。

ナポレオンがクレベールに残した書き置きは、まったくいい加減なもので、将軍の声明文というより田舎からのバカンスの招待に対する苦しい断り状に近い。「ヨーロッパのニュースをきき、このたびフランスへ戻ることを決めた」と、それだけである。その後ナポレオンはもう二度とエジプトに足を踏み入れなかった（出発は周到に準備されていた。置き去りにされたと思われないよう、愛人に対しては都合のいい話をでっちあげていた。同じように周到に、ワイン、コーヒー、砂糖、蒸留酒といった、とっておきのものを木箱に詰めて、自分をフランスへ連れ帰る船に送っておいた。木箱には「ムッシュー・スミス宛」という平凡な名前を書いて、詮索の目が向かないようにした）。

この時代、エジプトの戦況などはフランス国内にほとんど何も伝わっていなかった。ナポレオンは帰国するなり、エジプトでの「勝利」を記念する一連のメダルをつくらせる。そのひとつに、ローマのトーガを身につけたナポレオンがピラミッドの上空を飛んでいる絵柄のものがあり、キャプションには「ヒーローの帰還」と書かれている。また別のメダルでは、二頭のラクダが牽《ひ》く戦車にナポレオンが乗っている絵の上に「エジプトは征服された」という謳い文句が躍っている。

厚かましいにもほどがあるが、これがまんまと成功した。「ボナパルトはエジプトから意気揚々と到着した。ともに戦った軍がなぜいっしょではないのか、尋ねる者はいない」ある歴史家がそう書いている。

残された兵士たちは悔しさに歯噛みするしかなかった。副司令官のクレベールは、このエジプト遠征を最初からまったくの的外れで軽はずみな暴挙だと考えていた（ナポレオンは一万人分に相当する月給を求める男だと日記に書いている）。「コルシカのチビ」の臆病風を見てとって、クレベールは怒りを爆発させる。「あの野郎は、ビビってクソを漏らし、われわれを見捨てた。ヨーロッパに戻ったら、そのクソを恥知らずの顔になすりつけてやる」

まあ、このぐらいにしておこう。

ナポレオンは、学者の中でも選《え》りすぐりの三名をパリにいっしょに連れ帰っていた。つまり全兵士と残りの学者たちはまだエジプトにいるのである。兵士にとってエジプトは流刑地だが、学者にはその牢獄に小窓がついていた。つまり置き去りにされた事実は疑いようがないものの、それを補って余りある慰めが用意されていたのだ。目の前に広がる前人未踏の土地を研究するのは冒険と同じで、このうえなく興味をそそられる。しぶしぶ取りかかった仕事でも、手をつけてみれば飽きることはなかった。

兵士と違って、学者は有志者だった（兵士が憤慨《ふんがい》したことに、ナポレオンは軍事的責任をなんら負っていない彼らに、軍人としての給料が支払われるようにしてあった）。画家、数学者、地図制作者、医師、天文学者、博物学者、エンジニア、建築家などなど、今日《こんにち》まで名を知られている人物がたくさんいたが、その中にエジプト学者はひとりもいない。まだそういう専門分野が存在していなかったからだ。しかし優秀な人物には事欠かない。数学者のジョゼフ・フーリエ（今日《こんにち》の大学院生はフーリエ級数やフーリエ変換を学ぶ）、芸術家であり作家であり、そのエジプトの絵画が世界を魅了することになるヴィヴァン・デノン、フランスで最も著名な化学者のひとりクロード・ルイ・ベルトレ。*頭脳明晰で機略に富む発明家ニコラ・ジャック・コンテは、ナポレオンをして「アラビアの砂漠にフランス芸術の数々を再現できる人物」といわしめた。

最もよく知られている学者は四十代から五十代だが、大半はもっと若かった。平均年齢二十五歳という、みな少年の域を出ない情熱的な若者だった。一番の若手はまだ十代の学生で、その優秀さゆえに選ばれた。エジプトに到着するなり、彼らはまるで世界一楽しい校外学習に連れてきてもらった男子学生のように、国中を駆けまわったのである。

学者たちは今日《こんにち》の密着取材を行う記者と同じように、どこへでも兵士の行くところについていった。スケッチブックにかがみこみ、ビュンビュン飛び交う銃弾にも構わず、自分の仕事に没頭する。

ナポレオンは学者たちにふたつの使命をまっとうさせることを考えていた。古代エジプトの驚異の数々を記録すると同時に、エジプトの近代化を推進させようというのだ。ナポレオンの目には、エジプトはまだかなり改善の余地がある国に映っていた。エジプト人は「無分別で、貧しく、愚鈍である。村ではハサミが何を意味するのかさえわかっていない」。つまり軍人たちにとってみればエジプトは未開の地で「ワインもフォークもなく、情を交わす伯爵夫人もいないのである」とナポレオンはこぼしている。

学者たちには、伯爵夫人がいない状況をなんとかすることはできないが、土木技術を活用したさまざまなプロジェクトの推進は不可能ではなく、ナポレオンはそれを望んでいた。たとえばナイル川の水を浄化するシステムを編み出したり、ビール醸造《じょうぞう》の技術を改良したり、橋や水車の建設をしたり。しかしナポレオンがフランスに帰ってしまえば、学者たちは好き勝手にやれる。それで土木工事よりも、記録活動に力を傾けたのだった。

ピラミッドをよじ登り、古代の前庭を歩きまわり、神殿の残骸を描き、銘文を写し取る。ナイル川を何百マイルもさかのぼり、ヨーロッパ人がほとんどきいたこともない墓や神殿を探検してまわったのである。

しかしそれは、人もうらやむ興奮に満ちた仕事ではなかった。というのも当時のエジプト人は、遠い昔の異教の遺物にまったく敬意を表さなかったからだ。たとえば、かつて堂々と建っていたデ

＊アントワーヌ・ラヴォアジエも有名で、彼は反革命の陰謀を糾弾されて数年前にギロチンで首を落とされている。「彼の首を切り落とすのは一瞬だが、彼と同じ頭脳を持つものが現れるには百年かかるだろう」と、ある科学者が嘆いている。

計測のためにスフィンクスをよじ登る学者たち。絵はヴィヴァン・デノンによる。芸術家であり外交官でもあったデノンの素描は、エジプトのあらゆる文物を愛してやまないエジプト熱をヨーロッパ全土に広げる引き金になった。

イドフにある神殿はゴミ捨て場と化して、天井近くまでゴミや砂がうずたかく積み重なっている。「毎朝農民がやってきて、バケツに入れた煮炊きの灰を捨て、ロバの糞、ラクダの糞、馬の糞を窓の穴から放りこんでいく。そのかたわらに学者たちがスケッチブックや計測道具を持って立っていた」と歴史家ニーナ・バーリーが書いている。

それぐらいはまだいいほうで、他はもっとひどい。エジプトのあちこちにある墓や神殿で、学者たちは「新しい死体やミイラにつまずき、何百年もかけて堆積して固まったコウモリの糞の上で足をすべらせる。どの部屋も暗く、自分の手さえ見えない。そんな中、松明《たいまつ》の光で作業すること自体が危険で、というのも長く閉めきった場所には木材や古代の絵やミイラのタールが詰まり、引火性が非常に高いからだ」。

それでもくじけず、学者たちは働いた。中でも最も熱心だったのは芸術家のデノンだったろう。学者団では最年長の五十一歳で、恐怖政治をなんとかして生き延びた貴族だった。見目麗《うるわ》しくウィットに富み、まさに不屈という言葉がふさわしい男。革命以前は騎士デ

イデフの素描。ヴィヴァン・デノンによる。

ノン、動乱の一七九〇年代は市民デノン、ナポレオンが政権の座に就いたあとはデノン男爵として名を馳《は》せるのだった。

　有り余るほどの才能と魅力を備えたデノンは、しかしひとつの仕事に落ち着くことはなかった(苦肉の策で「外交官、芸術家、ポルノ作家」と彼の経歴をまとめている歴史家もいる)。デノンはまた、ナポレオンの妻ジョセフィーヌと親しく、ナポレオンが侵略軍を結集する際、その友情を利用して学者集団の要職に収まってもいる。

　そうしてエジプトに入れば、まさに好事家としての本領を発揮し、たびたび命の危険にさらされながら、西洋人が見たことのない風景を次々と記録していった。馬にまたがって鞍《くら》の上に画板を横たえ、そこらじゅうで火を吹くライフルも気に留めず、一心に素描をする。その勇猛は、戦《いくさ》慣れした兵士も目を瞠《みは》るほどだった(一八〇二年、フランスに戻ってすぐ、デノンは大部の画集を出版。その『上下エジプト旅行記』は、エジプトの驚異を初めてヨーロッパ人に垣間見せるものとなり、空前のベストセラーとなった）。

デノンは、ナポレオンにつねに大げさに賛辞を贈ることにしていたが、戦闘のむごたらしさについては決してロマンチックに語らなかった。「戦争よ、歴史の中に置かれたおまえの、なんと輝かしいことよ！　だが歴史のベールをはがし、間近で子細を見ればおまえほどおぞましいものはない」

デノンは勇敢であったが、分野によっては勇敢さよりも勤勉さがものをいうときもあって、その点においても彼は秀《ひい》でていた。神殿や記念碑を絵に描いたのに加えて、古代の壁に刻まれた文字も書き写しており、「ヒエログリフをひたすら書写していくには、己を無にする意志の力が必要なのだとわかった」と、まるで自分の我慢強さに驚くかのように書き残している。いつの日か、必ずや意味が解明されるとデノンは堅く信じて、当面は几帳面に書写を続けていくものの、その謎の解明を果たすのが自分だとは思っていない。「わたしの場合は、いうなれば敬虔な信仰、あるいは闇雲な熱情に突き動かされているのであって、理解できない異国の言葉を信じて崇《あが》めるウェスタの処女と同じといえるだろう」


ある集計によると、学者の四分の一はエジプトで客死したという。その中には戦場で死んだ者が五名（非戦闘員にもかかわらず殺された）、疫病と赤痢で死んだ者が十五名いた。そうであっても彼らの士気は高かった。この遠征は何から何まで間違っていると非難していた兵士より、学者のほうが明らかに気力は充実していた。正義の士が砂漠で死んでいくおかげで、役にも立たない一握りの知識人が割れた石のかけらを子細に眺めることができるのだと、兵士たちは不満を漏らした。

しかし歴史を変えたのは、その一握りの人間だった。エジプトで過ごした三年のうちに、彼らが描いた絵、とりわけ書き写したヒエログリフが、その後かけがえのない貴重な品となるのである。

ナポレオン軍の軍勢は四万人だが、学者は二百人もいなかった。軍人は忘れられた。しかし学者たちは二千年のあいだ閉ざされていた門の扉を勢いよくあけたのである。

9　あの有名なロゼッタストーン

学者たちはロゼッタストーンを子細に眺めることから始めたが、ギリシャ語を翻訳してしまうと、もうその先へは進まなかった。ヒエログリフは「十四行から成るが、石が割れているため、その一部は失われている」と『クーリエ』紙が書いている。どうということのない情報だが少なくともこれは正確で、問題はその後の、ヒエログリフとギリシャ文字に挟まれた、真ん中の文字の勝手な解釈である。「中間に刻まれた三十二行から成る文字はシリアの文字と思われる」と続けている。

これは後に間違いであることがわかった。真ん中に刻まれているのは、シリアの文字ではなく、エジプトの文字。日常的につかうにはヒエログリフはあまりに複雑だというので、代わりに生み出された、いわば速記用の文字だった。

つまり、ロゼッタストーンには、ヒエログリフ、デモティック（速記用の文字体系）、ギリシャ文字と、三種の文字が刻まれているものの、メッセージを伝える言語は、エジプト語とギリシャ語の二種なのだ。現代にざっと置き換えれば、あるメッセージをエレガントな飾り文字で数行綴《つづ》ったのち、速記用の文字でさらさら走り書きし、最後に言語をギリシャ語に切り替え、同じメッセージをギリシャ文字で綴ったという感じである。

ロゼッタストーンの解読には行き詰まったものの、絵を描いたり地図を作成したりといった仕事に邁進《まいしん》した学者たちは、それからもエジプトから出られない期間をとことん活用していた。その結果、興味をそそるものがふたつ見つかった。一七九九年の秋、ナイル川の三角州にあるメヌフという町で、ロゼッタストーンと同じように二言語の銘文が刻まれた、また別の石を、ふたりの若いエンジニアが発見したのだ。しかしあまりに浸食がひどく、判別できるほんのわずかな文字（ギリシャ文字で記された「いつでも若い王」）を書き写せただけだった。高さ約一フィート、幅が一ヤードほどある黒い御影石で、これといった特徴のない民家の正面に置いてあり、家の住人はベンチとしてつかっていた。

一年後、また別の学者がロゼッタストーンとほぼ同じものを見つけた。こちらも黒い御影石で、ロゼッタストーンよりもわずかに大きい。元祖と同様にヒエログリフ、デモティック、ギリシャ文字が刻まれているが、損傷がひどすぎて使い物にならない。これはカイロのモスクで見つかったもので、玄関口の足ずりにつかわれていた。

そのあいだ、軍人たちはエジプトから撤退することを何より望んでいた。ナポレオンの跡を継いだクレベール将軍は、トルコとイギリスと和平協定を結ぼうとずっと頑張っている。部隊の兵士から人気があり、戦場では英雄的な地位も確立していたクレベールだったが、エジプトでこれ以上戦闘を続けることに何の意味も見いだせず、仕事の手があけば、ナポレオンの愛人にちょっかいを出す始末（ナポレオンが置き去りにしたこの愛人、ポーリーヌ・フーレスはフランス海軍の大尉と結婚したフランス人女性で、兵士の軍服で変装して夫の船にこっそり乗りこみ、エジプトにやってきたのだった）。

しかし一八〇〇年の六月、クレベールはカイロでスレイマン・アル・ハラビというシリア人に暗殺される。ハラビはすぐつかまって、フランス人のみを構成員とする特別な会議にかけられて有罪を宣告された。判事たちは地元の風習に従って、右手を骨になるまで焼いたのち、串刺しにすべしと刑罰を下した。熱した炭火で役人が右手を炙《あぶ》るあいだ、スレイマンは黙ってすわっている（炭のひとつが肘へ転がり落ちたときだけ、刑罰では焼くのは右手だけだといって抗議した）。

次に九フィートの大きな金串をスレイマンの肛門からハンマーで打ちこんで胸骨まで貫き、串刺しにした状態で地面に植える。それから息を引き取るまで四時間。地獄のような苦しみが続く中、スレイマンはずっと沈黙を通し、ただ一度「アラー以外に神はなし、ムハンマドは預言者である」と叫んだだけだった。*

クレベールの後継に就いたのは、ジャック・メヌーという名の将軍だった。ロゼッタの砦で司令官をしていて、ロゼッタストーンを最初に保管することになった人物だが、これがまったく残念な人事だった。五十一歳という充実した年齢でありながら、無駄に年を重ねてきたとしかいいようのない男で、「軍服を着た軍神マルス」のあだ名をいただいた男っぷりのいいクレベールとは対照的に、でっぷり太って頭ははげあがり、見るからにだらしない。それでいて偉そうに歩きまわるものだから、兵士からも学者からも嫌われていた。

彼は和平協定など、まったく望んでいなかった。「アレクサンドリアの城砦で死ぬまで守備を続ける所存です。このわたしは死に方は心得ていても、降伏の仕方は知らないのです」とナポレオンに書き送ることで別の将校のやる気のなさを暗に非難した。しかしそれからすぐ「降伏の仕方」を知ったようで、一八〇一年九月二日、司令官の職に就いてわずか一年しか経たないうちに、メヌーはイギリスに降伏した。

和平の条件を協議する段になると、戦勝国であるイギリスは、フランスがエジプトで集めた戦利品をすべて得る権利があると主張した。メヌーは最初からロゼッタストーンは自分の私物と見なしており、クレベールの後継となってからはロゼッタストーンをベッドの下に保管するといってきかなかった（一説ではメヌーのベッド下ではなく、倉庫内の所持品の山に埋もれてマットの下に隠されていたという）。

そのロゼッタストーンをイギリスから要求されると、メヌーは激怒し、私物を分捕《ぶんど》るなど言語道断、「そんなひどい略奪はきいたことがない！」とはねつけた。

イギリスの交渉団は内心ほくそ笑んでいた。「メヌーのかんしゃくはまったく愉快で、先頭を切って略奪と破壊を繰り返してきた男が、どの口でそういうのだ」と交渉団のひとりが書いている。それでもメヌーは、イギリスの最高司令官サー・ジョン・ハッチンソン中将に立て続けに手紙を書き送って、自分の権利を主張してやまなかった。

それに対しハッチンソンは、礼儀正しい口調に悪意を込めてこう返した。「アラビアの手稿、彫像、蒐集品《しゅうしゅうひん》、古代の遺物といったものを、私どもが要求しているのは、あなた方がヨーロッパで示してくれたお手本に従ったまでのこと……フランス軍はあらゆる国々に戦争を仕掛け、とるにふさわしいと思える戦利品をすべて手にしてきましたからね」

手厳しいが、これは事実だった。一七九七年、フランスがイタリアを征服した直後、選《え》り抜きの学者モンジュとバートレットの二名が、ルーブルに運ぶ絵画を求めてイタリア全土の博物館と教会をしらみつぶしに探したのも、その正しさを裏付ける一例だ（ナポレオンは「豊作だった」と褒め称え、「イタリアのあらゆる美術品」がまもなくフランスへやってくるのだと至極満悦に綴ってい

＊スレイマンの死後、その骨格と頭蓋骨はパリにある解剖学博物館に送られた。そこで骨相学の特別展示をやっていたのだ。現在もその博物館には犯罪者や反逆者の頭蓋骨が収蔵されている。殺人や狂信の傾向を示す明確な特徴について研究するためである。

る）。学者が選び抜いた戦利品は、現在に至るまでルーブル美術館のルネッサンス・ギャラリーにて、しかるべき場所に展示されている。

これに対し、エジプトにいる学者たちはメヌーに怒りをぶつけた。自分たちは敵地を縦横に駆けめぐり、地図をつくって絵を描いてきた。飛んでくる銃弾を除《よ》け、梯子《はしご》を登り、コウモリがはびこる悪臭むんむんの蒸し暑い墓の中を這い回って銘文を書き写したのだと。

自分たちのコレクションをなんとかして取り戻してほしいと学者は嘆願する。しかしメヌーにはどうでもいいことだった。せっかくの発見をあきらめられないだと？　あの取り澄ましたインテリどもが、このわたしに何をしてくれたというのだ？　メヌーはイギリスの最高司令官ハッチンソンに手紙を書いて送った。「種子、鉱物、野鳥、蝶、爬虫類などといったものを木箱に詰めて、あなた方がどこへ運ぶにしても、ぜひそのお供をしたいと、コレクションの制作者たちが申しております。自分たちもいっしょに木箱に詰めてもらいたいのかどうか、そのへんの事情はわかりかねますが、もし本人たちがそうしたいと申すのなら、その邪魔立てをするつもりは毛頭ありません」

学者の三人が直談判にハッチンソンのもとを訪ねた。「あなた方は、われわれの蒐集品、われわれの絵画、われわれの地図、われわれの書写したヒエログリフを奪おうという。しかし、そういったものの謎を解く鍵を誰が与えてくれるのだ？……われわれがいなければ、どれもこれも死んだ言語と同じ。何の声もきこえてはこないんだ！」博物学者のジョフロワ・サンティレールは怒鳴った。ハッチンソンは話にじっと耳を傾けてはいたものの、動じることはなかった。

学者たちはいったん去ったが、その翌日、ジョフロワはさらに怒りを募らせた。「われわれは自分たちのコレクションをすべて焼くことにした」と、ハッチンソンの代理人に怒鳴りつける。「あんたらは名誉が欲しいんだろ。だったら、その願いは叶うぞ。歴史はこの事実を忘れはしない。アレクサンドリアの図書館ひとつを丸ごと焼き捨てた者たちのことをな」

とうとうイギリスも、わずかだが折れることにした。絵画や蒐集品は学者たちが持っていていい。その代わりイギリスは、総重量五十トン、全部で十七個の大物を持ち帰ることにすると。その中には動物の頭部を持つ神々の彫像やアレクサンドロス大王のものと思われる巨大な石棺も含まれる。石棺はアレクサンドリアのモスクで見つかり、それまで公共浴場としてつかわれていた。そして最も価値のある戦利品、ロゼッタストーンもイギリスに渡ることになった。

そのエスコート役を務めたのは、トムキンズ・ヒルグローブ・ターナーという大層な名前のイギリス人将校だった。ロゼッタストーンはＨＭＳレジプシエンヌ《L'Égyptienne》（名前からわかるように、これはイギリスが捕獲したフランスの船）に載って、新しい落ち着き先であるイギリスへ向かった。この劇的なドラマの脇役となったターナーは有頂天になり、「ロゼッタストーンはイギリスが手中に収めた誇らしい戦利品であり、無防備な住民から奪ったのではなく、武運によって正しく得たものである」と息巻いた。

今日《こんにち》ロゼッタストーンを誇らしげに陳列しているのがルーブル美術館ではなく、大英博物館であるのは、そのような顛末《てんまつ》による。イギリスの目からすれば、そこ以上にふさわしい置き場はないだろう。大英博物館は一七六一年に初めて出版したガイドブックで「ここに集められたものは国家の栄誉を記念する不朽のモニュメントである」と自慢している。その燦然《さんぜん》と輝くコレクションにまさにふさわしい、新たな一品が加わったのだ。

今日《こんにち》、ロゼッタストーンを間近で見ると、両側面に大文字で書かれた一文がうかがえる。左側面には「一八〇一年にイギリス軍がエジプトで獲得」、右側面には「国王ジョージ三世より寄贈」と書かれている。

　とにかくひと目見たいと、大衆は最初から大騒ぎだった（そして係員の目がなければ触ろうとし、実際無数の人間が触った。最近のクリーニング作業によって、ロゼッタストーンは黒ではなく、玄武岩でもないことが判明した。黒くなったのは、無数の指の跡が保護用ワックスの層と混じり合ったせいで、それを取り除いてみれば灰色だった。大英博物館のエジプト学者が繰《く》り言《ごと》をこぼしている。「ロゼッタストーンは黒い玄武岩でできていると、そう書いた絵はがきを大昔から売り続けてきたのだから、誠に恥ずかしい」と）。

　これといった特徴もない一塊の石が、なぜこれほどまでに人を引きつけるのか？　刻まれているメッセージは少しも面白くない。たとえば、マグナカルタとか、アメリカの独立宣言、権利宣言といった、そこに綴られた内容が有名な遺物とは違って、ロゼッタストーンに刻まれたメッセージそのものは重要ではない。ロゼッタストーンを世界一流の遺物に押しあげたのは、メッセージの伝え方なのだ。

　そしておそらく、発見された経緯もあるだろう。これはボトルに詰めた手紙の究極の形といってよく、時の波間を漂って二千年以上が経過して、ようやく発見された。ただしこちらは遠方の人間に読まれることは期待しておらず、それが建っている場所で即時に読まれることを期待してつくられた。それでもエジプトの文化が消滅してから、気の遠くなる年月を経て発見されたのだから、遠い異世界と初めてコミュニケーションがとれたにも等しい。

　以来ロゼッタストーンの人気は衰えたことがなく、大英博物館のギフトショップに足を踏み入れれば、ロゼッタストーンのジグソーパズル、コーヒーカップ、イヤリング、カフリンク、ｉＰｈｏｎｅケース、ネクタイ、Ｔシャツ、エプロン、トランプ、チョコレート、ふきん、マウスパッド、傘、トランクの名札などなど、ロゼッタストーンの意匠を施《ほどこ》した土産物《みやげもの》が所狭《ところせま》しと並んでいる。博物館の人間の記憶にある限り、昔からあらゆる土産物品の中で、ロゼッタストーンの絵はがきは、ダントツの売り上げを誇ってきたという。

博物館が収蔵する何百万というコレクションの中で、他を寄せ付けぬ抜群の人気を集めるロゼッタストーン。それは「大英博物館が一番に誇る所蔵品で、ルーブルにおけるモナ・リザとほぼ同じなのだ」と古典学者のメアリー・ビアードが書いている。

「あの有名なロゼッタストーン」とくれば、素人はそれだけで飛びつく。評判が誘引力となるわけで、それ自体が何であろうとかまわない。一八〇〇年代に、われこそはその謎を解読してやろうと意気込んだ、たくさんの人々の興奮もわかろうというものだ。というわけで、これからいよいよ、ヒエログリフがその秘密を明かすことになる。

10　最初の推測

まだ誰もロゼッタストーンのことを知らなかった時代にも、ヒエログリフ解読に取り憑かれた学者たちは、人生の何十年かをそれに捧げていた。闇の坑道を果てしなく掘り進めるようなもので、そこここでかすかに火花が散るものの、これといった収穫はまるでなかった。

一七九八年、ヨーロッパ指折りの言語学者のひとりが、七百ページから成る大部の書を出版した。一生をかけて取り組んできたエジプトの文字体系に関する研究成果を余すところなく盛りこんだ、文字通りの集大成だった。

著者のゲオルク・ツェーガはエジプト学と言語学の権威。その大作の中で彼は、自分の研究はヒエログリフ解読のほんの端緒《たんしょ》に過ぎないと落胆混じりにいい、それでも、これだけの成果をあげることは他の誰にも真似できないと自負している。ロゼッタストーンがフランスの一兵士の前に姿を現すのは、その出版から一年を経たあとだった。

デンマーク人のツェーガは誠実な学者だった。まだほとんどが憶測に過ぎず、何も確かなことがわかっていなかった時代から、エジプト学を研究対象にしていた。いたずらな憶測を拒否したツェーガは、その仕組みはわからないながら、できる限りのことをやってみようと、ヒエログリフの分類に着手した。

その結果、九百五十八の異なる文字があることを突きとめる。鳥や虫のグループがあれば、人間や、人間と動物が合体したもの、植物、道具、抽象的な形のグループもある。分類は悲しいまでに骨の折れる大仕事となった。というのもこれは、無筆な人間が郵便切手の膨大なコレクションを分類するのと同じようなもの。それを博学な学者がやろうというのである。赤い色のものがあれば、青い色のものもあり、中には肖像画や動物の絵がついたものがある。これはいったい何を意味するのだ？

そんな中、ツェーガは貴重な洞察を得た。たとえば、ヒエログリフは左右のどちらから読むものとわかっていないが、ある特定の行の始まりは、絵の向きを見ればわかるというのだ。鳥でもネコでも人間でも、横向きのものはいつでも行の始まりに顔を向けている（この推測が正しいかどうかは、さまざまな方法で確かめることができる。たとえば、テキストの左余白がきれいに揃っているのに対して、右余白がガタガタになっていれば、おそらく左から右へ読むのだと推測できる。天才的な発見というほどのこともないが、まずここが解明されない限り、自分たちが解読しようとしているのが、language なのか egaugnal なのか判別できないのである）。

またツェーガは、ヒエログリフの総数からも大事なことが読み取れるのに気づいた。九百五十八個もの異なる記号をつかう文字体系とは、いったいどういうものか？　もしそれぞれの記号が一語を示しているのなら、この総数はあまりに少ない。千語未満の語数で成り立つ言語は存在しないからだ（平均的な五歳児は一万語を知っている）。しかし、それぞれの記号が一文字を表すのだとしたら、あまりに多すぎる。アルファベットは普通数ダースの文字から成り立っており、数百という単位のものはない。あまりに多すぎてはつかいづらいのである。

となると、こう考えるしかないとツェーガは結論を出した。すなわち、ヒエログリフはある種のハイブリッドな文字体系なのだと。ひとつの絵文字はときに一語を表し、ときに一文字、一音節、

ヒエログリフは左から右へ読むものも、この例にあるロゼッタストーンのように右から左へ読むものもある。横顔の絵文字は、いつでも行の先頭方向を向いている。

一音を示すというのだ。これは見事な推測であった。しかし彼が考えたのはそこまでで、その先はあきらめてしまった。「あとはもう後世の人々に願いを託すしかない。まだエジプトの地に眠っている無数の遺物が正しく調査され、公開されれば、おそらくヒエログリフを読めるようになる日が来るだろう」とツェーガは書いて、未来にかすかな期待を寄せている。

その未来は一年後、人里離れたエジプトの砦で偶然発見された遺物とともにやってきた。しかしツェーガは、ロゼッタストーンそのものはもちろん、そこに刻まれた文字を見ることもできなかった。「銘文を書写したものだけでも手に入れば望外の喜びだが、今の状況ではどうやって手配すればいいのか皆目わからない」と、意気消沈する手紙を一八〇〇年に友人に宛てて書いている。

問題は戦争だった。フランス革命後ほどなくしてヨーロッパは不安に陥っていた。一国の国民が蜂起して王を斬首することができたなら、やがて別の国の王や諸侯の首も同じように危険にさらされるに違いない。そう思ったヨーロッパの君主たちがフランスの共和制を早めに潰し、自らの王政を守ろうと結束していた。

一七九〇年代に炎をあげた戦火は、それから四半世紀のあいだ燃え続け、一八一五年にワーテルローの戦いでナポレオンが敗北してようやく平和がやってきた。ナポレオン戦争の終わりには死者数は四百万人にまで上り、そのうち三百万が兵士で、百万が民間人だった。

このような時代に、いかなる形でも国際協力が行われていたというのは瞠目《どうもく》すべきことで、その記録を見れば感心するしかない。ツェーガこそ機を逸したものの、ロゼッタストーンの書写は、実際多くの人間の手に渡っていた。その道をひらいたのは学者たちで、手に入るやいなやロゼッタストーンから直接印字する方法を編み出したのだった。その結果、一八〇〇年にはもう、パリの学者たちが銘文の研究に着手していた。

ロゼッタストーンがロンドンに到着した一八〇二年、遺物研究アカデミーという一団が、ロゼッタストーンの写しをつくる任に当たった。それから数か月のあいだに、石膏でつくったレプリカをオックスフォード、ケンブリッジ、エディンバラ、ダブリンの言語学者に送り、銘文の写しを、パリ、ローマ、ベルリン、オランダ、スウェーデン、さらにはフィラデルフィアにまで配布した。

この早い時期に解読に挑んだ人々は、ふたつの問題にぶつかった。ひとつは、ロゼッタストーンのレプリカや写しを入手できても、十四行から成るヒエログリフから必要な手がかりすべてを得られることはまずないということだ。

失われた言語でも暗号でも、その解読において、単なる偶然の一致ではない決まったパターンを見いだすためには、おびただしい数のテキストが必要になる。たとえば、メッセージに、xyyxjbと書かれているのを、あるスパイはattackを表すのだと考えるかもしれない（なぜなら、多くの英単語には、tが連続するものがあり、xの位置もちょうどいいところにある）、しかし、それはまたgoogleやeffectであるとも考えられるわけで、もっと多くのメッセージを傍受しない限り、いずれにも決定はできないのだ。

直感、経験、深慮は解読者のツールになるが、そもそもの初めに考古学者や探検家が、かび臭い墓や半ば埋もれた神殿から、銘文をとってきてくれなければ何も始まらない。そうなると奇妙なパートナーシップが生まれる。ウィル・ショーツ（アメリカのパズルクリエイター）とインディアナ・ジョーンズが手を組むことになるのだ。

ある種の文字体系では、解読に際して入手できる文字の少なさが仇《あだ》となる。たとえば、イースター諸島のみでしか発見されていない文字体系があるが、それが未解読のままである原因は、現存するテキストが二十余りしかないせいもある。ロンゴロンゴ（地元の言語では、大雑把にいって「物語る」という意味）と呼ばれる文字は、小鳥や花が本のページの中でぺちゃんこになったような形をしており、魅力的だが謎が深い。

一八〇〇年代までは、この文字はたくさんあって、たいてい木片に刻まれていた。ところがそれから、奴隷を探しに襲撃に来る者たちや災害により、イースター諸島はほぼからっぽになって、ロンゴロンゴの読み方に関する知識もすべて消失してしまった。木片に刻まれた文字のほとんどは、暖をとるために火にくべられてなくなってしまった。それ以来、よるべない学者たちはわずかに残った遺物である、遙か昔に人の背中に彫られた入れ墨や、人間の頭蓋骨に刻まれた一連の文字をしげしげと眺めるしかなくなった。

ロゼッタストーンの場合、上部が欠損しているせいで残されたヒエログリフの数は絶望的に少ない（対応関係にあると考えられる他の銘文二種の長さから判断して、全体の約半分が消失している。それでトマス・ヤングは一八一八年、あるエジプト探検家に、「エジプト考古学において、その価値は同じ重量のダイヤモンドに等しい」と手紙を書いて、ロゼッタストーンの欠損部分を探してほ

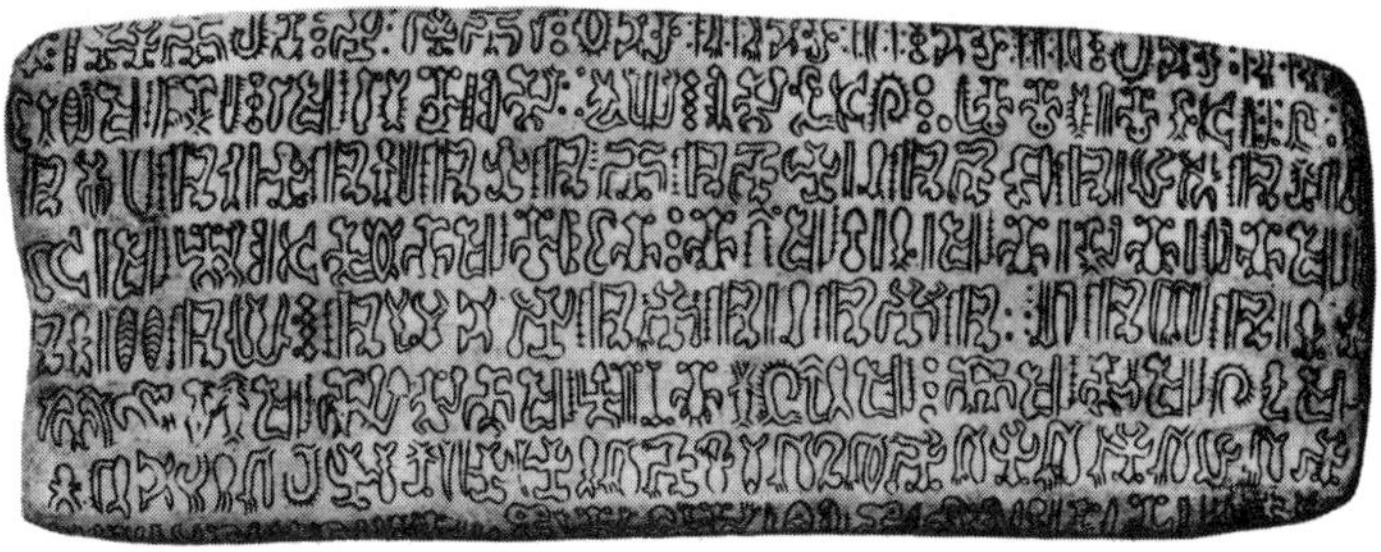

ロンゴロンゴ文字の銘文。

しいと懇願している。それはいまだに見つかっていない）。しかし、時はナポレオンがヨーロッパを席巻していく時代。交通も連絡も途絶える中、遠隔地で発見されたパピルスも、一連のヒエログリフが記された旅行者の絵画も、解読者の手に届かない。コレクターが集めた銘文の刻まれた彫像や彫刻も、解読者の手に届かない。結果、毎度毎度同じ、たった数行の不可解な文字列を、ひたすら眺め暮らすしかないのだった。

解読の初期にあたっては、もうひとつ問題があった。見慣れぬ二種の銘文を前に、どちらから先に着手するか、解読者は選ばねばならない。当時の状況を考えればまったく無理もないのだが、ここで解読者はことごとく誤った選択をした。

一方は不完全であり、並んでいるのはまったく奇抜な絵記号（ヒエログリフ）。もう一方はほぼ完全であり、こちらのほうが文字っぽい（真ん中に刻まれた、いわゆるデモティック）。ならばヒエログリフはあとまわしにして、まずはデモティックを、というわけだ。この選択が、また新たな誤りへとつながった。デモティックはよくある文字列に見える。一般的な文字はアルファベットを基礎体系としているから、まずやるべきはデモティックのアルファベットを見いだすことだと考えたのだ。自然な流れに思えるが、実際はその逆で、一歩を踏み出そうとした矢先に谷底に落ちたようなものだった。

デモティックは最後に取り組むべきものであって、真っ先に飛びつくものではなかった。その後何年にもわたる研究によって、デモティックは速記用にヒエログリフをもっと簡略化したもので、抽象度が高く、とらえどころがないものであることが判明する。

ヒエログリフの一文字一文字は絵であって、非常に手が込んでいる。デモティックは、そのヒエログリフをもっとシンプルに簡略化し、徹底的に肉をそぎ落とした結果、残った骨格だけを直線や斜線で表したものだった。ここまで来ると、もうもとの形はほとんどわからなくなっている。当時の人間は知るよしもないが、デモティックはアルファベットではなかったのである。

ロゼッタストーンの解読に最初に取り組んだ優秀な言語学者に、パリでアラビア語を教えていた、シルヴェストル・ド・サシというフランス人がいる。ド・サシはまず、デモティックの中に固有名詞を探すことにした。というのも、ギリシャ文字のテキストにプトレマイオスの名が何度も何度も、合計十一回出てくるからだ。

まずはデモティックの中のおおよそ対応する位置に、繰り返し出てくる同じ記号の組み合わせを探すことにする（しかしこの数を正確に勘定するのは不可能だ。デモティックでも、プトレマイオス個人について言及する際、「王」といった普通名詞をつかう場合があるからだ）。アレクサンドロスなど、他の名前についても同じことができる。

ド・サシは探している組み合わせを見つけた。ここまではまあ順調だった。しかしその先で道を誤った。ギリシャ語の文字はアルファベットを基礎にしているからと、ギリシャ語の名前とデモティックの一連の文字を対応させたところ、どちらも文字数が完全に一致するか、ほぼ一致したのだった。しかし、ド・サシは知るよしもないが、これは単なる偶然だった。偶然であることを知らなければ、古代エジプト人も古代ギリシャ人同様アルファベットをつかいこなしていたという結論に彼が落ち着くのも当然だろう。

ド・サシはそのあと、固有名詞から、ギリシャ語のテキストに頻出する「神」や「王」といった普通名詞に目を転じ、デモティックのテキストに数回現れる同じ文字列と一致させようとした。デモティックの特定文字と、それに対応するギリシャ文字から、たどたどしくも自分なりにアルファベットを組み立てていったのである。

じつに真面目に几帳面なアプローチを続けたものの、そもそもデモティックはアルファベットではないのだから、成功するはずがなかった。一八〇二年、とうとう彼はあきらめて、「最初に抱いていた希望は、もろくも崩れ去った」と意気消沈ぶりを露《あら》わにしている。

次に挑戦したのは、スウェーデン人の外交官ヨハン・オケルブラッド。オケルブラッドはド・サシの弟子で古代言語の権威だった。彼もまた師匠と同じ道をたどり、ギリシャ語の名前を、ひと続きのデモティック文字と対応させることから始めて、そのあと普通名詞へと移っていった。粘り強さが功を奏したか、あるいは単なる幸運か、オケルブラッドはド・サシよりも順調に、対応する組み合わせを見つけていった。

が、皮肉なことに、そうやって上手くいったために、オケルブラッドは失敗の道をどこまでも進むことになった。デモティックがアルファベットであるという間違った思い込みが一層強化されたせいだった（最終的にデモティックは、「I♡NY」をもっと複雑にしたようなハイブリッドな文字体系であることが判明する。文字を表す記号もあるが、そうでないものも混じっている。ド・サシとオケルブラッドの間違いは、MやVとなんとなく似ているからという理由で、♡を文字と見なすのと同じといえる）。

まもなくオケルブラッドもあきらめた。十年あまりにわたって、さまざまな人間たちが解読に挑戦しながら、戦争にはばまれ、難解な謎に挫折して、ヨーロッパの言語学者は完全に手詰まりとなった。「最後にこの問題について情報交換をしてから、もう七年が経っている」これ以上の進展は「まったく望めない」と、ある学者が一八一二年に悲しげに語っている。

初動から誤って失敗続きの長年月《ちょうねんげつ》が続けば、いずれ希望も枯れ果てるものと思える。しかし学者たちの欲求不満などなんのその、皮肉なことにその頃巷《ちまた》では、古代エジプトに熱狂する波が訪れていた。建築やファッションから始まってヘアスタイルまでが、ぴったり足並みを揃えてエジプト礼賛に傾いていく。「なんでもかんでもエジプト風」と、英国人作家が一八〇七年に嘆いている。「女性はクロコダイルの装身具を身につけ、家庭ではミイラの飾ってある部屋でスフィンクスの上にすわり、細い腕と長い鼻を持つヒエログリフに描かれた男たちを見せられた子どもは、それだけで怖がって眠れなくなる」

ナポレオンがエジプト遠征に引き連れていった学者たちもまた、現地の逸話や絵や持ち帰った略奪品を通して、人々の興奮をあおりにあおった。一八〇〇年代初めからの数十年間、大衆はずっとエジプト熱に取り憑かれていたが、それに拍車をかけたのが、史上希《まれ》に見る手の込んだシリーズ本『エジプト誌』だった。これまでの学者たちの研究を万事網羅しようと考えたものだが、鳴り物入りで刊行が発表されながら、大がかりなプロジェクトによくあるように、こちらもまた刊行スケジュールに大幅な遅れが出た。最終巻まで出そろったのは、約二十年遅れの一八二八年。初期の巻は調った部分から、切れ切れに刊行された。

堂々たる大部の『エジプト誌』は、その視野の広さと野望の大きさにおいて他の追随を許さない

（ナポレオンは製作費を政府が賄《まかな》うことを認可した）。＊ 横三フィート縦二フィートという巨大なページに何千という銅版画がでかでかと印刷され、テキストと絵から成る十巻に、二巻分の地図が付随する。

『エジプト誌』の購入者は、その全シリーズを収蔵できる特製チェストも購入することができた。絵の巻を寝かせて入れておく薄い棚と、テキストの巻を立てて入れておく棚があり、てっぺんには本をひらいて飾れる取り外し可能な陳列ラックもついている。デザインも凝っていて、彫刻家が指《さし》物師《ものし》と協力して神殿の円柱や蓮《はす》の花といったエジプトの意匠をあしらっていた。

しかし、ことロゼッタストーンとなると、解読劇に少しも進展がなかったと『エジプト誌』の編集者が打ち明けている。そこに刻まれた文字は細心の注意を払って本の中に再現したものの、その意味するところは相変わらず謎のまま。それで編集者は、正確な計測結果の報告で切り抜けることにした。「材質は黒い御影石、その厚みは平均して〇・八九フィートで下方の幅は二・四フィート」しかしこんな情報でお茶を濁すのはまったく的外れだ。エイブラハム・リンカーンの歴史的な位置づけを評価する際に、彼の身長は六・三三フィートだったと伝記作家が報告するのと同じなのである。

それより数年前に、ロゼッタストーンの解読に失敗したことを認めたスウェーデンの言語学者オケルブラッドが、ここでまた意見を述べている。わたしにはわからないことがふたつあると彼はい

＊ナポレオンはこのプロジェクトのある側面を厳しく監視していた。フーリエの序文には、あらゆるエジプト人はナポレオンの名をずっと心に留めておくだろうとあるのだが、それをナポレオンは、「ボナパルトの不朽の名声を」と読めるように修正した。

う。ひとつはロゼッタストーンそのものの意味するところ。そしてもうひとつは、誰もがその解読をあきらめてしまうのはなぜなのかということ。

オケルブラッドは次のように続けている。「発見された当初、ロゼッタストーンはヨーロッパ中の知識人の興味を引きつけた」。しかし、そのあとは、「信じられないほどの無関心にさらされている」と。

みんながあきらめる理由がわからないというのは、ちょっとした謙譲だろう。自分やド・サシという超一流の言語学者が太刀打ちできなかったと知って、二流、三流の者たちがすっかり怖《お》じ気《け》づいてしまったのは、彼も十分承知しているはずだ。学者という人種は、表舞台に立つのをたいてい居心地悪く感じる。埃《ほこり》だらけの文書の山に埋もれてひとりすわり、死んだ言語の解読を仕事にするような人間は、とりわけその傾向が強いだろう。

しかし、ロゼッタストーンの謎が解けたことを宣言する人間には、スポットライトを浴びる覚悟が必要だ。多くの学者はちらりと見ただけで、すっかり怖じ気づいてつばを飲み、もっと手軽な分野へ早々に逃げてしまった。

しかしオケルブラッドが嘆きを吐露した一八一四年、まさにその年にロゼッタストーンの冷遇時代は終わりを告げる。専門の言語学者が脇に寄って傍観を決めこんだことで、門外漢に、文字通り門がひらかれたのである。そこから先は、稀代《きだい》の天才ふたりが学者たちのあとを引き継ぐことになる。

11　ライバル

ここに登場するふたりは、天才で語学の才に恵まれているという以外に共通する点はほぼない。天才という一点を取りあげても、その方向性はまるで違う。トマス・ヤングは史上希《まれ》に見る多芸多才なインテリであって、全方向に興味関心が向いている。一方ジャン＝フランソワ・シャンポリオンは二兎《にと》を追わず、ただひたすらエジプトに没頭して倦《う》むことがなかった。

ヤングもシャンポリオンも、言語学において早いうちから頭角を現した（シャンポリオンのほうが十七歳年下）。ともにティーンになる頃には、ギリシャ語やラテン語をはじめとして、アラビア語、ヘブライ語、ペルシャ語、カルデア語、シリア語などなど、枚挙に遑《いとま》がないほど多数の言語を習得している。

他の人間からすれば、ほとんど苦役といっていい語学の学習を、天才少年ふたりは遊びのように楽しんだ。ヤングは十三歳のとき、百種類の言語で書き表した「主の祈り」が載っている書籍を見つけた。見慣れない渦巻きや輪っかの連なりを心ゆくまで眺めながら、あれこれ考えるのが「楽しくてしょうがなかった」と、大人になってから回想している。* シャンポリオンは十四歳のとき、ふ

＊学生時代からヤングは読書ノートをつくっていた。ラテン語で綴《つづ》ることが多かったが、著者がギリシャ人、フランス人、イタリア人の場合は、それぞれの母語で綴った。

と寂しくなって居ても立ってもいられなくなると、兄に頼んで中国語の文法書を送ってもらい、無聊《ぶりよう》を慰めたという。

どちらも、何不自由ない暮らしをしていたわけではなく、シャンポリオンは生涯、経済的な不安に苛《さいな》まれていた。本屋の父親と、文字の読み書きができない母親という、珍しい組み合わせの両親の下に、フランス南西部の片田舎、フィジャックという町で生まれた。革命の時代であり、町の広場に詰めかけた群衆が、罪人の首にギロチンの刃が落ちるのを見て沸きに沸いた。シャンポリオンは処刑の場から数歩の距離に住んでいて、群衆のけたたましい歓声を幼児の頃から耳にしていた。

ヤングの家庭も暮らし向きは楽ではなかった。自伝的エッセイの中で彼は、自分の両親は「中流の上ではなく、中流の下の暮らしをしていた」と書いている。ヤングはその家庭の十人兄弟の一番上だった。が、その生活は、まもなくがらりと変わる。ヤングが大学生のときに叔父が亡くなって、彼のもとにロンドンの家と一万ポンド（現在の貨幣価値にして百五十万ポンド近い額）の遺産が転がりこんできたのだ。*物理学者としての収入に加え、この資産が手に入ったことで、ヤングは終生金銭的な心配をしないで済むことになる。

収入と同じように、性格面でもヤングとシャンポリオンは大きく異なった。ヤングは驚くほど感情に波がなく、怒ったところを一度も見たことがないと、生涯つきあった親友が驚き混じりに語っている。一方シャンポリオンは夢と冒険の世界で活躍する勇者そのもの。感情を爆発させることはしょっちゅうで、少年の頃から失神の発作を起こしやすく、込み入った規則や手続きで仕事に遅れが出るとわかれば、とたんに激高する。日常の出来事が、そのときの気分次第で不朽の勝利にもなれば大惨事にもなるのだった。

ヤングは慇懃無礼《いんぎんぶれい》を絵に描いたような男だった。眉を軽く持ち上げ、丁寧な言葉にくるんだ嫌味で相手をチクリとさす。私などまだまだですとへりくだりながら、自分より頭の回転が遅く無器用な人間を面白がるような気味があるのだった。シャンポリオンはまるで逆。「熱情なくして、我が人生なし」を信条とし、実際その通りの人生を送った。ヤングはエジプトに関する学者たちの説を読み、「ばかげた神々」や「迷信にまみれた儀式」にかぶりを振った。シャンポリオンはファラオの成した偉業の数々に思いを馳《は》せ、古代エジプト人に比べれば「われわれヨーロッパ人は、小人国のこびとに過ぎない」という。

ヤングは政治にほとんど興味がなかったが、シャンポリオンは政治的には左寄りで、反君主制、反教会を熱心に唱えた（「最後の王が最後の聖職者の腸で絞め殺されれば」幸せな日が来るだろうとするディドロの考えに賛成していた）。

とはいえファラオほど傲慢《ごうまん》な王はいないし、エジプトの神官ほど強権を握っていた聖職者はいないものだが、だからといってシャンポリオンのエジプト愛は少しも減じられない。彼にとってエジプトは手本にすべきものではなく、驚嘆するもの。あの色鮮やかで、不思議で、魅惑的なもののすべてを生み出した国に、何より強い憧れを抱いていた。

シャンポリオンは幼少時から、ヘロドトスの書に書かれているようなエジプトの描写に胸を躍らせていた。パンを焼く人間は手ではなく足で生地をこね、飼い猫を失った人間は哀悼《あいとう》の意を示して、自身の眉毛を剃り落とす。クロコダイルがペットとして飼われ、純金のイヤリングやブレスレットで飾られるという、常識を完全に覆《くつがえ》す魅惑の土地なのだった。

＊ヤングがティーンエイジャーのとき、砂糖は奴隷労働の産物であるから自分は誓って断つのだと決めると、この叔父は、小生意気なことをするなとたしなめた。

ジャン＝フランソワ・シャンポリオン（左）とトマス・ヤング（右）。

一番近しい人間とのつきあい方を見ても、正反対の性格がはっきりうかがえる。シャンポリオンには生涯の味方ともいえる兄がいて、ずっとそばで暮らして幼い頃から精神面を支えられ、たまに離れることがあると頻繁に手紙のやりとりをした。シャンポリオンの送った手紙の文面には、兄への愛と感謝があふれている。一八一八年にまたひとつ困難を乗り切った彼はこんな手紙を送った。「ぼくらはふたりでひとつなんだと、兄さんは昔から示してくれていました。ぼくらを切り離すことは永遠にできないのだと、心の底から思います」

その点ヤングは、じつにあっさりしている。たとえば、妻を心から愛していたものの、自伝（三人称で語られる）の中で自身の結婚について触れたのは、「一八〇四年、彼はキャベンディッシュの郷士J・P・マックスウェルの次女ミス・エリザ・マックスウェルと結婚した」という一文だけだった。

どちらも早い時期に、ヒエログリフの解読を成功させるには山のような資料が必要だとわかっていた。が、それについても、ふたりが考えた解決策はまるで違った。

シャンポリオンは現地に行ってエジプトの驚異的な文物《ぶんぶつ》や土地をじかに見てみたいと熱望した。自分で銘文を書き写して必要な資料を集めるのに越したことはないと思ったのだ。しかしヤングはそんな面倒はごめんだった。それより、「貧しいイタリア人かマルタ人でも雇って、急ぎエジプトへ行かせればいいのでは？」

シャンポリオンはいつでも急いでいて、人生の大きな喜びを知らずにぐずぐず行動して他人の妨げになるような人間に激怒した（健康状態に不安を抱えていたため、つねに切迫感があって生き急いでいたのだろう）。やるべき価値のあることはとことんやるというのが座右の銘で、片田舎でかつかつの暮らしをしている両親のもとに生まれながら、十九歳にして大学教授の地位に登りつめた。伝記には、「一本の矢のように闇から飛び出して光を貫いた」という一文がある。

ヤングにも野心はあったものの、傍目《はため》には、焦らずとも時間はいくらでもあるという印象を与えていた。実際そうだったのだろう。それまでに科学や医学の分野で輝かしい業績を多数あげてきたヤングが初めてエジプトとヒエログリフに関心を向けたのは一八一四年の夏だった。このときヤングは四十一歳。同じ年齢で、シャンポリオンはこの世を去ることになる。

トマス・ヤングはクールな外見の奥に燃える情熱を隠していた。めったに声を荒らげないが、それは気質というより流儀である。「科学の研究というのは一種戦争のようなもので、同時代と先人、すべての科学者を相手に戦うのだ」と友人に打ち明けている。クエーカー教徒として育てられたものの、自分は敵を屈服させるのに喜びを覚えるとヤングは認めている。「熱意を衰えさせないために、それも必要なことなのだ」と。

シャンポリオンも競争の旨みを知ってはいたが、ヤングのような慎ましさはない。ジャン・ラクチュールが著したシャンポリオンの伝記には、「敵意むきだしの論客で、冷酷なまでに舌鋒《ぜっぽう》鋭く、狭量なところもあった」と書かれている。そんな人物批評にも、おそらくシャンポリオンは敵意をむきだしにして異論を唱えるかもしれない。彼がとりたてて好戦的だったのではなく、人は誰でも身を守る必要があるということなのだろう。ライバルと一戦交えたあと、「幸運なことに、自分は嘴《くちばし》とかぎ爪を授《さず》かっていた」と、よくいっていたらしい。

十歳か十一歳になる頃には、シャンポリオンはその恐るべき才能の使い道を、エジプト一本に絞るようになっていた(言語学を研究する学生でありエジプトとロゼッタストーンに情熱を傾けていた兄に倣ったのである)。ティーンエイジャーになると、研究対象に興味を持つというより、取り憑かれるといったほうがいいまでになっていく。最初の論文は古代エジプトの地名に関する研究で、十六歳のときに完成した。そこには、町や川の名前をはじめとする地名から、古代エジプト言語の手がかりを得ようという目論見があった。というのも、固有名詞は時の流れに影響されず、なかなか変化しない可能性があるからだ(マサチューセッツやミネソタのような名前に目を向けることで、ネイティブアメリカンの諸言語を垣間見ようとする今日《こんにち》の言語学者の戦略に近い)。

同じ十代のとき、ある学者団体に向けて自身の発見について話す機会があり、いつか自分がヒエログリフを解読するといって話を締めくくった。十八歳になると、シャンポリオンはコプト語を熱心に研究しだした。ファラオの治世でつかわれていた、すでに途絶えた言語ではないが、その後の世でつかわれるようになった言語で、実際につかわれていた期間は短いものの、それ以前の言語の特徴をきっと多数受け継いでいると考えたのである。

コプト語は三世紀頃から隆盛になり、アラブがエジプトを征服した六四二年を機に以降衰退していく。続く数世紀のあいだに、イスラム教がキリスト教に取って代わり、アラビア語がコプト語に取って代わる。一六〇〇年代になると、かつて栄えた言語はすでに過去の遺物となっており、一六七七年に、あるドイツ人旅行者が上エジプトの村でコプト語を話す最後の人間に出会ったといっている。*

しかし、この物語では、その失われた言語が重要な役割を果たすことになるわけで、このあたりでちょっとコプト語について触れてみたい。ロゼッタストーンが発見される頃には、古代エジプト語と同様に、コプト語もほぼ完全に消滅していた。ただしわずかな数の学者はまだその文字を読むことができたし、エジプトにあるコプト正教会では、コプト語が公式言語になっていた（カトリック教会におけるラテン語のように、コプト教会では現在もコプト語をきくことができる）。しかしここで、なんとかしてエジプトの秘密を探りたいと考える者たちにとって、ゆるがせにできない疑問がある。果たしてコプト語は、古代エジプト語の正統な末裔《まつえい》なのか、それとも単に跡を継いだだけの異種言語なのか。シャンポリオンは末裔説を堅く信じて疑わず、失われた言語の研究に心血を注いだ。それを通じて、きっと究極のゴールである古代エジプト語により近づけるものと期待したのだ。

*この旅行者ヨハン・バンスレブは、エジプトを広く旅してまわったが、目撃情報を信じすぎたのは間違いだった。ある鳥について、「強大な力を持っていて、人間を空に運べる」と書いたり、クロコダイルが腹と腹をくっつけて交尾する仕組みを詳細に記したりしている（クロコダイルはひとたびあおむけにされると自力では起き上がれない。しかし、彼らは獰猛《どうもう》なだけでなく、騎士道精神も持ち合わせているため、オスはやるべきことをやってしまうと、再びメスをひっくり返して、もとの姿勢に戻してやる。これはハンターを恐れるためであると、そんなことを書いている）。

コプト語には、古代エジプト語と異なる大きな特徴がある。つかう文字はヒエログリフではなくギリシャ文字で、ギリシャ語にはない音を表す半ダースほどの記号が余分にある。ゆえに見かけはギリシャ語そっくりで、ギリシャ語の単語もかなりの数が含まれる。そのために、ほとんどの学者はコプト語とギリシャ語のほうが、コプト語と古代エジプト語より、近い関係にあると信じていた。シャンポリオンには、オケルブラッドやド・サシという同じ見解を持つ有力な味方もいるが、少数派であることは間違いない。

コプト語はギリシャ文字で書かれているので、今でも声に出して読める。これが非常に重要だった。というのも、後にシャンポリオンの推測が正しいと判明したように、コプト語は失われた古代エジプト語に通じる架け橋になるのだった。しかしヤングとシャンポリオンが活躍する時代には、西洋に存在するコプト語の手稿は片手で数えるほどしかなかった。もし勇猛果敢《ゆうもうかかん》な蒐集家《しゅうしゅうか》や旅行家がいなかったら、ほとんど入手不可能だったろう。

おそらく最も重要な蒐集家は、イタリアの貴族ピエトロ・デッラ・ヴァッレだろう。彼は傷心を癒すために、一六一四年から複数年にわたって中東を旅してまわった（愛する人を失ったあと、自分の人生は旅に出るか自殺をするか、そのいずれかしかないと思っていた）。作曲の訓練を受けていたデッラ・ヴァッレは、風変わりだが素晴らしい人生を送った。近代において初めてバビロンの遺跡を突きとめ、楔形《くさびがた》文字の刻まれた粘土板をヨーロッパに初めて持ち帰ったのも彼だった。

一六一五年、ヴァッレはバグダッドでシティ・マーニという名の若い女性と恋に落ちる。それからまもなく若いふたりはエジプトへ旅立ち、ヴァッレはコプト語の碑文数例を見つける。それを彼は、新しい言語で書かれた（じつは違う）新しい文字（これも誤り）を発見したと決めつけ、コプト語のアルファベットはヒエログリフと同じぐらい古い時代につかわれていたと結論づけた。そんな見当違いの期待に背中を押され、コプト語の手稿数点を購入したのだった。

　ところが一六二一年、シティ・マーニが出産で命を落とし、打ちひしがれたヴァッレは妻の遺体を運んでローマに帰ると誓った。自分が死んだときにそこに眠ろうと、かねてから決めていた墓地に妻を埋葬しようというのだ。そのために気密の棺を特注して、妻の遺体とエジプトで購《あがな》ったミイラ二体とコプト語の手稿とともに、故郷を目指して五年にわたる旅を続けたのだった。

　その手稿には、コプト語とアラビア語が対照できる辞書一冊と、アラビア語で書かれたコプト語の文法書一冊が含まれており、どれも最終的にはローマのバチカン図書館に落ち着いた。こういったかび臭いテキストの情報がなかったら、ロゼッタストーンの謎は永遠に解けなかったかもしれない。

　コプト語こそ解読作業に必須のものだと、シャンポリオンは信じて疑わなかった。まだ十八歳のときに、兄に宛てて興奮の手紙を書いている。「ぼくはコプト語にこの身を捧げる……エジプトの言語について母語のように精通したい。なぜって、きっとコプト語こそ古代エジプトのパピルスを研究する基礎になるだろうから」

　その手紙を書いてまたすぐ彼は追伸を送っている。「ぼくはコプト語で夢を見る……コプト語に心酔する余り、頭に浮かんだことをすべてコプト語に翻訳して楽しんでいる。コプト語で自分に向かって話しかけもする（誰も理解してくれないからね）」

　シャンポリオンはコプト教会の神官と親しくなり、コプト語の学習に力を貸してもらっていた。教会のミサに参列して、コプト語の音声を浴びているのが何より好きだった。ぼくはライバルたちの先を行っていると上機嫌で、「オケルブラッドはコプト語をあまりよく知らない」という事実も確かな筋からきいていた。

コプト語に関するシャンポリオンの研究のほとんどは、パリの国立図書館で為された。そこで彼は、ナポレオンがローマのバチカン図書館から戦利品の一部として奪ってきた本の山に埋もれ、研究に没頭した。その本の山にはデッラ・ヴァッレが妻の遺体とともに故郷へ持ち帰ったものも含まれていた。

十年後、ナポレオンが敗北し、略奪したテキスト類がバチカンに戻ってきたとき、テキストの余白にシャンポリオンの書き込みがあるのを学者が見つけた。「ヨーロッパに存在するコプト語のテキストで彼が目を通していないものはほとんどないと思われ……バチカンにあるコプト語の本で、シャンポリオンの書き込みがないものも存在しない。どれもこれもパリにあったとき、シャンポリオンがほぼ全ページにわたって書き込みをしていたのである」

ヤングの研究スタイルはまるで違った。シャンポリオンがひとつの対象に没頭して、他へ一切目を向けないのに対して、ヤングはまるでシロイワヤギが崖をあちこち移動するようなのんきさで、さまざまな問題に目を転じていく。そばで研究していた同僚も、ヤングの興味の広さに驚いている。一八〇〇年代初頭における最も有名なイギリス人科学者サー・ハンフリー・デイヴィーは、「とにかく彼はなんでも知っていて、知らないことを探すのが難しい」といっている。

どうやらヤングはごく幼い頃から何でも知っていたらしい。二歳のときには「文字がすらすら読めるようになった」と本人がいっている。六歳になると興味の幅が広がって、聖書、『ガリバー旅行記』、『ロビンソン・クルーソー』、ポープやゴールドスミスの詩、『子どもにもよくわかるニュートンの哲学大系』を著したトム・テレスコープの神童物語などなど、多岐にわたる書物を読みあさるようになる。その並はずれた能力に驚いた大学院時代の仲間は、「驚異の人ヤング」とあだ名した。

ヤングがこの世を去って数十年が経った頃、著名な物理学者ヘルマン・フォン・ヘルムホルツは、人間の目がいかにして色彩を判別するのか、その答えに窮していたときがあった。何かヒントが得られないかと、科学に関する文献をあさってみたところ、その問題はもうずっと昔にヤングが解決済みだったとわかる。当時は誰もヤングの考えを理解しなかった。時代の先を行きすぎた人間によくあるように、ヤングの慧眼《けいがん》が導き出した洞察は（パピルスの巻物に書かれたヒエログリフさながらに）科学雑誌の中に埋もれて忘れ去られ、その謎めいた語を新たな世代が解読できる日を待ち続けていたのだとヘルムホルツは書いている。

ヤングの慧眼は非常に幅広い分野に向けられた。目の焦点は、対象との距離が遠いか近いかによって変わることを最初に発見したのも物理学者としての教育を受けたヤングだった。* そこからさらに、色覚にまで研究を進めた成果をヘルムホルツが再発見したというわけだ（なぜ石鹸の泡が玉虫色にちらちら光るのか、まるでついでという感じでヤングはあとで説明している）。「原子エネルギー」のように、科学的な意味で「エネルギー」の語を最初につかったのもヤングだった。音にも興味を持って、鍵盤楽器の新しいチューニング方法を編み出したり、人間の舌と喉頭《こうとう》が生み出す音の総数について理論を打ち立てたりもした（四十七の音と、それを表す万国共通のアルファベットを

＊つねに自前で研究することを好んだヤングは、自分の目を実験台に乗せることもあって、視覚に関する研究過程などは、怖気《おぞけ》をふるわずには読めない。たとえば眼球の大きさを測るために、ヤングはコンパスの二本の針の先端を鈍らせておいて、片方の針を眼球の裏側まで差し入れ、もう一方の針の先端を眼球の前に当てた。「このメソッドは出目《でめ》でないと成功しない」と書いている。

考案した)。ある日、池で泳ぐ二羽の白鳥にふと目が行き、いったいさざ波はどうやって水面を広がっていくのだろうと考えはじめた。そうして水の波から、あらゆる波に考えを移していき、まもなく、光は粒子であると同時に波でもあることを証明した。

これは単なる発見ではなく、光は粒子であると主張していたアイザック・ニュートンへの挑戦でもある。神のような存在であるニュートンに、(二十七歳にして)挑戦状を叩きつけたのだから、よほど大《だい》それているが、本人にはごく自然なことだった。

これは知力と厚顔を併せ持つ、ヤングの特質が如実《にょじつ》に表れたエピソードといえるが、それと同時に、度《たび》重なる成功によって、どんな謎であろうと自分の知の力ですべて解決できると、ヤングが自信を強めていったのがわかる(自分のことを吹聴《ふいちょう》するのは気が進まないものの、ヤングは自らに備わる才能を認めていた。「自分のように、自身に備わる力をいくらかなりとも自覚している人間は、どうしても、うぬぼれや慢心を抱きやすいのである」と自伝に書いている)。

医学や物理学で成功を収めた力は、言語や、古代語の解読にも間違いなく引き継がれていた。ヤングにとっては、他人が挑戦して失敗した事例も、だから手を出すなというより、だからおまえがやってみろと誘われている気がすると、ある友人への手紙に書いている。千四百年経ってもヒエログリフの謎はまだ解けていない? だったら、ちょっと見てみようじゃないかと、その気になった。

ヤングが仕掛けた「波/粒子」の論争は世界の構造に関わるものであって、大変重要なものだった。光の働きとなれば、なおさらそうだ。自分のいるところから数フィート先にろうそくが一本立っているとする。そこへ他人が入ってきて、自分の目の前に立ちふさがったら、もうろうそくは見えない。これは明らかな事実だ。しかし音は違う。自分のいるところから数フィート先でピアニストが「ハッピーバースデー」の曲を弾くなら、そこへ誰かが入ってきて目の前に立ったとしてもはっきりきこえる。ヤングの登場する前、この違いは簡単に説明することができた。光は直線で進むから、途中に障害物があれば遮断される。しかし音は波状に進むから、途中にある障害物をまわりこんで先へ進める。水の波が途中にある障害物をまわりこんで流れるのと同じというわけだ。

それを主張したのがニュートンだった。ボール紙で筒をつくって目に当てると光が見えるが、その筒を鋭角に曲げると何も見えない。けれども、音は曲がった筒を通しても、まっすぐな筒を通しても、ほぼ同じようにきこえる。よって光は粒子から成り、音は波から成るとわかる。証明終了。ところがその証明に、ヤングが異論を唱えた。

ニュートンの論はニュートンの考えを正しく証明していないと、ヤングは世間に訴えた。光と音は根本的には変わらない。どちらも波であって、光の波は音の波に比べて小さい。そのため光線は手で遮《さえぎ》ることができるが、岸に向かって打ち寄せる波を沖の大岩がブロックすることはできない。この例示だけをとっても、ヤングは偉大な物理学者のトップに位置するといっていい。

二十一世紀の数学者マーク・カッツは、リチャード・ファインマンとの論争において、「天才には二種類ある」と語っている。「〝並〟と〝魔法使い〟だ。並の天才は、凡人の何倍も優れているというだけで、その頭脳の働きに謎はない。どう考えているのかわかりさえすれば、一般人にも同じことができると思える。しかし魔法使いレベルの天才はそうはいかない」

ヤングは魔法使いレベルの天才だった。目を引いた謎がなんであれ、その解明に向かって自分の才能を駆使することができると見える。彼の目がエジプトに向いたのは、古代エジプトに魅了されたからではなく、誰にも解けない謎を解くという難題に引きつけられたためだった。シャンポリオンはいうなれば、少年時代からエジプトに関するあらゆる物事に没頭してきた「単なる」優秀な研究者である。ヤングは謎を解きたかった。シャンポリオンは文化を覆うベールをはずしたかった。

12　驚きあきれるトマス・ヤング

一八一三年、トマス・ヤングはふと目に留まった文章にふいに興味を引かれた。よくあることなのだが、多くの人間にとってヘラクレスの苦行にも等しい大仕事に、ヤングは気晴らしとして取り組む。ちょうどこのとき彼は、言語の歴史を論じた三巻から成るドイツ語の書物の書評に取り組んでいた。サンスクリット語とヨーロッパ諸言語の関係を扱った大作だった。その中の短い一説がヤングの目を引いた。ロゼッタストーンに刻まれた文字は「三十かそこらのアルファベットに分解できる」と書かれていたのである。

ヤングは知らなかったが、この時期にはもうロゼッタストーン解読の試みはことごとく失敗に終わっていた。そんな折の一八一四年五月、ある友人がエジプト旅行で買ってきたパピルスをたまたまヤングに見せた。損傷が激しいものの、全面謎めいた記号でびっしり覆われている。ルクソール（古代はテーベの名で知られていた）という町の墓にある、ミイラの棺の中に入っていたという。*謎のアルファベットと誰も読めないテキスト。その組み合わせに興味を引かれたヤングは、よし、ひとつロゼッタストーンを見てみようじゃないかと思ったのだ。

カントリーハウスにこもって、何でもかまわないから最近興味を持った物事に取り組むというのが、ヤングお気に入りの夏の過ごし方だった。それでこの年も、ロゼッタストーンに刻まれた文字の写しと、ド・サシとオケルブラッドが自分たちの仕事について綴《つづ》ったエッセイを手もとに置いてカントリーハウスにこもった。「ぼくがあの文字の解読に成功したら世界はあっと驚くだろうと、きみはそういった」と、ヤングはハドソン・ガーニーという友人に手紙を書いている。ふたりは少年時代からの友人で、ヤングは他の誰よりも、このガーニーに一番心を許していた。彼の話をきいて、そんなに大層なものじゃないだろうとヤングは感じたらしい。「しかしぼくにいわせれば、まだ解読に成功した人間がいないという事実こそが驚きだ」と、手紙の先を続けている。

ヤングは古代エジプトの文字をつぶさに眺めて、まずはなんらかのパターンを見つけようとした。これまでに同じ仕事に取り組んだ者たちと同様に、ヤングもまたヒエログリフではなく、デモティックから着手した。先人たち同様、出だしからつまずいたわけだ。

ヤングは例によって凄まじい集中力で、組織的に作業を進めていった。同じ記号の組み合わせで、「二十九回か三十回」出てくるものがある。ギリシャ語のテキスト内で同じ頻度で登場する語は「王」しかなく、ヤングはそれを三十七個見つけている。また別に十四回出てくる組み合わせも見つけており、それはギリシャ語で十一回出てくる「プトレマイオス」と数の上でおおよそ一致する。ヤングはまた別の方法でもアプローチを試みた。やはりこれも組織的かつ科学的ともいえるやり

＊ヤングの友人ウィリアム・ラウズ・ボートンは数年前のエジプト旅行中にそのパピルスを購入していた。「一八二一年は幸運に恵まれて、あるミイラと出会うことができた。そのミイラといっしょに見つかったパピルスの中に、保存がよく完全なままで残っていた文字があった」と彼は書いている。喜んだボートンは、そのパピルスをブリキでつくらせた特別な容器に入れて母国に船便で送ったのだが、これがうまくいかなかった。貴重なテキストは「不運にも塩水に浸かってしまった」のだ。それでもところどころに消えずに残ったテキストがあって、「価値を完全には失ってはいなかった」と、健気《けなげ》にも気を取り直している。

方だ。まずはギリシャ語のテキストを深掘りしていくことにし、その第一段階として、「直線定規をつかって、神、王、神官、神殿といった最も特徴的な言葉が出てくる位置にしるしをつけていく」とヤングは説明する。ギリシャ語テキスト内での語と語の距離と、始まりからの距離、あるいは終わりからの距離を武器に、デモティックでおおよそ期待できる位置にある記号の組み合わせを見つけていく。

骨の折れる作業である上に、やり遂げたからといって成功が約束されているわけではない。なぜなら古代エジプトの文法を知る道が閉ざされているからである。おそらく最も重要な語句は一文の最初に置かれるのだろう、いや最後か？　それとも語順は何かもっと難解な法則に従っているのではないか？　こういった問題が浮かび上がると、事はますます厄介になってくる。何しろヒエログリフのテキストは、かなりの部分が欠損しているのである。実験は果てしなく続くが、結果は何も約束されない。

推測するたびに、ヤングは大きな羊皮紙の紙面に、同じ組み合わせの文字列を糊《のり》ではりつけ、その上部に対応するギリシャ語の言葉を、彼特有の几帳面な筆跡で小さく書き加えておく。それを見ると、ヤングの満足げな鼻歌がきこえてきそうだ。「間違いなく、あと数日」で解読できるとヤングはガーニーに書いている。

しかしそうはならなかった。「もう一か月が経っている」と、夏の終わりに苛立《いらだ》たしげに打ち明けており、これまでの努力に見合った結果は何も出せていないのだった。その一か月のあいだにヤングがやっていたのは、オケルブラッドがすでに見いだしていたことの再確認でしかなかった。「腹立たしいにもほどがある」とヤングはこぼしている。

連戦連勝の輝かしい業績を持つヤングにとって、これはもう「腹立たしい」を通り越して、「わけがわからない」といいたい状況だろう。解読できない謎を前に初めての敗北感を味わいながら、気がつくと謎のまたその奥にある謎に思いを馳《は》せていた。どうして解けなかったのか？「まさかこれほど難しいとは、予想を遙かに超えていた」と、苦渋と驚愕を露《あら》わにガーニーに打ち明けている。「あれだけの手間と時間を費やしながら、何ひとつ実を結ばない。これはもう驚くしかない」

古代語の権威と認められているド・サシにヤングは手紙を書いた。初めにド・サシが、それからオケルブラッドが、ロゼッタストーンの解読に挑んだのは知っている。しかしそれは十年近く前のこと。それからどうなったのか？「ミスター・オケルブラッドがまだ解読を続けられているのか、それをどうしても知りたく存じます」

それに対してド・サシは、ヤングを安心させるよう返事を書いた。自分もオケルブラッドも、現在は別のことに関心を向けており——つまりまだ謎は解けていない——いずれにしても、デモティックのアルファベットの基礎を見いだしたというオケルブラッドの主張については、わたしはずっと疑いを抱いてきたのだと。

そこまで読んで、ヤングは安堵《あんど》のため息をついたかもしれない。しかしそれも束の間で、あとに続く不吉な情報に目を大きく見ひらいた。「ちなみに、ロゼッタストーンに刻まれているエジプトの文字を読むのに成功したと、そううぬぼれているのはオケルブラッドひとりではありません。古代エジプトの地勢について二巻の書物を著したばかりで、現在もコプト語の研究を続けている、ミスター・シャンポリオンもまた、その文字を読んだといっています」

これはおそらく、ヤングがシャンポリオンの名前を目にした最初だろう。このとき、シャンポリオンがヤングを知っていて、ヤングもロゼッタストーンの解読に取り組んでいるという噂を耳にしたかどうかは誰にもわからない。いずれにしろ、ド・サシから知らされたニュースは正確ではない。一八一四年の夏は、シャンポリオンもまたヤングと同じように苛立っていたのだ。友人に宛てた手紙にこう書いている。「四六時中ロゼッタストーンの銘文とにらめっこしているというのに、まったく思うように結果が出ない」

そこで不思議な偶然が起きる。フランス人の解読者がいると知らせるド・サシの手紙をヤングが受け取ったのとほぼ同時に、シャンポリオンがヤングに、初めて連絡をとってきたのだ。間違いから起きた展開だった。シャンポリオンはロゼッタストーンに関する問い合わせをするべく一通の手紙を書き、それを完全な誤解からヤングに送ってしまったのだ。まったくの偶然であり、シャーロック・ホームズが事件に関する必要な情報を得るのに、宿敵のモリアーティ教授に力を貸してほしいと手紙を送ったようなものだった。

間違いの原因は、シャンポリオンがロゼッタストーンについて問い合わせる手紙をロンドンの英国学士院の院長宛に送ったことだった。彼はロゼッタストーンのテキストの写しをふたつ所有していたが、五箇所ほど一致しない部分があったのだ。「オリジナルの石膏模型を目にすることができたなら、今頃はもうロゼッタストーンの全文を解読できているはずなのです」とシャンポリオンは書き、学士院のほうで何か力を貸してくれないだろうかと頼んだのだった。

しかし、英国学士院はロゼッタストーンとは何の関わりもない。手紙は、まったく別の組織、遺物研究アカデミーに送るべきだったのだ。シャンポリオンの手紙は英国学士院に到着し、海外の科学者との対応に応ずる事務官の手に渡った。その事務官が、トマス・ヤングという名のイギリス人科学者だったのである。

ド・サシの手紙と、シャンポリオンから間違って届いた手紙を受け取ってからというもの、どこに目を向けても、ヤングの目の前にはシャンポリオンが現れた。そんな彼に、今度は友人のガーニーが念を押すかのようにニュースを知らせてきた。フランス人のシャンポリオンという男が、ロゼッタストーンの解読に挑んでいるのは知っていたか？　ヤングはすぐに返事を書いた。「きみから最初の手紙をもらって以来、まったく気が休まらない。一刻も早くシャンポリオンの仕事を見てみたい」

それでも自分はド・サシやオケルブラッド以上に多くの言葉を解読しており、先頭を走っているのだと、ヤングはガーニーを（あるいは自分自身を）安心させた。とはいえ、やはりシャンポリオンのことは気になってしょうがない。ガーニー宛の手紙の末尾でヤングは、エジプトの地勢についてシャンポリオンが書いたという本を送ってほしいと頼んでいる。それに続く文の傍点で強調した部分がまた、ヤングの神経過敏をうかがわせる。「彼が何を成したにせよ、ぼくが心配することは何もない。それはきみもわかってくれるだろう」

ロゼッタストーンの解読に挫折したヤングは、一歩退却を決めた。ロゼッタストーンに限定せず、エジプトの文字全般を研究して、解読の足がかりになりそうなパターンを探すことにしたのだ。

多芸多才は、一見してわかるヤングの特質だが、驚異の人ヤングをつくりあげた本質は、粘り強さと縦横の才気というふたつの性質の組み合わせだった。遠目には、何にでも手を出して突っ走る好事家のように思えるかもしれない。しかし、彼の覚え書きや論文を見れば、その印象は的外れであるとはっきりわかる。

猪突猛進のままに、人の見えないところで、ヤングはひとりコツコツと作業に取り組む。多くの解読者に見られるように、彼もまた、無限の忍耐と類い希《まれ》な視覚記憶に恵まれており、ジグソーパズルをやらせたらきっと目覚ましい成果をあげただろう。* ロゼッタストーン以前にも、ヤングは古代語の解読プロジェクトにいくつも携わっていた。彼の場合、その仕事の中心は、ひどく損傷して判読の難しい古代語のテキストを、何週間にもわたってつぶさに眺めながら、推測を重ねることだった。この小さな渦巻きは、かつてどのような文字群に属していたのか。千年を経るうちに、いったいどの言葉が、時や虫に蝕《むしば》まれて消滅したのか。

この手の仕事は実際途方もなく難しい。それを如実《にょじつ》に示す例が、一九〇四年にイギリス人研究者が発表した、あるラテン語テキストの翻訳だ。イングランドのバースで発見されたそれは鉛板に刻まれており、消えかかった不完全な文字を翻訳できたのは真の偉業であると絶賛された。考えてみてほしい。わずか数行の不鮮明なひっかき傷のような線や記号から、完全な文字や言葉を導き出したのだから。

九十年後、オックスフォードの歴史学者が証拠を再検証した。すると、その翻訳は自己欺瞞《ぎまん》と希望的推測と怪しげな仮定を基にした、まったくの誤りであるとわかった。一九〇四年の解読者は鉛板を逆さまにして見ていたのである。

目が良いヤングは、そんなばかげたしくじりとは無縁だった。しかし、来る日も来る日も、明確な規則のないままに、判断を果てしなく要求される解読という仕事には、そういう失敗は珍しくない。とりわけ、手書きの文字となると、じつに不鮮明であって、完全な形で綴るのはほぼ不可能だ。ゆえにいまだに人間の暗号解読者にコンピューターが取って代わることがないのだ（見ていれば、戦略がわかるのではないかと、これまでも門外漢が暗号解読者の仕事ぶりを観察した。しかしほとんどの場合、目をひらかされることよりも、途方に暮れることのほうが多くて早々にあきらめてしまう。たとえば、壊れた粘土板のかけらを継ぎ合わせるのを得意とする楔形《くさびがた》文字の偉大なるパイオニアがいる。彼がつなぎあわせるべきは、「もともと十二個かそこらに割れた粘土板だが、それらのかけらが現在は、博物館の収蔵品の何十万というかけらの中に散らばっているのである」と、彼の伝記作家が書いている)。

これまでヤングは無数のパターンをほぼ意識下で吸収していた。古代エジプトの文字に取り組むときには、十年前に会得した技術を適用することになる。その頃ヤングは、西暦七九年にかろうじて消滅を免《まぬが》れたパピルスと向き合っていた。西暦七九年というのは、ベスビオ火山が爆発して、ポンペイとヘルクラネウムが溶岩の下に埋もれた年だ。これは苦しいほどに遅々として進まぬ仕事となった。何しろそのパピルスは、灰、砂、溶岩が百二十フィートの深さで積み重なる地下に埋もれ、爆発時の熱でくっついて黒い塊になっている。一枚一枚はがすことができたなら、それだけで快挙といえる難行だった。

不明瞭な文字を、一字、一字、ことさらゆっくりと手書きで写していくと、なんとなく記憶が刺激されることにヤングは気づいた。「ずたずたになった手書き文字を修正しながら、コツコツと書き写していく。無心になって、ひたすら手を動かしているうちに、頭が自然に働いて、ひとつひとつの文字を複雑なふるいにかけていく。これによって、どれだけ大きな進展が得られるか、経験したものでないとわからない」

ヤングはそのテクニックを、山のように集めたエジプトのテキストに適用する。ロゼッタストー

＊マイケル・ヴェントリス——一五章で登場する——の同僚が、ヴェントリスの人並みはずれた視覚記憶に驚いている。彼は「解読によって意味が判明するよりずっと前に、テキストの大部分を視覚的なパターンとして頭に焼き付けてしまう」という。

ンはもちろん、コレクターがエジプトから持ち帰ったパピルスの切れ端、彫像に刻まれた一連の記号、ナポレオンの遠征に随行した学者たちが神殿の壁から書き写した文字などなど。

それらはひとつの文字体系に属するものではなく（ヒエログリフとデモティックの両方があった）、ゆえにヤングの仕事は困難を極めた。しかしその点を除けば、日記の手書き文字やラスベガスの大通りにあるネオンサインの写真や、『ニューヨーク・タイムズ』の大きく緻密なロゴが載った新聞の切れ端などをすべて並べて眺めながら、どの記号とどの記号が一致するか、推測するのと大差ない。われわれのアルファベットの知識が遙か昔に消え失せてしまったら、小文字のｔと大文字のＴが同じ文字であるとわかるまでにどれだけの時間が必要だろう。あるいは、Ｙと𝔜は同じ文字だが、ｉとｊは違う文字であることがわかるまでには？

ヤングの場合、ひとつの戦略がかなりの功を奏した。同じ線画が異なる場所で見つかることはよくある。これまで見てきたように、とことん保守的なエジプト文化は、お気に入りの絵文字を数千年にわたって繰り返し再利用してきたからだ。ヤングの場合、幸運にも、まったく同一の絵文字に異なる文字がついたものがいくつか見つかった（現代に置き換えれば、同じ場面の写真がアメリカと中国双方の新聞でつかわれ、それぞれにキャプションがついているのと同じだ）。

ここでパターン認識というヤングの強みが発揮され、他の誰も気づかない側面を見いだした。デモティックの文字は——少なくともそのいくつかは——偶然とは思えないほどヒエログリフに似ている。これはまさに卓見といえる。現代のあるエジプト学者の目には、「揺れ動くコンマが何列にもわたって続いている」ようにしか見えず、「これを読むのは至難の業《わざ》」だとするデモティックを、ヤングはそのように見たのである。

ヒエログリフとデモティックの見た目が似ているのは事実だが、それは非常にわかりにくい（彼

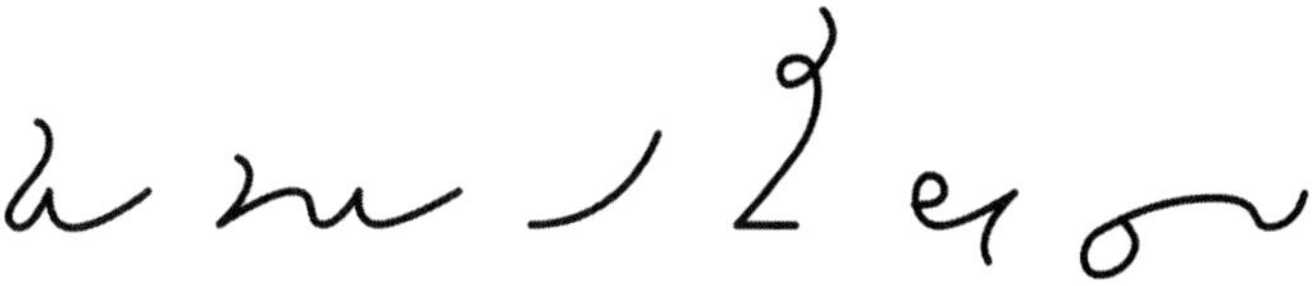

Four score and seven years ago（87年前）の速記。

一流の控えめな表現で、両者のあいだには「それとすぐにわかる目立った類似性はない」といっている)。が、それでもヤングはそこに真実を見いだした。デモティックとヒエログリフは(われわれが見慣れたabcから成るローマ文字と、αβγから成るギリシャ文字のような)別個の文字体系ではなく、(ローマ字と速記用のアルファベットのような)同じ文字体系のふたつのバージョンだというのだ。

一八一五年の夏、ヤングはド・サシに再び手紙を送っている。ド・サシは古代エジプト語のアルファベットを探しながら、ずっと結果が出ずにいた。そこでヤングは、何がいけないのかお教えしましょうかと、手紙で話を持ちかけたのだ。「(デモティックの)文字全体の外見を見ながら、解読に必要なアルファベットを探しているのに、まったく成果が出ずに気が塞《ふさ》ぎがちになるのも無理はありません」と、まずはそう書き出す。

それから、彼らしからぬ、これ見よがしの筆致で爆弾発言をする。「わたしの見いだした『秘密』が知りたければ、お教えしましょう。じつに簡単な話――そういうアルファベットは存在しないのです」

なぜこれが爆弾発言なのか？　考えてみてほしい。もしデモティックがアルファベットでないなら、それは何か普通ではない、思いもよらぬ基礎構造で成り立っているということだ。そして、もしデモティックがわけのわからない文字であるならば――そして、ヒエログリフとデモティックが同じ文字体系のふたつのバージョンに過ぎないなら――ヒエログリフもまた、そのうちに何か普通でないものをはらんでいるということではないか。

しかし当時は、ヒエログリフというのは普遍の真実を石に刻んだものと、万人が考えていた。もしヤングの見立てが正しいなら、おそらくそれも誤りであって、当時の常識は覆《くつがえ》るのである。

ダイヤモンド強盗でも銀行強盗でも脱獄でも、成功はすべて、脆弱《ぜいじゃく》な部分を見つけられるかどうかにかかっている。どんなに小さなことでもかまわない。ひょっとしたら防犯カメラに写らない廊下の隅があるかもしれないし、ガードマンがアルコール依存症かもしれない。

しかし、暗号解読者でも、古代語の解読者でも、推理のとっかかりにやるべきは、必ずしも弱点を見つけることではない。ちょっとした癖、他とはどことなく違っているパズルのピースを見つけることなのだ。まったく無害に思えるささいな癖のようなものが、大きな手がかりになることがある。エニグマの暗号は誰にも解読できないとヒトラーは信じていたが、そこにも小さな欠陥があった。エニグマは、メッセージ内の文字を特別なレシピに従って別の文字に変える暗号だが（たとえばaの文字はpに変換する）、問題はこのレシピが、わずか一文字でも無変換のままであることを許さない点にあった（aをaのままにしておくことはできない）。この小さな癖が、ヒトラー打倒に一躍買ったのである。

つまり、普通とは違っている何かを見つけるのが最初のステップになる。ウォーターゲートのスキャンダルが発覚したのは、閉まらないようにと、ラッチにテープが貼ってあるドアがあることに警備員が気づいたのがきっかけだった。ペニシリンの物語は、ある科学者がバカンスから帰ってきて、留守のあいだにバクテリアを繁殖させていたペトリ皿を見たことに始まる。いくつかのペトリ皿には、どこかから飛んできたイースト菌やカビが繁殖していた。しかし、同じように菌類が繁殖している皿の中に、他とは違う様子のものがある。新しく飛んできたカビの周囲にきれいな部分があって、そこだけバクテリアが生き残れなかったのだ。アレクサンダー・フレミングは控えめを旨《むね》とするイギリス紳士であるため、この瞬間、「エウレカ！（分かった！）」と叫ぶことはせず、「これは面白い」とつぶやいた*。

　重要な手がかりがもっと細部に宿ることもある。一年か二年前、大学の入試にまつわるスキャンダルが発覚したのは、高校生が書いたと思われる作文で、文末のピリオドのあとに、すべてスペースがひとつではなくふたつ入っているのに誰かが気づいたからだった。そんなことをする若者はいない。これはタイプライターをつかっていた時代の習慣で、熱心な親が代筆をしたことの明らかな証拠だった。作家であり演出家であるジョナサン・ミラーが書いている。「無視していいような物事の中に、注目すべきものが見つかるのだ」と。

　しかし、とっかかりを見つけるまでに、対象を嫌になるほど見つめなければいけない場合もある。クロスワードパズル好きなら誰でも、たったひとつの答えを探すために、同じヒントに何度も何度も目をやる、あの陰鬱《いんうつ》な気分を知っている。トマス・ヤングはヒエログリフという山に登るための足がかりを見つけるまでに何度もつまずき、転んでいる。ようやく見つかったのは、思いもよらぬときであり、それはまったくあり得ない仮面をかぶっていた。

　一八一六年の夏、ヤングはたまたま読んだ雑誌の記事に興味を持った。中国語の基礎について解説した記事で、「中国語部分は海軍本部書記次官バローによる」と書かれていた。ヤングはこの記事が「めっぽう面白かった」と友人のハドソン・ガーニーに手紙で教えている。「こんなにユニークな言語」とは思わなかったし、これまで「その性質をまったくわかっていなかった」と。

生涯を公僕の仕事に捧げたジョン・バローは、八十一歳で職を辞したとき、ずっとつかっていた古い机を定年のお祝いにもらったという。見た目は冴えず、人の記憶に残るような人物には見えない。ところが実際は違った。恐るべき才能に恵まれ、ヤングと肩を並べるほど幅広い分野に好奇心を持つ男だった。公には、英国海軍本部書記次官の肩書きを持っており、彼の仕事は英国海軍の方針を決定することだったが、創意と進取の気概に富んだバローは、実際には火消し役としての力を見込まれ、他の誰もがお手上げの問題を解決していたのである。

ワーテルローの戦いのあと、ナポレオンを安全に隠しておく場所をイギリス側が選定する際にも、ジョン・バローがセントヘレナ島がいいと提案した。当時、地球上で最も辺境にある島のひとつだった。またある出版社が海軍の歴史に関するシリーズ本を企画してネタギレになったとき、公式の記録をしらみつぶしに探して、『バウンティ号の反乱と海賊の占拠』と題した実話を書き上げたのもバローだった。

中国語を学んだのはまだ若い頃、五カ国語を話す神童を相手に家庭教師の仕事を割り当てられたときだった（中国語になると、教師と生徒の立場を逆転させた）。十年後の一七九三年、イギリスの大使の通訳として、中国へ向かう不運な旅に随行した。皇帝が驚くこと間違いなしの、望遠鏡、

＊もうひとつ、小さな僥倖《ぎょうこう》に恵まれなかったら、細菌学者としてのアレクサンダー・フレミングのキャリアはなかっただろう。医学校を卒業したあと外科医の道へ進むつもりだったフレミングは、たまたまライフルの名手でもあった。その腕を見込んで、ライフルクラブを持つある病院が彼をスカウトした。その病院が、細菌学の研究でも名高いロンドンにあるセントメアリー病院で、彼は全キャリアをそこで築き上げたのである。

精緻な飾りを施《ほどこ》したライフルやピストル、熱気球（パイロットも準備して）などなど、イギリスの技術が生み出した贈り物を山ほど携えて、大使は現地に到着した。しかし、中国側は訪問団も贈り物もともに拒否する。「われわれは巧妙に仕組まれた品物にはまったく価値を置かないし、おたくの国の製品をわずかも必要としない」。さらに、皇帝をそちらの大使に会わせる必要もない。そういう訪問者は、「中国王朝の常規と調和しないだろう」といった。

大使の一団はそのまま引き返すことになったものの、バローを魅了した中国という国にまつわる全般は、トマス・ヤングという、少なくともひとりの男の興味を強く引きつけたのだった。バローの記事を読みながら、ヤングは思い至る。数千の漢字から成り立つ中国の文字体系は、考えつくありとあらゆるものを表現できる——たったひとつの例外を除いて。

外国人の名前を、どうして漢字で綴《つづ》れるだろう？　たとえばナポレオン。普通名詞を中国語に翻訳して漢字で記すのはわけもない。家も、アヒルも、バスケットも、すべて対応する単語が中国語にもあるのだから。しかし、中国語にナポレオンに相当する語はない。いったいどうしたら、それを綴れるのか？

答えは簡単だとヤングは思った。じつに単純な話だ。音の似ている漢字を拾い出して、意味は無視すればいい。これはつまり、われわれがスペルを相手に知らせる場合にやることとおおよそ同じだ。Whiskey のW、Bravo のB、Tango のTといった具合に。「名前は Wood です。Whiskey Oscar Oscar Delta」このとき、ウィスキーが飲み物であることを気にする者はいない。

というわけで、ついにヤングは足がかりを見つけた。ロゼッタストーンのギリシャ語のテキストには、非エジプト人——とりわけプトレマイオス——の名前がところどころに現れる。ヒエログリフはギリシャ語を翻訳したものであることもわかっている。つまり、ヒエログリフのテキストにも、川床に埋まっている金塊のように、プトレマイオスの名前があちこちに隠れているはずなのだ。

　もし、そういった外国人の名前が見つかったら、それを表記するのに古代エジプト人も中国語と同じ方式をつかっていたら――そうであってほしいとヤングは心から期待した――五つほどの名前について、ヒエログリフでどう綴るのか、まもなくわかるはずだった。千五百年にわたって謎に包まれていたヒエログリフ。その秘密がここに至って初めて明かされるのだ。

　それればかりではない。ヤングは古代エジプト語の音声を蘇《よみがえ》らせる最初のステップに着いたわけだ。プトレマイオス、アレクサンドロスをはじめとする人名は、どの言語でも同じように発音すると考えられるからだ。


　ヤングは意気込んで解読に取りかかった。名前はどこに隠れている？　ロゼッタストーンに刻まれた十四行のヒエログリフの中には、楕円形で囲まれた中にヒエログリフが数個入ったものが半ダースほどある。ヤングはまずそこに注目した。おそらく、この楕円形には特別な意味があるのではないか？　ナポレオンの遠征に随行した学者たちもそれには気づいていた。ライフルのカートリッジ（弾薬筒）に似ているので、フランス語でカルトゥーシュと呼んでいたが、それが何を意味するのかはわかっていなかった。

　カルトゥーシュに囲まれた記号は、まったく同じものが三つある。他に三つ、始まりが前述の三つとまったく同じでありながら、そこにいくつかの記号が余計についているものがある（便宜を図って、このカルトゥーシュは左から右へ読むように変えてある。もともとは右から左へ読むのだが、そのままだとギリシャ語と英語の比較がもっと厄介になる）。

ヤングはギリシャ語の中にPtolemaios（プトレマイオス）の名を見つけた。IITOAEMAIOYを探して見てほしい（3行目、左から4番目の文字から始まる）。

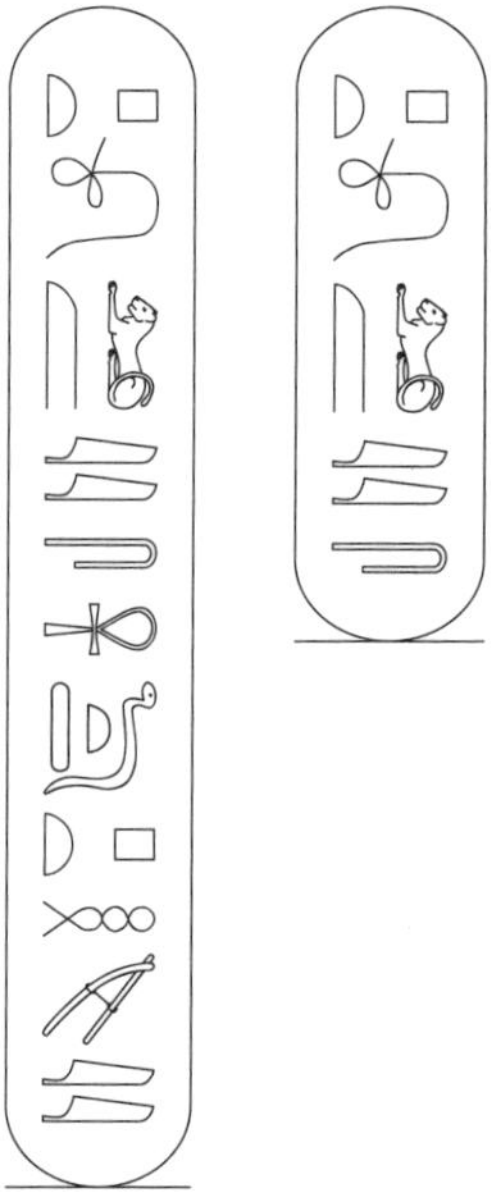

カルトゥーシュにはふたつの役割があるとヤングは推測した。ひとつは、この中に含まれるヒエログリフには特別な意味があるので注目すべしと読者に心の準備をさせる役割（現代のわれわれが、太字や斜体字をつかって注意を引くのと同じだ）。もうひとつは、この中に入っている文字は意味を考えずに音声のみを読むべしと指示する役割だ。

カルトゥーシュはロゼッタストーンのヒエログリフの中で最も目を引く特徴であり、ギリシャ語のセクションで目立つのは王の名前である。ならばカルトゥーシュで囲まれたヒエログリフはプトレマイオスの名を綴っていると、そう考えるのが自然ではないか？

「プトレマイオス」の文字数は、カルトゥーシュ内の文字数と——ちょっとしたごまかしをすれば——一致する（ギリシャ語では各々の文字を独立して発音し、黙字は存在しない。英語ではPtolemyをトレミーと発音するが、ギリシャ語ではPを発音する）。しかし、ここでヒエログリフは難題を突きつけてくる。上下二段ある文字は、別々の文字なのか？　もしそうなら、どっちを先に読むのか？　それともふたつでひとつの文字なのか？　そもそもヒエログリフは左から右へ読むのか、それとも右から左へ読むのか？　ヤングは、以前にデンマークの言語学者ツェーガが考えたのと同じように考えた。すなわち、横向きの顔は行の始まりを表している。そちらから先に読むよう指示しているのだと。

　自分の推測は正しいのだと、そこに望みを託すしかないヤングは、早速作業に取りかかった。もしプトレマイオスがヒエログリフの最初に出てくるカルトゥーシュと一致するなら、そこを起点にギリシャ文字とエジプトの絵文字の対照表をつくることができる。

右が、ヒエログリフで書いたプトレマイオスの名前だ。二千年のあいだ沈黙を続けてきたヒエログリフ。そこにヤングが耳を近づけて、話をきいたのである。

　一行目より長い二行目のカルトゥーシュには、おそらく、「プトレマイオス天主」のようなプトレマイオスの称号が最後に挟み込まれているとヤングは考えた。

　先行きは明るく見えてくるが、そのような推測は夢想に過ぎなかった。もし運命がもっと優しかったら、ヤングの進む道はもっと楽だったろう。たとえばロゼッタストーンが完全な形で残っていたなら、ギリシャ語のテキストに登場するプトレマイオスの名とそれに対応するカルトゥーシュの数を勘定できただろう。しかしロゼッタストーンは割れていた。もし欠損がなければ、プトレマイオス以外の名前を完全な形で綴ったカルトゥーシュも見つかったに違いない。しかし六つのカルトゥーシュは揃ってほぼ同一なのである。

もし古代エジプトの文法と語彙《ごい》が、彼の生まれてくる二千年前に消滅していなかったら、ギリシャ語のテキストの最初の語を、エジプト語のそれと比較することができただろう。しかしそれが消滅した今、ふたつの言語の語順が同じであると誰が断言できるのか。さらにいうなら、ヒエログリフは切れ目がないまま連綿と続いている。語の切れ目をどうやって見極めたらいいのか？　何を手がかりに文構造や構文を導き出せばいいのか？

そうであっても、ロゼッタストーンのカルトゥーシュにプトレマイオスの名前が入っているというヤングの気づきは、本人が思っている以上の真実を含んでいる。それはカルトゥーシュの楕円形が如実《にょじつ》に物語っている。ぐるりと輪になって端が結ばれている一本のロープ。この終わりなき輪は、古代エジプトにおいて太陽が空をめぐる道筋を示していた。ファラオの名前をそれで囲むことにより、その支配力は太陽の光が届く極限まで及んでいるということを、人々に思い出させる役目をしているのである。いわばこの楕円形は、イギリスにおける「王様万歳！」の叫びと同じなのだと、歴史学者のレスリー・アドキンズとロイ・アドキンズが説明している。

それがわかったのは、そういっているのだとエジプト学者たちが最終的に解読できたためだ。現代のわれわれが当たり前に思っている記号も、未来の人々の目にはやはり不可解なものと映るであろうことは想像できる。今から数百年後の未来において、人の頭上に電球を置いた図像が「わかった！」を意味することだと、果たしてわかるだろうか？

未知の言語と向き合うとき、まず外国の固有名詞から解読を試みるというのは、いわれてみれば、ほとんど自明のことに思える。名案というものはしばしばそういうもので、説明されたとたん（マジックの種明かしをされたときのように）色あせてしまう。

昨今では、まず固有名詞から取りかかるというのが、解読の基本となっている。人物であろうと場所であろうと、名前というのは特別なものだ。多言語間を渡り歩くとき、同じ意味を持つ普通名詞の外見は似ているはずだという考えは通用しない。「家」という単語ひとつとっても、House、maison、casa の見た目は違っていて、まったく驚くべきことではない。しかし、アルベルト・アインシュタインやアムステルダムは、『ニューヨーク・タイムズ』、『ル・モンド』、『エル・ムンド』など、世界の各紙でほぼ同じになるはずだ。

文字は違っていても、固有名詞というのは、しばしば解読者にいくつかのヒントをくれる。ロシアではアルベルト・アインシュタインは Альберт Эйнштейн と書き、トルストイは Лев Толстой と記す。ヤングが凄いのは、中国語や古代エジプト語といった、似ていないどころか、まったく異なる文字体系であっても、名前が解読のとっかかりになると見抜いた点である。

これはヤングが最初に思いついたように見える。実際ロゼッタストーンに適用したのはヤングが最初だった。もっとも彼以前にも同じことを考えていた人間は他にもいた。シャンポリオンは名前の重要性に六年前の一八一〇年に気づいている。しかも漢字を経由せずにである。論理の問題として単純に、もし古代エジプト人が外国の名前を綴るのにヒエログリフを用いていたなら、ある種のヒエログリフは音を表すものでなくてはならないと考えたのである。しかし、そこまで考えて、シャンポリオンはそそくさと別のトピックに移ってしまった。

古代言語の解読における名前の価値を最初に指摘したのは、歴史上最も偉大な天才（アイザック・ニュートンの強敵でもあった）、ゴットフリート・ライプニッツだった。一七一四年、ヤングの時代をさかのぼることまるまる百年前の話だが、その時代、ライプニッツはつねに万人の先頭を走っていた。たとえばコンピューターを最初に思い描いたのも彼だったが、その時代にはまだ世界に電気はなかった。

それはさておき、ライプニッツは、その時代のヤングというべき人物で（ともに『森羅万象を知っていた最後の人間』というタイトルの伝記の主人公になっている）、ふたりが同じような流れで思考するのも当然だろう（ライプニッツの凄まじい才能の数々を思うと、一流の思想家たちもすくんだらしい。「思うに自分のちっぽけな才能を……ライプニッツの才能と比べられたら、まずもって自著を放り出し、どこか暗い隅の奥深くで安らかに死にたくなる」と、哲学者であり詩人であり、人類のあらゆる知を集めた『百科全書』を編んだデニス・ディドロをしていわしめている）。

ライプニッツは世界共通の言語を編み出すという夢に、死ぬまで取り憑かれていた。それは当時の思想家たちがみな夢見たことで、科学革命が勝利したことに端を発している。中国で空に放った矢が、イギリスで空に放った矢と同じ弧を描くのは事件ではない。驚くべきは、その弧を、中国の数学者もイギリスの数学者も同じ数学記号をつかって同じ方程式で説明するということだ。新しく発明された数学言語で自然界に存在する無数の驚異を説明できるなら、バベルの塔の建設以来、人類を苦しめてきた混乱を、優美な絵画的性質を持った言語が解消してくれる可能性もあるのではないか。

これがすなわち、ライプニッツをはじめとする当時の人々が考えたことだった。エジプトのヒエログリフは、人間がこの世に生まれてまもない頃に、宇宙の深遠な事実を世界共通の言語で表現しようとした試みであるとして、そこにみなが魅了されたのだった。その世界共通の言語の性質に思いを馳《は》せたとき、ライプニッツが偶然得たのが、外国名の解読に関する洞察である。

しかしライプニッツの手もとにロゼッタストーンはなかった。

ヤングにはそれがあり、プトレマイオスの名をそこに読み取ったのは正しかったことが後に証明される。たった一語ではあるが、そこに至るまでの千五百年、解読できた語はひとつもなかった。一語と一言語全体とのあいだには確かに膨大な距離がある。しかし、0と1の隔たりはそれをさらに大きく上まわる。そのとてつもなく巨大な谷に橋を架けたのがヤングだった。

14　先頭を行く

一八一四年から一八二〇年のあいだ、ロゼッタストーンの研究はヤングが独り占めしていたといっていい。シャンポリオンはその間辛酸《しんさん》をなめ尽くしていた。これまでも健康状態が良好だった例《ため》しはなく、ふいにめまいに襲われたり、発熱や失神の発作を起こしたり、咳が続いてまともな休息もとれなかったりは日常茶飯。それがこの時期に至ってさらに悪化したのだった。そのあいだフランスは、ナポレオンの失墜によって君主制が息を吹き返し、新体制から恩恵を被《こうむ》ることのできる人間にはチャンスがめぐってきていたが、シャンポリオンのような反王制側の人間には、いいことは何もなかった。

すっかり意気消沈したシャンポリオンは、一八一四年に、湧き上がる不安を手紙で兄に打ち明けている。「ぼくの運命ははっきりしている……きっとディオゲネスのように［その中で暮らすために］樽を買うことになる……悪い時代に生まれたに違いなく、やりたいことがあっても、ほとんど何ひとつ成功しないのだ」

一八一六年には兄弟揃ってグルノーブルの大学から追い出されて職を失った。政情不安を理由に、故郷のフィジャックへ国内追放されたのだ。すっかり動揺したシャンポリオンは、学者を辞めて法律職に就くことを考える。「それじゃあまるで、神官が粉屋に鞍替《くらが》えするようなものじゃないかと兄さんはいうかもしれない。けれど、神官に食うものがなくて、水車小屋には小麦粉があるのだから、それでいいんじゃないか？」

それでもシャンポリオンは自分の夢から目をそらしはしなかった。いつかきっと、これがヒエログリフ解読の鍵となると信じて、暗澹《あんたん》たるこの時期もコプト語の研究は続けていた。「日を追うごとにぼくのコプト語の辞書はどんどん厚くなっていくが、筆者であるぼくはどんどん痩せ細っていく」と一八一六年に記している。

そのあいだ、ヤングはどんどん解読作業を進めていた。とはいえ、ロゼッタストーンにおいてはまだ、カルトゥーシュに入ったプトレマイオスの名前しかわかっていない。作業のほとんどは天性の才能であるパターン認識の力を駆使して、ギリシャ語のテキストに繰り返し現れる語に対応するヒエログリフの組み合わせを探すことに終始した。ギリシャ語のテキストには、王、日、月、神といった語が何度も登場し、それらとおおよそ同じ位置に、ヒエログリフ、あるいはヒエログリフの短い連なりを見いだした。

ヒエログリフ一般を解読しようと、ヤングはロゼッタストーンに限らず、広範囲からテキストを集め続けた。その結果、1、2、10に対応するとみられる記号が見つかった。さらに、カルトゥーシュの中には、末尾に同じヒエログリフのペアが置かれているものがあることにも気づき――楕円と、その上に置かれた半円――それはおそらく、女王か女神を表すのだろうと推測した。

こういった推測のほとんどが正しかったとあとでわかるのだが、気をつけてほしいのは、語と語の対応ができたからといって、読めたことにはならないということだ。ヤングはヒエログリフの特定の組み合わせを突きとめることはできたものの、その裏にある文法は依然としてわかっていない。よちよち歩きの赤ん坊がdog（おそらく本の中に犬の絵があって、その下に文字があったのだろう）という言葉を理解しながら、どう発音するものか、依然としてわからないのと同じだ。

たとえばヤングはヒエログリフの中に、Pharaohという語を見つけたが、それが何であるかわからなかった。Pharaohというのは、きっと「神殿」あるいは「大きな家」という意味なのだと思いこみ、実際それはそれで正しかった。

問題は、最初の「偉大なる」を意味する記号がperと発音することも、次の「家」を意味する記号がaaと発音することもヤングが知らなかったということ。さらに、われわれが「大統領の声明では……」といいたいところを「ホワイトハウスの声明では……」ということもあるのと同じように、エジプトでは王を「偉大なる家」——per-aaまたはpharaoh——と呼ぶことがあるのも知らなかった。

ヤングもときに大失敗をすることがあった。テーベのカルナックにある神殿から見つかったカルトゥーシュを見て、これは間違いなくエジプトの女王ベレニケの名前だと確信する。その神殿にはギリシャ文字とヒエログリフ両方のテキストがあり、ヤングはギリシャ文字の中にプトレマイオスの名前も見つけた（こちらのプトレマイオスはロゼッタストーンに謳われているプトレマイオス五世ではなく、その祖先であるプトレマイオス一世*）。

ヤングはまたカルトゥーシュに囲まれたヒエログリフふたつに目を向ける。一方はロゼッタストーンのプトレマイオスを表すヒエログリフと一致する。

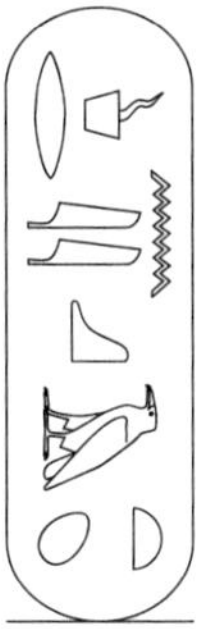

そうあってほしいと、ヤングがまさに期待したとおりだった。残るは、ふたつめのカルトゥーシュ。こちらの中には半ダースほどのヒエログリフが入っている。末尾のふたつの記号、すなわち上下に重ねて置かれた半円と楕円については女王を表すのだと、すでにヤングは突きとめている。となると、ふたつのカルトゥーシュの片方はプトレマイオスを、もう片方はその王妃を表しているると考えられる。ヤングは古代ギリシャ語のテキストから、プトレマイオス一世はマケドニアの貴婦人ベレニケと結婚したとわかっていた。ふたつのカルトゥーシュに、貴人の名前ふたつ。パズルのピースがぴたりとはまった。

クレオパトラとは比ぶべくもないが、ベレニケも古代社会においては一種の有名人で、あるコインにはベレニケとプトレマイオス一世の肖像が描かれている。紀元前二七〇年頃に、古代ギリシャの詩人テオクリトスが、「美しいベレニケ」、「誉れ高きベレニケ」と彼女を賛美する詩をつくって

＊プトレマイオス一世には、科学の歴史に残る有名な逸話がある。プトレマイオスの治世下に幾何学の父と呼ばれるユークリッドがアレクサンドリアで数学を教えていた。ユークリッドの名作『言論』に書かれた定理も論証もちんぷんかんぷんの王は、もっと簡単な道はないのかときいた。それに対してユークリッドは、「幾何学に王道はございません」と答えたのだった。

いる。ベレニケこそ最高の妻であり、「これほどまでに男に喜びを与える女性は他におらず、プトレマイオスは夢中になった」と綴《つづ》っている。

ヤングにとって何よりもうれしかったのは、ベレニケが外国人名だったこと。つまり、これでヒエログリフがどのように音を表現するのか、わかると思ったのだ（エジプト人ファラオの名前もまたヒエログリフで書かれているが、そういったヒエログリフは音ではなく概念を表しており、概念を表すヒエログリフは意味を持つが、音は表現しないとヤングは考えた。われわれにとってのニコニコマークやドクロじるしとほぼ同じといえる）。

ヤングはすでにプトレマイオスという王の名前をひとつ読み取っている。そこに、新しいヒエログリフ数個と、また別の名前が加わったわけだ。

残念ながら、ベレニケはプレトマイオスと共通する音がほとんどなく、ヤングは一から考えないといけない。クロスワードパズルの、クロスしたマスがまったくないところに、あてはまる言葉を考えるようなものだった。

ベレニケを表すカルトゥーシュの最初のヒエログリフは、何かの容器のように見え、それにヤングは心を躍らせた。コプト語ではバスケットをbirといい、ベレニケの名前の始まりと音が似ているからだ。ひょっとしてヒエログリフは、判じ絵のようなものではないか？　末尾近くに置かれたヒエログリフ、すなわち半円と楕円を上下に並べたヒエログリフの直前にあるのは、鳥だ。ヤングはそれをガチョウだと見て取り、ある筋から、コプト語のガチョウを意味する単語はKで始まるという情報を入手した。

ベレニケの最初と最後の音を手中に収めたヤングは、次にそのあいだに置かれたヒエログリフの解読を進めていく（うまく対応しない部分については、余計なものとして除外した）。

これは臆面もないごまかしではなく、希望的観測といったほうがいい。「ドクター・ヤングを熱烈に支持する人たちは、この分析は誤った判断というより、発明の才と考えるべきだというに違いない」と、十九世紀の伝記作家は書いている。

問題は、バスケットがじつは香炉であり、ガチョウはタカだったという点（鳥の種類について混乱が起きたのは、ヤングのせいではない。彼は誤植ともいうべき間違いの被害者だった。ヒエログリフを書写した人間が、タカを書くべきところにガチョウを書いてしまったのだ）。

ヤングは正しい答えを偶然見つけた――カルトゥーシュの中に書かれていた名前は本当にベレニケだった――しかしこれは、赤いピックアップトラックに乗っている容疑者を追いかけていた刑事が、黄色いスポーツカーの脇に車を寄せてとめたところ、偶然その車に、追いかけていた容疑者が乗っていたというようなものだ。

間違うのは恥ずかしいことではない。どんな解読者でも無数の間違いを犯している（クロスワードパズルを解く者でさえ、ペンではなく鉛筆をつかう）。だいたい、わずかなミスを犯したとしても、ヤングの場合、それを遥かに上まわる成功がある。

誰にもわからなかった秘密を暴き出したのはもちろん、まだ解読者としての経験もまったく浅い段階でそれを成し遂げたのだから、感服に値する。たとえば、半円と楕円を上下に組み合わせたヒエログリフは、「これは女性の名前である」という情報を提示していることを突きとめただけでなく、エジプトの方式は、actress や poetess といった、今や旧式といえる語尾で性別を表す英語のやり方とは違うことにも気づいたのである。

エジプトでは、性別を表す記号は直前にある記号の一部ではないし、発音もしない（下線やアクセント記号といった、普通のヒエログリフとは異なることを示すために手を加えもしない)。ヒエログリフを読んでいる人間は、記号で示される情報を意識するのみ。現代の読者が*Chicago*と斜体字で書かれているのを見て、都市名ではなく映画のタイトルだとわかるのとおおよそ同じだ。

解読の成果と同じぐらい重要なのは、解読をするヤングの姿勢である。ヤング以前の解読者にとって、「翻訳」というのは、いわばやりたい放題のゲームだった。ヒエログリフの特定の組み合わせを取りあげて、勝手な意味づけをする。規則も制限もないのだから、雲の形を別のものに見立てるのと変わらない(ハムレットは、「あそこの雲はラクダに見えないか?」といって相手を納得させたすぐあとで、いやよく考えたら、あれは「イタチかもしれない」あるいは「クジラかもしれない」といって、ポローニアスをからかっている)。しかしヤングの解読は勝手な思い込みではなく、正しさの検証が可能な具体的な推測に基づいている。

何よりも重要なのは、ヤングがこれまでの通念を覆《くつがえ》したことだ。ロゼッタストーンのプトレマイオスを解読したことによって、ヒエログリフは音を示すこともあると証明したのである。

一見単純な発見のように思えて、そこから得られる益は計り知れない。ヒエログリフは音を示すというなら、概念を示してはいないことになる。つまり、千五百年にわたってヒエログリフと向き合ってきた権威たちはすべて、事をまったく取り違えていたことになる。

非常に大きな前進だが、ヤングが目を向けるのは——言葉一般ではなく——依然として名前のみで、それも外国名ばかりだった。視野を広げれば、驚くほど広大な世界がひらけている、その可能性にまだ気づいていない。もしかしたら古代エジプトでは、エジプト語の普通の言葉を綴るのにもヒエログリフをつかっていたのではないか? だとすれば、ライオン、鳥、ヘビといった記号は、外国人支配者の奇妙な名前といった希《まれ》な事例を書き表すのにつかう特別なものではなく、日常の語を書き表すのに普通につかったに違いない。

後知恵でいうなら、固有名詞から普通名詞へ目を転じるのはそれほど難しいとは思えない。しかし、当時においては精神の飛躍が必要だった。どちらも天才でありながら、ヤングもシャンポリオンもその機会に恵まれなかった。古代エジプトの言語全体を探れる道のとば口《くち》に立ちながら、自分がどこにいるのかわかっていなかったのだ。今日、一語を解読できたなら、明日はさらに数語解読できる。そうしてすべてが順調に進めば、最終的にはもっとたくさん解読できて、死んだ言語を蘇《よみがえ》らせることができるのだ。

あと一歩を踏み出せばお宝にぶつかるところまですでに来ているのに、これまでのところ、まだ誰にもそれがわかっていないのだった。

一八一九年十二月、ヤングはブリタニカ百科事典に「エジプト」と題した重要な記事を寄稿して、自らの発見を披露した。当時のブリタニカ百科事典は、一流の知識人に寄稿を依頼しており、サー・ウォルター・スコット（「騎士道」の項目を執筆）、ジョン・スチュアート・ミル（「政府」の項目を執筆）など、そうそうたる顔ぶれが揃っていた。ヤングは自らの意向で匿名を通したが、友人のガーニーには、「この論に賛成する人間なら、筆者が誰だか、いずれみなわかるというものだ」と打ち明けている。

そこでヤングはロゼッタストーンについて論じ、カルトゥーシュや、外国名の重要性を説き、プトレマイオスとベレニケをいかにして解読したか、その過程を明らかにした上で、音と対応させることのできたヒエログリフをリストアップしている。

ブリタニカの記事は一種の証拠記録となり、ここに至ってヤングはあらゆるライバルに差をつけた。「ヤングはシャンポリオンがこれまでに発表したヒエログリフに関する発見（ほとんどなきに等しい）のすべてを遙かに凌駕《りょうが》した。この大きな差は、ヤングの完全なひとり勝ちを思わせた」と、エジプト学者のレスリー・アドキンズとロイ・アドキンズが記している。

15　迷宮に迷う

トマス・ヤングはいつ見ても、汗ひとつかかないという印象を人に与えた。「床に本が山積みになっていたり、テーブルに書類が散らばっていたりということはまるでなく、その部屋は勉強などまったくしない人間の部屋という感じだった」と、大学時代の仲間が驚いている。しかし、実際は厳しい研究を着実に続けていた。ウェストミンスター寺院にはヤングの功績が連綿と綴《つづ》られ、たゆみない研究を厭《いと》わない人だったと、そのひととなりが正しく記されている。

しかし、どれだけ才能に恵まれた解読者であろうと、まったく先が見えない闇の中、欲求不満を覚えながら手探りを続け、このすぐ近くに大事な手がかりが隠れているのだと信じる、その繰り返しに人生の大半を費やすのが常だった。希望と失望のはざまにある謎の世界に囚《とら》われて、あともう少しだと思いながら、どこにもたどり着けずにいる状態は、スリリングではあるが、正気を失わずにいるのは難しい。「エジプトのテキストに絶望してはいけない」と、一八〇四年にシャンポリオンの兄が弟に返事を書き送っている。シャンポリオンがロゼッタストーン解読に挑戦して、結局何の成果も得られなかった直後だった。パズルのほんの小さな一部が解けさえすれば、全体が明らかになるのだからと兄は励ます。「一文字が一語を導きだし、一語が一文につながり、一文が残りのすべてを明らかにする。つまり、多かれ少なかれ、一文字の中にすべてが隠れている」だから、決して休んではならないのだ。

ここでものをいうのは執着だ。史上屈指の優秀な解読者のひとりに、マイケル・ヴェントリスというイギリス人がいる。おそらく言語学史上最大の難問を解いた人間といえるだろう。一九五〇年代に、ロゼッタストーンのような手がかりをまったく得ることなしに、ヴェントリスは線文字Bの解読に成功した。これは知られている限り最初期のギリシャ文字であり、ソクラテスやプラトンの時代を千年さかのぼる。もしトロイ戦争が実際に起きたのだとしたら（考古学者の見解は一致を見ない）オデュッセウスやアキレスの言葉は線文字Bをつかって記録されたのだろう。

線文字Bのテキストが最初に見つかったのはクレタ島だった。神話ではあるが、ミノス王の故郷であり、人身を食らうミノタウロスを中心に配した迷宮がある島だった。未知の言語でも暗号でも、およそ解読にまつわる話は迷宮の物語であり、そこには予期せぬ天からの贈り物がひとつ隠されている。神話によると、ミノス王の娘アリアドネはテセウスに糸玉（中期英語でclewe）を渡したとされ、ミノタウロスを退治したあと、そのおかげでテセウスは糸をたどって迷宮から外に出ることができたという。時代が下ってclewe は、「謎を説くヒント」というもともとの意味を保持したまま clue になった。この意味が言語の奥深くに埋めこまれているため、現代においても難しい説明の「糸をたどる」という使い方をする。

ヴェントリスは言語学の魔法使いと呼ぶべき人物で、考古学の謎を解かせたら彼の右に出る者はいなかった。単に頭が切れるということ以上に重要なのが、その打ちこみ方だ。ヴェントリスは第二次世界大戦時に英国空軍の航法士を務めていた。ドイツを空爆した帰り道のこと、「ヴェントリスは進路を調整し終わると、航法士のテーブルから余計なものを除いてスペースをつくり、そこにいそいそと線文字Bのテキストを広げて解読にかかる。帰国の途につく爆撃機がうなりをあげ、サーチライトが探照の光を伸ばし、炸裂する対空砲火が機体を揺らすあいだ、ずっと作業に没頭している」と、あるジャーナリストが書いている。

友人によると、たかが砲撃と無視を決めこむヴェントリスは、航法士の仕事を「飛行機の中にいても、やっているのはデスクワーク」ととらえていたらしい。謎を追いかける魅力は危険を相殺して余りあるのだろう。終戦から数年経って、ヴェントリスはとうとう画期的な発見をする。「午前二時にドアが勢いよくあき、マイケルが弾むようにして駆けこんできた。『四千年ぶりにこのテキストを読む、二番目の人間になりたくないか？』といって」

未知の言語でも暗号でも、解読においてはほんの小さな前進に大変な困難が伴う。結果を知った人間からすれば、手がかりは火を見るより明らかであると思えるものでもそうなのだ。一七四四年にウィリアム・ウォーバートンというイギリスの聖職者がヒエログリフについて書いたものを読んで、当時の歴史家たちは彼の発見を熱烈に支持した。ウォーバートンは、ヒエログリフは言葉であって隠匿するための道具ではなく、その役目は、何かを伝えることにあるという。まさに偉大な発見だった。ヒエログリフは、「人間の行いや思考の記憶を保存するのが目的であり、秘密にするために生み出されたものという通説は誤りなのだ」とウォーバートンは大胆な提言をした。

天才といえども、解読は苛立《いらだ》つほどに進まない。シャンポリオンは一八〇八年にエジプトのパピルスを解読しようとして、結局さっぱりわからないと兄に打ち明けている。「来る日も来る日も四六時中見つめて考えているのに、何ひとつ理解できない」と。二年後の一八一〇年になると、ある講演で誇らしげに語っている。「確信していることがあります。ヒエログリフは単独では何の価値もありませんが、いくつかが組み合わさると意味を持つようになる。そういうヒエログリフの組み合わせについては、もうわたしも楽に見分けることができるのです」

これは重要な真実だが、一見、スタートラインからほんの一歩を踏み出したようにしか見えない。しかしこのわずかな前進に至るまでに、シャンポリオンがどれだけの労力を費やしたか考えてほしい。それはまるで、英語で書かれた本や雑誌の山を数千時間かけてつぶさに照査したあとで、この文字体系は一文字――たとえばB――だけでは意味を持たないと宣言するようなものだ。しかしいくつかを組み合わせたものは、big、table、Mobilなど、たとえ意味がわからないにしても見分けがつくと。


発明や発見の物語では、そこに費やされた途方もない労力が見落とされるのが常だ。実際は画期的な一瞬が訪れるまでに、間違ったスタートラインでぐずぐずしていたり、無意味な放浪を続けたりといったことに、気の遠くなるほど長い時間が費やされる。ひたすら落胆が続く物語であって、そのあたりも赤裸々に書けば、どんな読者も途中で投げ出してしまうだろう。かつてアインシュタインはこういった。ついに真実が明らかになったあとでは、「どんなに画期的な発見も、ほぼわかりきったことととらえられ、頭のいい学生ならさほど苦労せずとも理解する。しかし、一縷《いちる》の望みを胸に何年にもわたって熱心に闇の奥を探り続け、確信と徒労のあいだをひたすら行き来しながら、ようやく光の下に出る――それがどういうものかは、経験した者にしかわからないのである」。

そんな冒険に人生を捧げたいと思う人間は数少ない。それに、未知の言語でも暗号でも、特定の謎を解くという仕事は、科学の謎一般を解くそれよりも、さらに厳しい仕事になる。知能と粘り強さに加えて、普通は相容れないふたつの資質が必要なのだ。

スティーヴン・ブディアンスキーによれば、それは「骨の折れる単調な仕事をコツコツ継続する、ほぼ限界知らずの忍耐力」と「その対極にある」素質、すなわち突如として想像力を飛躍させる力であり、「理想的な解読者は、会計士の心を持つベートーベンか、その逆の人物である」という。

これについては、夫婦でチームを組んだ有名な暗号解読者ウィリアム・フリードマンとエリザベス・フリードマン*（ともに第二次世界大戦時に、暗号化されたナチスのメッセージを何千と解読した）が、暗号解読は科学と芸術の融合であるものの、「これほど規則や原則に従わず、ときにそれらを破るようなこともする科学はないし、これほど推理や理論が重要な役割を果たす芸術もないのである」と、その極めて風変わりな特質を指摘している。

科学と芸術の特異な融合だけではまだ足りないというように、未知の言語や暗号の解読には、もうひとつ変わった特性が必要とされる。スティーヴン・ブディアンスキーはそれを「パラノイドに近い特性」といっている。「『パラノイド』といっても、被害妄想の意味ではない。ほぼ無関係と見られる些末な部分に壮大な真実が隠れていると思いこみ、他の誰にも見えないものが自分には見えると信じる、といった意味だ」

ここに、シャンポリオンとヤングの共通点があるのだろう。われこそは宇宙に選ばれし者であり、他の誰にも見えないものを見ることができる。ともにそう信じるふたりは、自分の才能を頼みに、「ひとり旅をする者こそ、最も速やかに旅ができる」という格言通り、独立独歩を通した。

---

*妻の名はElizabethではなく、Elizebethという珍しい綴《つづ》り。おそらく母親は、九人きょうだいの末子として生まれた彼女が特別な人生を送る運命にあると感じたのかもしれない。夫ほど有名ではないにしても、エリザベスはアメリカ史上最も重要な暗号解読者のひとりだ。ジェイソン・ファゴーネが *The Woman Who Smashed Codes* と題した魅力的な書で、彼女の物語を明らかにしている。

シャンポリオン家に伝わる、昔からいとおしむように語り継がれてきたエピソードがある。母親がジャン＝フランソワを妊娠したとき、地元の祈禱師《きとうし》から、来《きた》る未来の光となる息子が生まれるだろうといわれたというものだ。またシャンポリオンが十一歳のときに、ジョゼフ・フーリエと出会ってヒエログリフの銘文をいくつか見せてもらった話も伝わっている。そのときに、いつの日か、このヒエログリフを自分が最初に解読する人間になると誓ったと、後に本人がいっている。

ヤングもまた、揺るがぬ独立独歩の精神を子どもの頃から発揮している（クエーカー教徒の家に育ったことで『世論』を完全に無視するようになったのだろうと、本人はそう語っている）。六歳頃に、「みじめな寄宿学校に入れられた」と自伝の中でヤングは述懐している。「そんな年からもう、彼は教えを乞うのではなく独学でいこうという姿勢だった」とあるように、最初から自主自立を主張したらしい。当時の教師にヤングがつけた最も高い評価は「ものがよく分かっていて、生徒にいくらか自由裁量の時間を与えた」というもの。ヤングは何にも縛られない若駒だったのだ。

そこはまったく妥協しない。科学の研究のみならず、あらゆる面で自分は、「できるだけ他人の力を借りないで観察することに利があると信じる人間だ」とヤングはいう。

ヤングやシャンポリオンのような天才でなくても、言語や暗号の解読をする人間は、アウトサイダーや変わり者であることが多い。才能は開花するのに場所を選ばない。ブレッチリー・パークの政府暗号学校は、科学者や言語学者ばかりではなく、クロスワードパズルを解かせたら国内で右に出る者はいないといった人物もリクルートする（その際、リクルーターは具体的な職務を教えず、きみなら『国家の重要な問題』に力を貸せるかもしれないと、誘いの文句はそれだけだ）。*

解読の世界に入るのに、成績証明はまったく不要。問題解決能力に優れているだけでいい。「空想の世界では誰もが暗号解読者になれる」と古典学者のメアリー・ビアードが書いている。誰にでもできる仕事。少なくとも、頭が切れて労苦を厭わない人間ならばできるだろう。なにも暗号解読に限った話ではない。あらゆる画期的発見はそういう人間によってもたらされた。ヤングにとって偉大なる先人であり、おそらく西洋史で最も優れた知性を持つ人であるアイザック・ニュートンでさえ、天賦《てんぷ》の才だけでは足りず、スタミナと不屈の精神がどうしても必要だった。引力の理論をいったいどうやって見いだしたのですか？　老齢になってそうきかれたニュートンは、単刀直入にこう答えた。「絶えず考え続けたのです」

ニュートンは生涯ジョークを口にしなかった。この偉人が笑うところは生涯に一度しか見たことがないと親しい知人はいう（ユークリッドを学んで何の得があるのですかと、誰かがきいたらしい）。では何をしていたかといえば、やはり休みなく考え続けてきたのである。「彼の変わった天分は、問題を頭の中にずっととどめておく力であり、そのうちに事の本質を洞察するのである」と、経済学の仕事を休んでニュートンの伝記を読みこんだジョン・メイナード・ケインズが書いている。「彼が傑出していたのは、人並みはずれた強靭《きょうじん》な洞察力のおかげではないか」と。

こぶしを握りしめたままずっと力を緩めないのと同じで、普通の人間には、休みなく集中し続けるのは不可能に近い。「きっとニュートンは、その秘密が明らかになるまで、ひとつの問題を数時間、数日間、数週間と考え続けることができたのだろう」とケインズはいう。

＊ナチスもまた暗号解読者の候補を探し当てるのにクロスワードパズルをつかった。そこで最高成績を出した者が、特別な訓練へと進む。候補生へのインセンティブとして、教師は彼らにこう告げた。下位九十パーセントはロシア戦線に送られると。

そのような集中を続けている人間は、傍目《はため》にはぼんやりとした白昼夢の中にいるように見えるが、実際にはとてつもなく厳しい境地にいる。スタンフォードの神経学者、ロバート・M・サポロスキーによれば、チェスの競技会では、一日に六千から七千カロリーを消費する名人もいるそうだ。椅子にすわって沈思黙考し、小さな木片を押す、ただそれだけのことに全力疾走するランナーと同じエネルギーを必要とするのだ。

歴史家たちはおしなべて、解読者の体力を重要視する。そのいい例が、古代ペルシア語解読の先駆けであるゲオルク・フリードリヒ・グローテフェント。彼は「尋常でない記憶力に加えて抜群の体力を持っている。そのおかげで、早朝から夜遅くまで一切休息をとらずに研究を続けられるのだ」と友人がいっている。

チェスでも数学でも音楽でも、才能——でなければ対象への心酔——は、早くに芽を出すことが多い。シャンポリオンは十三歳頃からヒエログリフに夢中になったし、マイケル・ヴェントリスが線文字Bに魅了されたのは十四歳頃だった。また、マッカーサー・フェローの「天才」賞を史上最年少で受賞したデイヴィッド・スチュアートは八歳からマヤ語の絵文字に熱中した。

そういった早期に芽を出す才能は、新しい言語を自在に操る能力として表に出ることが多い。ヴェントリスなどはその最たるもので、勉強をせずとも言葉をみるみる覚えていく幼子《おさなご》のような資質を生涯持ち続けた。線文字B解読の歴史について語った自著で、マルガリット・フォックスが次のようにいっている。「まだよくわかっていないなんらかの神経学的理由から、幸運に恵まれた数少ない人間は大人になっても新たな言語を楽々と獲得できる。二十歳、三十歳になっても、まるで六歳のときのように、最小限の努力で外国語を会得してしまう。マイケル・ヴェントリスは間違いなく、そういった人間のひとりだった」

ヴェントリスのそばで働くある同僚は、彼がスウェーデン語の新聞を読んでいるところを見たという。いったいどこでスウェーデン語を学んだのか？　そこでわかったのは、ヴェントリスが建築の仕事（建築は生計を立てるための職であり、解読は趣味）でスウェーデンに数週間滞在したことがあったという、ただそれだけのこと。以来ヴェントリスはスウェーデン人の学者たちと終生スウェーデン語でやりとりをしたという。

未知の言語の解読は、特別な道具がほとんどいらない「ゲーム」のようなものであるから（その点ではバスケットボールやランニングに似ていて、セーリングやポロとは違う）才能ひとつで階級の壁を越えられるのだろう。

ヴェントリスは金持ちの子息だった。* ヤングは裕福だったが、シャンポリオンは明らかにそうではなく、線文字Bの物語におけるもうひとりのヒーロー、アリス・コーバーも裕福ではなかった。古代ペルシア語に生涯を捧げた学者ゲオルク・グローテフェントは何年ものあいだ見向きもされな

---

*ヴェントリスは魅力あふれる美貌の男性で、傍目には何から何まで恵まれていると思えたかもしれない。しかし彼が十七歳のときに母親が自殺しており、自身も、駐まっていたトラックに車で追突して、三十四歳で命を落としている。表向きは事故として処理されたが、その二週間前にヴェントリスは一通の手紙に、「褒められすぎの嫌いがある自身の知力の価値にも、人生そのものの大方の価値に対しても、深い疑いを持つ」ようになったと書いている。しかし、あれは絶対に自殺ではなかったと主張する友人や同僚もいて、確かなことはわかっていない。

かった。高校教師であって大学教授ではなかったからだ。

　高校にさえ通っていないジョージ・スミスをめぐる物語も、考古学の歴史によくあるように不思議な展開を見せる。スミスは一八五四年にロンドンの印刷業者に弟子入りした。つまり十四歳で彼の学校教育は幕を閉じたわけで、自由になる時間はすべて、大英博物館にあるニネベやバビロンの粘土板をじっと見つめて過ごした。

　門外漢には不可解極まりない粘土板。そこに刻まれた楔形《くさびがた》文字は、整然と並んだ直線とV字から成っている。几帳面すぎる鳥の群れが、濡れた粘土の上を一糸乱れず歩いていった跡のようなのだ*。

　結局ジョージ・スミスはこの謎めいた文字の読み方を世界に教えることになるのだが、それと同時に、聖書にある大洪水の物語に先行する旧版の物語を発見する。

　その人生が最盛期を迎えた一八七二年。スミスは大英博物館で、ニネベで発見された粘土板に刻まれた古代の文字数行を翻訳した。

　スミスが見つけたのはギルガメシュ叙事詩の一部。おそらく文字で書き記された人類最初の物語である。

「二千年の忘却を経て、わたしが最初にこの物語を読むのだ」とスミスは叫び、その場に居合わせた人の話によると、ふいに「飛び上がって大興奮で部屋中を走りまわり、居合わせたものが驚愕することに、服を脱ぎはじめたのである」**。

こういう「わかった！」の瞬間がきっとあると信じるから、わからないばかりの陰鬱《いんうつ》な夜をどれだけ過ごそうとも、解読はやめられない。暗号解読者のエリザベス・フリードマンはこういう。

「まさに人生最高のスリルであり、言葉の骨組みが跳び上がって、こちらも跳び上がるのである」

＊文字の中には、最初期にどうやって書かれていたか、その外見からヒントが得られる。たとえば楔形文字がV字から成るのは、濡れた粘土にスタイラス（古代エジプト人が粘土板に書き付ける際に用いた尖筆《せんぴつ》）を押しつけるだけでできる最も簡単な形だからである。それとは対照的に、スリランカのアルファベットは、ほとんどすべてが美しい丸みのある形をしている。古代はセイロンと呼ばれたその地で、書記は平らではあるが細かい葉脈が走る乾いたヤシの葉に文字を綴っていた。直線から成る文字だったら、すべて葉脈に沿ってひび割れていたことだろう。

＊＊その目撃証言には誇張があるだろうと、*The Rise and Fall Adam and Eve* の中で歴史家スティーヴン・グリーンブラットが警告している。「文学史家のデイヴィッド・ダムロッシュが述べている同僚を驚かせたスミスの行為は、単にネクタイを緩めただけなのだろう。何しろビクトリア朝時代のイギリスなのだから。それでもその発見は、どれだけ興奮しても当然といえるものだった」

16　古代の知恵

一八一九年、トマス・ヤングはヒエログリフの謎に関する答えを手にしていた。ヒエログリフは音を表すことがある。ちょうどアルファベットの文字が音を表すように（たとえばAはappleの最初の音を表す）。「音？」というちょっと自信なげなタイトルの表もつくっていて、少数のヒエログリフと音を対照させている。それによると、ライオンの絵文字はlの音を、ジグザグはnを、半円はtの音を表す。

ところが、素晴らしく頭の切れる野心家でありながら、ここに至ってヤングは自分の生み出した考えをはねつける方向へ向かう。それにはふたつの理由があった。ひとつはちょっとしたミスで、もうひとつは広範囲に影響が及ぶミスだ。そのふたつがヤングを間違った方向へ押しやったのである。

小さなミスが最初に起きた。ヒエログリフは音を表すこともあるが、それは非常に限られた特別なケースのみであるという勘違いだ。音を表すのは、カルトゥーシュの中にエジプト人ではない支配者の名前が入っている場合のみであって、それ以外はない。ヒエログリフがカルトゥーシュで囲まれておらず、外国の王の名前以外の一般的な事柄について言及する場合はすべて、音とは何の関わりもないと、そう判断したのが間違いだった。

ヤングに道を誤らせたのはカルトゥーシュだ。カルトゥーシュは希《まれ》にしか出てこない。カルトゥーシュの中に入っているヒエログリフは音を表している。このふたつの事実を考え合わせて、ヤングは結論に飛びついた。ヒエログリフはカルトゥーシュの外にあるのが大半であり、それらは音を表してはいないのだと。

それは間違いだったが、ヤングのミスは、軽率な論考から来るものではない。熟練した数学者である彼が、論理の落とし穴にはまるわけがない。問題は証拠の不足であって、ヤングはヤングで入手できるすべての証拠で推論したのである。

それでもその推論が間違っていた。彼が誤ったのは、カルトゥーシュが非常に希であったことによる。だから特別なものなのだと考えたのは正しい。ヒエログリフが並んでいるページを一目《いちもく》すれば誰でも、なぜヒエログリフの中には楕円で囲まれているものがあるのかと不思議に思うはずだ。実際、カルトゥーシュはヤングのいうとおり、指示標識である。彼の敗因はその標識を読み間違えたことにある。この楕円形の中に入っているヒエログリフは音を表すのではなく概念を表すのだと、カルトゥーシュがそう指示しているとヤングは考えた。しかしカルトゥーシュが本当に指示しているのは、この楕円形の中に入っているヒエログリフは王の名前を綴《つづ》ったものであるということ。カルトゥーシュが希なのは、王の存在自体が希だからで、音を表すことが希だからではなかったのだ。

ひょっとして間違いを犯してはいないかと、振り返るようなことをヤングは決してしなかった。そもそも考え直す必要などどこにある？　結局のところ、彼が解読したプトレマイオスのカルトゥーシュは、エジプト語の解読史上最大の快挙なのである。

それだけの快挙を成し遂げたのだから、本当なら先へ進まねばならないところでヤングが足踏みするのも無理はない。森の中の空き地にたどり着き、その場を隅々まで探してようやく地下に黄金の隠し場所を見つけた探検家を想像してほしい。

寓話《ぐうわ》によくあるように、そこに思わぬ落とし穴がある。自らの発見に舞いあがって、われらが不運な探検家は、全精力を注ぎこんで同じ場所の近くを掘り続ける。もっと黄金が眠っていると期待したわけだが、じつはそれより遙かに凄いお宝が、そこから遠くないところに、まったく見向きもされずに置かれているのだ。

ふたつめのミスは重大で、まさに致命的だった。カルトゥーシュを取り違えたのは痛恨のミスではあるものの技術上の問題に過ぎず、いうなればパズルを解き間違えただけ。しかし、もうひとつのミスは根本理念に関わるもので、それゆえ広範囲に影響が及び、被害は甚大となる。そのミスとは、ヒエログリフの性質に関する完全な誤解である。

ヤングは間違った方向に押しやられてしまったのだ。もっというなら、古来より二千年にわたって積もり積もった知恵の重圧を受け、知らぬあいだにそれに屈してしまったのだ。「われわれはみな、揺りかごにいるときから、同族信仰の入れ墨を入れられる」とオリバー・ウェンデル・ホームズはかつてそういった。「その入れ墨は皮相的なものと思えるが、実際に消すことはできないのである」

ヨーロッパの学者たちにとって、この同族信仰の影響といえるのが、何世代にもわたってヒエログリフに吹きこまれてきた神秘感なのである。そのために、ヒエログリフを単なる文字体系と見なすことがほとんど不可能になっている。この誤った学説と密接に結びついた名前が、西暦四〇〇年頃に活躍したエジプトの神官ホラポロだ。ヒエログリフという名前を考えたのもこの人物で、ギリシャ語にすると「聖なる刻印」となる。「文字」ではなく「刻印」という言葉を選んだところに鍵がある。ヒエログリフは奇抜な文字ではなく、図画であると、ホラポロはそういいたいのだ。

ホラポロの生涯は謎に包まれている。伝記として伝わるあらゆる「事実」はすべて推測に過ぎない。しかし、ロゼッタストーンが発見されるまで、彼はヒエログリフの最高権威と見なされていたのである。

ホラポロの評判は、『ヒエログリフィカ』と題された大部の書に由来し、その本自体も著者に負けず劣らず謎に包まれている。ヒエログリフがつかわれなくなって久しい四〇〇年頃に、ホラポロがエジプト語で書いたというのが学者たちの通説だ。

『ヒエログリフィカ』は一四一九年に初めて発見された。ホラポロがこの世を去ってから千年を経ており、イタリアの修道僧がギリシャ語に訳されたそれを偶然見つけた。それまでのあいだ、その本がどこでどうしていたのか、そもそもなぜ翻訳されることになったのか、発見される以前の経緯は誰も知らない。しかし見つかると同時に、それはヒエログリフの謎を解く鍵として熱烈に支持され、四百年にわたってその地位を維持し続けた。エジプトの古代伝承に関するホラポロの見解は、そのあいだずっと「畏敬《いけい》の念」を持って受け止められてきたと、現代のある歴史家はいう。

ホラポロは、強い筆致でぐいぐい論を進めていく。疑問や反論が出ることなど考えず、反証を挙げることもしない。この魔法に、多くの人間と同じようにヤングもかかってしまった。二百章以上に及ぶ大部の書で、ホラポロは自分の主張を徹底して読者の頭に叩き込む。ヒエログリフは表象、寓意であり、象徴的なメッセージを伝えるものだというのである。

「(エジプト人が)神、あるいは何か崇高なものを記号化したいと思ったら……タカを描く」とホラポロはいう。鳥一般ではなく、なぜタカなのか？　その理由は「他の鳥は、飛び立つときにどうしても斜めに上がり、空にまっすぐ上がっていくことができない。タカだけがまっすぐ飛び立てる」からだという。

この程度はまだ序の口で、自然科学に根拠を求めようとするホラポロの大胆なこじつけには、もっと凄いものがたくさんある。あらゆるハゲタカが雌であるのは周知の事実であるからして、ヒエログリフのハゲタカは「母親」を表す。ガチョウはとりわけ子どもを大切にする鳥であるから「息子」を表す。野ウサギは決して目を閉じないから、「ひらかれている」を意味するといった具合である。

自然界の知識によらない、一種の象徴主義的な解読もある。これはヒエロニムス・ボスの絵画に登場する奇妙なイメージの意味を美術批評家が解釈するのに近い。「生涯に一度も旅をしたことのない男を表すのに、古代エジプト人はロバの頭を持つ男を描く」とホラポロはいう。「なぜならそういう人間は、外国で何が起きているか知らないか、そういったニュースをきく耳を持たないからだ」と。あり得ないことを表すには、「水の上を歩く男……あるいは、頭のない男が歩きまわる絵を描く」。

ヒエログリフはたいてい複数の意味を持つというのがホラポロの見解だが、それでも見てすぐ意味がわかるものは非常に希だという。ひとつのヒエログリフが持つ意味の幅はすこぶる広い。たとえばハゲタカは「母親」を意味するだけでなく、タカの特性から、「視覚」(「あらゆる生き物の中で最も高い視力を持つ」)、「境界」(「戦闘が行われるとき、その場所を指摘する」)、「予知」(「多くの死者を出すことになる軍隊のほうに顔を向ける」)、「思いやり」(「幼い子にやれる食べ物がないとき、自分の腿を切り開いて子どもに血を飲ませてやる」)の意味も有する。

まったくばかげた解釈のオンパレードとしか思えない。実際ほとんどそうなのだが、この中に極めて貴重な宝がある。風変わりな解釈のいくつかに、正しいものがあるのだ。たとえば、ハゲタカが「母親」を意味するというのは正解。ただし、その理由はホラポロの説明とは無関係だ。ガチョウも「息子」で正解（少なくともだいたいは正しい。実際に「息子」を意味するのはアヒルだ）、野ウサギも実際に「ひらかれている」を意味する。しかし、親としての義務に忠実だとか、絶対目を閉じないとかいったこじつけは完全な的外れなのだ。

ホラポロの解釈の中で、そこだけは正しいと見抜く者さえいたら、ヒエログリフの解読はもっと早くに大きく前進していただろう。ハゲタカは実際に「母親」と関係があったのだ。なのに、見抜けなかったのはなぜか？

それは、宝の隠れている場所が通常とは異なっていたからだ。エジプトの驚異は、スフィンクスのように半ば砂に埋もれていたり、ツタンカーメンの墓のように土やゴミの下に沈んでいたりする。ホラポロの洞察（のうち正解だったもの）は、何にも覆われていない宝石だ。問題はその宝石が、ジャンク・ジュエリーの山に混じっていたということ。

これが大きな障害となった。正確には、異なるふたつの障害だ。そもそもの最初に、学者たちは宝石を見逃してニセモノをつかんでしまった。ホラポロの「翻訳」をすべて正解と見なし、大興奮したところで、そこに自分自身の怪しげな翻訳を付け足したのだ。ホラポロがいうとおり、ヒエログリフはシンボルであると安心したヨーロッパの解読者たちは、おめでたいことに間違った方向へずんずん歩いていったのである。道を誤ったと気づいたのは、それから何百年も過ぎてからだった。

一七〇〇年代になると、ようやく目が覚めたわけだが、このとき学者たちは過剰反応をした。けばけばしい安ピカモノの山を見てうんざりし、唾棄すべきものとして、その山をひとまとめに払いのけたのだ。「哀れ、ホラポロは完全に信用を失い、伝えようとしていた真実までもが、謎めいた多言といっしょに、いっぺんに捨て去られたのである」とエジプト学者のジョン・レイがいっている。

ホラポロが、その仕組みを正しく知っている神官や学者からヒエログリフを学んだのは明らかだった。何のヒントもなしに、ハゲタカが「母親」を意味するなどという正解を思いつく人間はいない。しかし、それからホラポロは間違った道へ突き進んでしまった。彼の「翻訳」のほとんどは完全に的外れだったのだから。いったいどうしてそうなってしまったのか、それは推測するしかない。いわれたことを誤って理解したのか、それとも、確かな真実と、間違った情報を受け取った書き手の話を、ごちゃ混ぜにしてしまったか。あるいは、ヒエログリフは隠された意味を持つシンボルであるという、自らの強い思い込みに囚《とら》われて、正道からはずれてしまったのかもしれない。

そもそもホラポロの見解がこれだけ強い影響を持ち得たのは、他の著名な人物たちの言葉が反映されていたからだった。ギリシャの歴史家シチリアのディオドロスは紀元前一世紀にエジプトを訪れ、エジプトの文字は他のあらゆる文字と違って、文字や音節を基礎とするものではなく、寓意を表現する絵文字から成ると報告している。たとえばクロコダイルは「邪悪」を、目は「正義」を表すというのだ。

西暦一二〇年頃、ディオドロスより遙かに有名なギリシャの歴史家プルタルコスがヒエログリフの魚は、「憎悪」を象徴するものだと説明している。魚でいっぱいの海が、生命の源であるナイルを氾濫《はんらん》させるからというのである。一方カバは「暴力と不倫」を表す。オスのカバが父親を殺して母親とつがうからである。ばかげた解釈に思えるが、われわれは今日《こんにち》でも依然として、彼らとほぼ同じように描画を読み解いている。たとえばハクトウワシがポスターに描かれていれば、それは勇気と愛国心を示すと解釈する。なぜならワシは機敏かつ獰猛《どうもう》で、アメリカ合衆国原産だからである。

斜め十字に交差した大腿骨の上に頭蓋骨を置いた図案を見れば、毒物だと理解する。

もうひとり、当時絶賛された古代の著述家にアレクサンドリアのクレメンスがいる。エジプトの「象徴的かつ神秘的な教え」として、少々ひねった解釈を提供した人物だ。クレメンスはギリシャ生まれの神学者で、二〇〇年頃にエジプトで教鞭を執《と》っていた。格言がシンプルな言葉で豊かな真実を伝えているのと同じように、ヒエログリフもシンプルな絵の中に深い意味が込められていると彼はいう。格言を安直な知恵袋のように考えて、額面通りに受け取るのは愚か者のすること。「火を突つくべからず」というのは、「怒った人を刺激するな」という意味であり、「食べ物を残飯桶に入れるなかれ」というのは、「ばかを相手に巧妙な議論をふっかけて時間を無断にするな」という意味なのだと、クレメンスは説明する。

それと同じように、ヒエログリフもまた、日常を描いた絵のように見えて、じつは鳥にも、植物にも、容器にも、もっと壮大な意味が込められていて、神秘性が強いものなのだという。確かに、深い意味は一見してわかるものではないが、じつはそこが大きなポイントとなる。つかみにくい真実をつかんだ者には、それ相応の見返りがあるとクレメンスはいう。「どれもこれもベールをかぶっているものの、その輝きは自ずとベールの外へ漏れだして、より壮大で感動的な真実を見せてくれるのである」

ヒエログリフから深遠かつ象徴的な意味を引き出した人間の中で、最も大胆かつ有名な人物がイエズス会士、アタナシウス・キルヒャーだ。一六〇〇年代から名をあげるようになった人物で、ドイツで生まれながら生涯のほとんどをローマで過ごし、何十冊もの著書を量産して、多数の言葉を生み出した（エジプトに関する大作はのべ二千ページとなる三巻本）。

キルヒャーは、驚きを通り越してあきれるほど守備範囲が広い学者だった。* 数学者であり、神学者であり、ギリシャ語、ラテン語、中国語、ヘブライ語、ドラゴン、音楽、化石、パイナップル（鉄を溶かす力を持つ）、ノアの箱舟の権威であった。現代ではほぼ忘れられているが、当時はキルヒャーといえば、世界中で有名だった。

彼がヒエログリフを研究するようになったのは偶然で、千五百年前に戦利品としてローマに持ちこまれたエジプトのオベリスクの解読に関する文献をたまたま読んだのがきっかけだった。キルヒャーはそれからすぐ、「太古に刻まれた古代エジプトの知恵の歴史」の解読に取りかかった。

これには何十年という年月が費やされるのだが、少なくともキルヒャーの中では成功は約束されていた。「ヒエログリフにまつわる秘密のすべて、その規則と手法と原則は、神の霊の力と恩寵《おんちょう》によって、わたしには完全に理解できるのである」と書いている。

ところが彼の「翻訳」はまったくの推測で、完全に的外れだった。生涯を通じて幅広い書籍を読んできたために、キルヒャーの頭の中では、これはオシリス神を想起させるシンボル、あれは女神イシスを暗示しているなどなど、あらゆるヒエログリフから無数の連想が働く。しかし現実にはまったく関係がないのだった。

たとえば現代のエジプト学者は、ある古代のオベリスクには紀元前六〇〇年頃の支配者であるアプリエスというファラオの名前と肩書きが刻まれているのを知っているものの、それ以外は何もわかっていない。しかしキルヒャーはそこに、「恒星の世界における徳と恩寵」や、「オシリスのくぼみの豊饒《ほうじょう》」や、「裏表のある自身の中に隠れている力」などなど、たくさんのことを読み取っている。

まったくの空想なわけだが、それから百五十年経ってヤングとシャンポリオンが現れるまで、誰もそれを証明できなかった。キルヒャーは自身の優秀さに限りない信頼を置いていて、自分の成したヒエログリフの解読はアメリカの発見や印刷機の発明に匹敵するとして、ある自著の冒頭に「すべてを知る以上に素晴らしいことはない」という題辞を書いている。そこまで威張りながらとんでもないミスを犯しているのだから、現代ならさしずめ物笑いの種になったことだろう。実際、昔の学者たちはさんざんに笑ってきたのである。

しかしそれは公平とはいえない。道を誤りはしたものの、キルヒャーに学識があるのは間違いないし、エジプトに関する彼の著書には、空想だけでなく貴重な卓見が盛りこまれている。たとえば、コプト語は「もともとファラオの言語だった」と断言しており、この見解は当時こそ物議を醸《かも》したものの、後にまったく正しいことがわかる。そればかりではない。キルヒャーはコプト語の辞書を編纂《へんさん》して、コプト語の文法を明らかにする評論を初めて著し、シャンポリオンをはじめとする後継者たちは、それを熟読したのである。

ヒエログリフに関するキルヒャーの著書には、「ナンセンス」の海のさなかに、「奇妙な天才的卓見が見え隠れしている」と、少々戸惑いながらも敬意を表す現代の歴史家もいる。Vを逆さまにした記号が数回続く水平なジグザグはnの音を表すといった、特定のヒエログリフが特定の音を表す仕組みを最初に正しく説明したのはキルヒャーに他ならない。

しかしキルヒャーはたった一例を挙げただけで、そこから先へは進まなかった。彼が関心を向け

＊ライプニッツやヤングにも勝るキルヒャーは、「すべてを知った男」系の伝記本二冊の主人公として取りあげられている。一冊は『すべてを知った男――アナタシウス・キルヒャーの数奇な人生』で、もう一冊は『アタナシウス・キルヒャー――すべてを知った最後の男』。

るのは、ヒエログリフに隠された深い意味であって、皮相的としか思えない「音」ではなかったのだ。それでも絵文字と音のつながりにスポットを当てることで、キルヒャーはヒエログリフ全体を包む謎の核心を初めてつかんだのである。

キルヒャーの問題は、ヒエログリフは概念であって文字や言葉ではないというホラポロの見解の正しさを堅く信じて疑わず、別の見方があることを考えもしなかった点にある。もっと現実的な目を持っていれば、ヒエログリフの解読が難しい理由について、いくらでも地に足の着いた答えを見つけていただろう。エジプト人はわれわれにとっては死んだ言語をしゃべっていたし、手の込んだ奇妙な文字体系を編み出して、われわれとはまったく異なる世界に生きていた。だから難しいのは当然なのだと。

しかし、そうはならなかった。ヒエログリフはあえて難しくしてあるのだというのが彼の見解だった（古代とルネッサンスの大方の著述者の見解でもある）。古代エジプトの書記は明確な目的のもとにヒエログリフを生み出した。つまり、（現代の歴史学者の要約を借りれば）「比喩と謎のベール」の奥に意味を隠したというのだ。

これは注目すべき主張だろう。世の中には門外漢が意味を読み取るのが難しい記号はたくさんある。楽譜、あるいは数学書の微積分のページなどはその最たるものだ。しかし音楽も数学も、そこでつかわれる記号には（少なくともその道の専門家の目には）歴然とした意味がある。それが難しいのは必要があってのことなのだ。それらを一種の言語と考えれば、その難しさは外国語の難しさと変わらない。

しかしヒエログリフはそうではなく、戦時の暗号文と同じようにわざと難しくつくられたのだと、その考えが一八〇〇年代に至るまで広く知れ渡っていて、解読しようとする者をことごとく誤った道へ追いやった。わけのわからない記号を前に、地下に潜って地道に意味を探すのではなく、デタラメという名の熱気球に乗って高みに手を伸ばし、無理なこじつけを次々と生み出していったのだ。

あとから思えば、軽率ならざる思想家たちが科学の時代に入ってまで、ヒエログリフは巧緻な仮面の下に神秘的な真実を隠しているなどと主張したこと自体が驚きだ。すべては誤った思い込みが原因だった。その根をたどれば、プルタルコスやホラポロをはじめとする解読者たちに行き着くし、古代遺物の麗々しさも関係しているだろう。ファラオの生きていた時代はとうの昔に過ぎ去ってはいるものの、プルタルコスやホラポロは依然として、当時のヨーロッパの学者たちよりも古代エジプトの源に千年近い時代を生きている。当時の神学者が教会の設立者に従っていたように、ルネッサンス時代の著述家はプルタルコスやホラポロに従ったのだ。

それでも現代の学者の多くは、ヒエログリフ解読における象徴主義的アプローチの執拗さに、あきれて首を横に振る。「誤った解釈にしがみつく昔の学者たちの執拗さときたら、驚くしかない。自分たちの寓話的思考と相容れない見解は一切認めないのである」と歴史家のエリック・イヴェルセンはいっている。

しかし、ひょっとしたら驚くべきことではないのかもしれない。謎めいた記号の中に神秘的な意味を読み取りたいという欲求は根深い。現代の学者たちが数世紀前の学者たちと同じように、ヒエログリフのような謎めいた絵文字を前にしたならば、その欲求にあらがうことができただろうか？これについては推測の必要はない。すでに以下のような事実から、その答えが明らかになっているからだ。

メキシコのパレンケで発見されたマヤ文字。

それは一九五〇年代のこと。学者たちはマヤ文字と向き合いながら、いまだ解読の手がかりがつかめていなかった。この新世界の絵文字は一九七〇年代に入ってついに解読され、言語学的にも考古学的にも現代屈指の快挙だと絶賛された。この顚末《てんまつ》については、解読劇の参加者でもあったマイケル・コウが、『マヤ文字解読』と題した著書でスリリングに語っている。

その解読劇が不気味なほどに、エジプトのヒエログリフをめぐるそれと似ているのだ。マヤ文字については、ロゼッタストーンのようなものは発見されていない。しかし、そこに登場するマヤ語解読初期における権威、サー・エリック・トンプソンという人物がアタナシウス・キルヒャーを彷彿《ほうふつ》とさせるのである。一九五〇年、彼がマヤ文字を見つめて数十年が経ったとき、それをいかに読むべきか、意見を開陳する。

この時点では、トンプソンもその他の人間も、この謎めいた文字を誰ひとり読めなかった。それでもトンプソンはここに至って、疑いようのない確かな事実が判明したと宣言したのである。音や音節を表すのだと主張する学者もまだいるが、これらの文字が表すのはそんなありきたりのものではなく、概念なのである。問題は、どんな概念を表しているかだ。しかし、「テキスト全体を解読できなければ、犬の絵が人類に火をもたらす動物の役割を示すのか、それとも死者を冥界に運んでいく義務を表すのか、判断はつきかねる。神秘的な意味が埋めこまれているのは間違いないのだが、マヤ人の頭の中でどのような連想が働いてその文字を記したのかは推測するしかない」とトンプソンは書いている。

この神秘の道を忠実にたどっていけば、いずれ文字は解読できる。とりあえずそこがスタートであり、この象徴主義的アプローチによって「われわれはマヤ人の魂の保管室の前に鍵を手にして立つことができる」のだと、トンプソンは続ける。

しかし、その道をたどった先に待っていたのは、悲嘆と失望だった。古代エジプトと同じように新世界でも、謎めいた絵文字は神秘的な象徴などではなく、単に言語の音をとらえていただけだったのである。見た目こそ風変わりなものの、マヤ語の文字の仕組みは他にあまたある言語と、ほとんど大差ないことが証明された。

ホラポロとキルヒャーの例が後世への警告となってもよかったろうに、そんなことはぜんぜんなかった。未知の記号から、何か象徴的な深い意味を読み取りたいという人間の欲求はかくも強いものなのだ。

17 「暗号と秘密の文字」

それから数百年のあいだに、ヒエログリフへの畏敬《いけい》の念はどんどん強くなっていくが、それは時とともに形を変えていく。ヒエログリフは深遠で難解な真実を語っているという漠然とした畏敬の念が、ヒエログリフは紛れもない「科学」の洞察を秘めているという確信に変わっていくのである。これはもう超弩級《ちょうどきゅう》のアイロニーだ。古代エジプトの文化は強大であるが、想像する限り最も初歩的な技術の上に成り立っており、筋肉と汗以外にほとんど何もいらない。その筋肉も雄牛や馬などの動物に依存せず、純粋に人力のみであって、そこに科学技術の入る余地はほとんどなかった。

古代エジプトの数学はごく初歩的なもので、医学は民間伝承と迷信の寄せ集めだ（ミイラをつくるときに防腐処置にあたる人間は心臓を崇《あが》める一方で、脳を価値のないゴミとして廃棄した。心臓は意識のありかで、考え事をするのになくてはならない特別な臓器だと信じられていたのだ）。古代エジプトにおいては科学の法則といった概念はまるでなく、世界は魔法の力に支配されていると考えていた。

そうでありながら、科学が大きく発達した一七〇〇年頃、ヨーロッパの人間はエジプトをまったく新しい科学が誕生する源と見なしていた。つまり、そこにもルネッサンスの人間が道を誤るもうひとつの理由があったわけだ。古代エジプトにまつわるものはすべて深遠で難解。中でもヒエログリフはその最たるもので、不可解な国における最も不可解な謎と見なしたのである。

「古代エジプト人は他の人間とは明らかに違う。彼らの考えは凡庸なものではなく、あとに残した文字のどれをとっても、ギリシャ、ラテン、ヘブライ、アラビアの実用一辺倒のアルファベットとは別物なのである」と、エジプト学者のジョン・レイがヨーロッパ人の見方を端的に示している。

それも奇人変人や、平凡な大学教授の少数意見ではなく、世界屈指の斬新で優秀な科学者がおしなべてそう考えていたのである。ホラポロの生きていた時代から約千年経って登場したアイザック・ニュートンもまた、古代エジプト人は宇宙を支配する自然のあらゆる秘密をつかんでいると信じ、現代の科学者は新境地をひらくのではなく古代人の洞察を再発見すればいいのだと、彼も同時代の科学者たちもみなそう考えていたのである。

ニュートンはおそらく史上最強の天才科学者といってよく、自身の発見の優位性を口を極めて主張した科学者のひとりだった。その人が、自分の発見した重大な事実のすべてを古代エジプト人は何千年も前に発見していたと主張する。引力の法則をはじめ、宇宙のあらゆる法則を見抜いていたという。ヒエログリフの役割は、そういった知識を、それを得る資格のない人間たちから隠すことにあり、「古代エジプト人は一般大衆の身に余る謎を、宗教的な儀式とヒエログリフのベールで覆ったのである」とニュートンは書いている。

ニュートンの百年後に登場するヤングとシャンポリオンは、エジプトの科学を過信することはなかった。当時のフランスで活躍した進歩的な学者がみなそうであったように、シャンポリオンも宗教と教会の価値を信じず、相手がフランスであろうと古代エジプトであろうと同じだった。ニュートンは、エジプトの神官は科学者だったと信じていたが、シャンポリオンは、時代に逆行するよう唱えるスポークスマンに過ぎないと考えていた。ヤングのほうはさらに容赦なく、エジプトの宗教は迷信でしかないと斬って捨てる。しかしそうであっても、両者ともに泳いでいるのは、古代人の叡智《えいち》を信奉するニュートンたちが泳ぐ同じ海である。ゆえにみな一様に、ヒエログリフは概念を表すのだと当たり前に思っていた。そこにおける唯一の不一致は、その概念に、われわれが正しく辿り着いていないとヤングとシャンポリオンが考えたのに対して、ヒエログリフそのものが、かがり火となって、われわれを導いてくれているとニュートンが信じた点である。

何千年も前に生きていた学者たちが、現代人以上に科学的事象を知っていたという見方は、今日《こんにち》われわれが信じている万象を覆《くつがえ》す。しかし一六〇〇年代と一七〇〇年代においてはそれが常識で、「古代の知恵」と呼ばれる一種の教義だった。古代において科学者たちは自然の秘密に通じていたのだが、やがて堕落した罪深い人間たちが神からの賜《たまもの》をひっかきまわして知的にも倫理的にも世界は腐敗していき、無数の真実が姿を消した。「過去はつねに現在よりもよい」と、歴史家フランシス・イエーツはいう。「最初期の学者たちは、後継の忙しい合理主義者たちより、神々のすぐそばを歩いていたのである」

古代文明、とりわけエジプトのそれは、失われた知識を具象的に表現していた。「エジプトはあらゆる知識の源である。偉大なるギリシャの哲学者らがそこを訪れ、エジプトの神官たちと意見を交わし、神殿の秘密の部屋で行われていると考えられる宗教的な魔法を吸収した」

よって、ニュートンのような科学者が何かを発見したとき、彼らは自分が何か新しい発見をしたとは思わない（彼らには、古代エジプトに畏敬の念を持って当然の理由がもうひとつあった。時はダーウィン以前であり、この世界は六千年前に生まれたと信じていた。エジプトは遠い昔に栄えた文明であるだけでなく、世界の始まりを目撃しているといっていいのである）。現在でも、知の黄金時代が遠い昔にあったことを思わせる語彙《ごい》がある。そのことについて、歴史家のダリン・マクマホンがこういっている。「discover（発見する）は、cover（覆い布）をはずして隠れていたものや見過ごされていたものやなくしたものを見いだすことである。いずれにしろ、もとからそこにあったのだ」

同じことがinvention（発明）についてもいえる。「invent（発明する）とは、遠い昔の知識がきちんとしまわれている inventory（在庫品）にアクセスすることである」つまり、新しい発想などというものはなく、覆いをはずすのみだというのである。

今日《こんにち》のわれわれには、「新しい」と「改良された」は同じカテゴリーに属すると思える。しかし、われわれの先祖の時代には、「新しい」ときいて、プラスの要素をイメージする人間はいなかった。新しいということは、不確かで怪しいわけで、それと対照的に「古い」は由緒があって、信頼できるのだ。一六〇〇年代に生きていたジョン・オーブリーという著者は、どこでその感覚が変わってきたか指摘できるといった。「おそらく一六四九年までは、学問において画期的なことをやろうと考える人間に対して、ある種の偏見があった。すなわち、隣人や先人たちより多くを知るのは行儀がいいとはいえないというのだ」

しかもそこはエジプトである。文明発祥の地であり、教養ある先人たちや失われた知識、埋もれた秘密に関する手の込んだファンタジーの宝庫だ。遠い隔たりが空想を生むということもあるだろう。何しろ古代エジプトは、年月においても距離においても、ヨーロッパ人が考え得る限り隔たっている。しかしエジプトときいて、深遠な概念や秘匿された知識を思うのには、もっと重要な理由がある。つまりわれわれは、最盛期のエジプトの壮大さにどうしても眩惑《げんわく》されてしまうのだ。

そこへ来て、エジプトを実際に訪れた旅人が持ち帰る絢爛《けんらん》豪華な土産話《みやげばなし》の数々がまた一役買う。エジプトは総じて不思議な謎の存在であり、とりわけヒエログリフには敬意と驚異を持って対して、その奥に隠されている意味に意識を向ける必要があると、その思いをますます強めるのである。

誤った道へ踏みこんでしまった学者や解読者たちに、われわれはもっと寛大な目を向けるべきかもしれない。今日《こんにち》においてもエジプトの遺物が持つパワーは計り知れず、疲労困憊《こんぱい》した人間さえ肝を潰すほどなのだ。有名な遺跡を前にして、その非現実感に目をまわさない者はいない。

何より目がくらむのは、その圧倒的なスケールだ。大ピラミッドは中世まで、世界最大の建築物であり、高さばかりではなく容積も莫大だ（バチカンのサンピエトロ大聖堂は、箱に入れられたケーキのように、その中にすっぽりと収まってしまう。ロンドンのセントポール大聖堂などは空間が余ってすかすかだ）。

ピラミッドというのは、権力自慢の道具としては、まったく不合理だという歴史家がいる。「独裁的な支配を誇る史上最大のシンボル」であるが、これは限界知らずの権力を誇示する単純な記念碑ではなく、ファラオたちを死後の世界に運ぶマシンなのだ。しかもこのマシンは驚くほど効率が悪い。大ピラミッドの中心に置かれたしなびたミイラの重量は、せいぜい五十ポンドだが、それを懐に入れる人造の山は五百万ポンド。しかし、不老不死というお宝を手に入れようというときに、そんな数字の違いに誰がかかずらっていられよう?

エジプトの壮大な風景は威圧感を与えると同時に、見る者の精神を高揚させる。現在のルクソールで、カルナックの神殿を初めて目にしたナポレオン軍は、「散らばる遺跡の光景を前に全員揃って驚愕し、しばらくその場に立ちすくんだあと、歓喜して両手を打ち合わせた」と学者デノンが書いている。

フランス軍を唖然《あぜん》とさせた遺跡は、現在でも多くの訪問者の口をぽかんとあけさせている。カルナックの神殿は建物を含む敷地全体の広さが世界一で、優美な石柱の最も高いものは、空中七十フィートまでそびえ、それらが全部で百三十四本林立している。一本一本がとてつもなく大きく、大人六人が手をつないでも一本の円柱を取り囲むことができない（「カルナックの神殿を初めて見たときの印象は永遠に忘れられない」と一八五〇年にフロベールが書いている。「まるで巨人たちが暮らす家のようで、ここではヒバリと同じように人間を串刺しにして丸焼きにしたものが巨人たちに供されていてもおかしくない」）。

これだけの円柱が建設できたのは、ピラミッドの建造と同じように、無限に供給された労働力の賜《たまもの》である。一本一本の柱は、分厚い石板をつかって部分ごとにつくられた。まずはずんぐりした低い円柱を一段築く。それから砂と土で傾斜路をつくり、その上に人が立って最初の円柱の上に次の円柱を築く。それからまた（砂や土を盛りあげて）傾斜路を高くし、また新たな石を積み上げるというプロセスが繰り返される。

何度も何度もこれを繰り返して、とうとうてっぺんまで円柱の石が積み上がり、屋根の梁《はり》がその上に渡される。この時点で傾斜路は地上七十フィートの高さ（その傾斜路が何十個もつくられるのである）。その柱が巨大なホールにぎっしり建ち並んだところで、次の命令が下される。砂をどけろ！

そんなわけだから、ギリシャ・ローマの時代から中世、ルネッサンス期を通してエジプトが驚きの目で見られていたのも当然だろう。しかしそれから、すでにわれわれが気づいているとおり奇妙なことが起こった。ドグマを基礎とした権威に畏敬の念を示すような文化は、科学の時代に入って軽蔑されてしかるべきなのに、ここに至ってエジプトはまた新たな威信を得てさらに高い地位へ上がるのである。

カルナックの神殿。写真中央の小さな人間たちに注目を。

われわれの物語で重要なのは、何よりもヒエログリフが、科学革命の時代に偉大な科学者たちの興味を引いたということだ。その誘引力は、われわれがヒエログリフに囲まれて生きているという科学者たちの思い込みから派生したものだった。ニュートンをはじめ、同時代の科学者は、世界は宇宙の暗号であり、神の編み出した謎であると、当たり前のように信じていた。当時の有名な著者の言葉を借りれば、科学者の仕事は、その「奇妙な暗号」を解読することなのである。

神は世界に存在するあらゆるものを自らの手でつくった。そう科学者たちは信じていた。あらゆる事物には普通の人間の目には見えないように重要な秘密が隠されていて、神の考えが読めるようになった者の目にはそれが見えるのだと。「あらゆる自然は単なる暗号であり、秘密の文字なのである」フランスの外交官がそうまとめている。

神ならぬ科学者たちも、じつはこれと同じことをやっている。自分が何か自然の秘密を明らかにすると、その発見を暗号化するのだ（誰が先に発見したかという問題が持ち上がったとき、この暗号が自分の優位性を証明するものになると同時に、自分の洞察を他者が勝手に活用するのも防げる）。誰の目にも、どこもおかしいところはないと見える文章の中に、自分の発見を隠すのだ。*

たとえば一六一〇年初頭に、ガリレオは一通の手紙を仲間の天文学者ヨハネス・ケプラーに送っている。望遠鏡をつくったガリレオはそれをつかって、夜空に思いもよらぬ驚くべき発見をしたのだった。「愛の母親が、シンシアに負けまいと張り合っている」とガリレオは手紙にそう書いた。「愛の母」はじつは金星を表し、「シンシア」は神話において月を連想させる名前だった。

この暗号化されたメッセージは大胆な主張を隠していた。金星は月のような位相を持っている。つまり金星が太陽のまわりをめぐっているというのだ。これはゆゆしきことである。もしガリレオの発見が真実なら、教会が間違っていることになる。太陽が宇宙の中心であって、地球は何の特徴もない宇宙の点に過ぎないということなのだから。

初期の科学者たちにとって、この暗号はわかりやすかったと見える。世界のあらゆる謎はほぼすべて、一種の解読を必要としている。自然というヒエログリフ以上に、エジプトのヒエログリフにおいてそれは確かな真実である。太陽と月から出された謎は、いわば亜流のヒエログリフであり、真実の本家本元はエジプトのヒエログリフなのだ。

それから数十年のうちに、エジプトのヒエログリフが秘密を隠しているという説はますます説得力を増すようになっていく。デイヴィット・ヒュームとアダム・スミスを友人に持つ、当時大いに

*自分に都合のいい理論を自然にあてはめてみる知の手品とでも呼ぶべきなぞらえの歴史は長い。「神は宇宙を相手にサイコロ遊びをしたりはしない」とアインシュタインは断定した。なぜなら神にはサイコロも偶然も用がないからであると。「もし三角形たちが信ずる神がいるとしたら、その神は三角形であるだろう」といったのはモンテーニュだった。

絶賛されたスコットランドの学者ヒュー・ブレアは、ガリレオとニュートンの時代から百年以上が経った一七八三年に、この考えを次のように説明している。

ヒエログリフは、絵画のより高次で洗練された形である。普通の絵画が、日常の物事を描くのに対して、「ヒエログリフは目に見えないものを、外界からとってきた類似物で描く」たとえば目は「知識」を表し、始まりも終わりもない円は「永遠」を表すというように。

それから十数年後の一七九九年にロゼッタストーンが発見されたわけだが、この時代の学者たちはほぼ全員、馬の目隠し革のように、こういった論で目隠しされていた。そこに登場したヤングとシャンポリオンが最初に直面した難関は、その目隠し革を引き剝がす必要があると気づくことだった。

18　国外追放

トマス・ヤングはヒエログリフからプトレマイオスの名を読み取った。あっぱれな前進だが、読み取れたのはこれひとつである。画期的な発見であるかもしれないが、単なるまぐれ当たりということもある。一方シャンポリオンはどう見ても、ヤングに遅れをとっている。このふたりがさらなる前進を目指すには、どんな事例にも適用できる、ヒエログリフを読む方法が必要だった。そのためには、新たな名前や新たなカルトゥーシュ、簡単にいえば新たなテスト素材がいる。それをどこで見つければいいのか？

そんな彼らがもがいているときに、パズルの次のピースが見つかって、それが非常に重要なものだとわかった。しかし、それが世に出るまでの顚末《てんまつ》を物語にすれば、これほど奇妙で悲しいものはない。

一八〇〇年代初頭のイギリスにおいて、ウィリアム・バンクスほど男前で洒落ていて、魅力的な人物はいなかった。彼の家は破格の金持ちで（父親は六万エーカーという、マンハッタンの街の三倍に相当する広大な土地を継承している）、バンクスはその富を活用して当時一流の旅行家になっていた。

イギリスの生活は「非常に退屈で干渉が多く、ばかげた虚飾に満ちている。旅行家の自由で気ままな暮らしと比べたら、なおさらそう感じる」と、バンクスは友人のバイロン卿に語っている。旅の合間には夜《よ》な夜《よ》なロンドンの晩餐会《ばんさんかい》に繰り出し、彼のいないパーティーなど考えられないといわれるほどの人気者となった。パーティーを開いたある女主人などは、「二時間も笑いっぱなし」だったと、うれしい報告をしている。バンクスが次から次へ旅の話をするからだった。

しかしバンクスは晩餐会の理想的なゲストでは終わらない。二十代の頃から、勇猛果敢《ゆうもうかかん》に旅に挑む本格的な旅行家だった（二十歳の年に思いがけない財産が転がりこんでくる。兄が船舶事故で亡くなったのだ。次男であるウィリアムは、以降好きなだけ旅心を満足させることができるようになった）。ウィリアム・バンクスはヨーロッパで初めて、ヨルダンにある「失われた」都市ペトラ*を描いた人物で、エジプトの方々に足を向けながら、西洋世界が忘れてしまったか、あるいはほとんど知らない、墓や神殿に危険を顧みず踏みこんでいった。

ヒエログリフを前にしても彼には読めなかったが（一八一五年、彼がエジプトに初めて旅したときには誰も読むことができなかった）、その代わりに何時間もかけてノートにひとつひとつ几帳面に写し取っていった。膨大な富を所有していながら、バンクスは道楽者に堕すことなく、その旺盛な好奇心に見合うだけの注意力を備えていた。そんな気性は特に絵画に現れ、壮大な風景や月明かりに浮かび上がるロマンチックな場面は題材にせず、正確な計測に基づく平面図を描くのを旨《むね》とした。

神殿や遺跡ばかりでなく、バンクスはあらゆる種類の街頭風景に関心を寄せ、どれほど凡庸なものでも一見の価値はあるとばかりに何にでも興味を示した（友人のバイロンが彼を「いたずらの父」と呼んでいる）。現地の人間から生きたイナゴ一山が送られてきたのを見て、これは何にするのかと尋ねたところ、ランチだとわかった。バターで炒めて食べてみれば、歯触りよく美味で、「エビと大差ない」と感想を漏らしている。

ひとさじの危険要素はどんな旅もおいしくする。一八一五年、バンクスと旅の一行はルクソールの街で蛇使いに遭遇し、ヘビの嚙み傷を無毒化する魔法のパウダーを紹介される。ならば自分が試してみたいといいだしたバンクスに、蛇使いは白い粉を塗りつけて呪文を唱え、それからおもむろにヘビを首にかけてやった。バンクスはヘビに嚙まれて血を流したが、気分は少しも悪くなかった。しかしこれはおそらく事前にヘビから毒を抜いたのだろうと本人もあとで気づいた。

そういった好奇心から重要な発見が生まれることも一度や二度ではなかった。一八一八年、彼はルクソールに近いアビュドスにある神殿の壁に銘文があるのを見つける。カルトゥーシュがずらりと並んで（全部で七十六）遠くまで長い行列をつくっている。これは歴代のファラオの名前であると、バンクスは正しい推測をした（できるだけたくさんヒエログリフを書き写してきてほしいとヤングが頼んだ手紙の中に、とりわけ王の名前を見つけてほしい、すべて楕円形の枠で囲まれているはずだからすぐわかるとあって、これが重要なヒントになった）。バンクスは早速、この名前が並ぶ重要なリストを書き写しにかかった。**

＊バンクスがそこを訪れてから数十年が経ったとき、詩人のジョン・バーゴンがペトラを「時と同じ歳月を経ているバラ色の都市」と表現して有名になった。バーゴンはイギリスの聖職者であり、ペトラの古さを時間の年齢と同じだと表現したのは詩作のうえの比喩ではなかった。前ダーウイン時代を生きた同時代人と同じように、この世界は神が六千年前につくったものと、バーゴンも信じていたのである。

＊＊バンクスは書き写すだけで、銘文自体に手はつけなかった。その十年後、フランスの総領事が壁の銘文を切り取ってフランスに持ち帰った。それを大英博物館が買い取ったのが一八三七年。以来「王のリスト」と呼ばれて、今も博物館に収蔵されている。

同じ一八一八年、バンクスはもうひとつ大きな発見をしている。それにもカルトゥーシュが含まれていたが、今度はふたつだけ。現在のアスワンに近いフィラエ島にある神殿で地面に倒れている巨大なオベリスクを見つけたのだ（その神殿は、あまりに美しかったので、初期の探検家たちは、「ナイルの真珠」と呼んだが、アスワン・ハイ・ダムの建設により人造湖ナセル湖の下に沈むことになる。一九六〇年代に石をひとつずつ運んで近くの島に移された。現在は高さ六十フィートの入場門をくぐって列柱の並ぶ巨大な中庭へ出られるようになっており、大勢の観光客を夢中にさせている）。

一八一八年にバンクスの目を引きつけたオベリスクは、ピンクの花崗岩《かこうがん》でできた巨大な一点ものだった。ヒエログリフをまとったそれは、高さ二十二フィート、重さ六トン。それでもバンクスは即座に、これをイギリスまで運んでキングストン・レイシーにあるカントリーハウスに設置しようと考えた。

もともと台座の上に立っていたようだが、台座はいつのときにか失われてしまったらしく、それをバンクスは、オベリスクからそう遠くない場所で半分泥に埋まっているのを見つけた。その発見がエジプトの迷路の中心に至る道を指し示すと本人が気づくのは、それから何年も経ってからだった。

オベリスクをイギリスに運ぶまでにかかった三年の歳月は、惨事に次ぐ惨事で彩られ、それがまたローレルとハーディを思わせるようなドタバタ喜劇だった。その音頭とりとなったのは、サーカス芸人から考古学者へ転身した屈強の男ジョバンニ・ベルツォーニ。まずは手下に命じてナイルに突き出す桟橋をつくらせた。ゴミ漁《あさ》りをして集めてきた棒を運搬用のコロにして、その上にオベリスクを載せ、桟橋（ある神殿から略奪してきた石を積み上げてつくった）まで運んでいって船に移そうという計画だ。「あらゆる人員が駆り出され、あと五分もすれば無事船に載せられそうだった」と、現場を見ていた人間がいっている。

しかし即席の桟橋はオベリスクの重みに耐えられずに崩壊する。その瞬間のことをベルツォーニはこう思い出している。「悲しいかな！　桟橋が、オベリスクと、数名の男たちとともに、悠々堂堂と川の中に沈んでいく」

バンクスは表向き取り乱すことはなく、なんとか冷静を通すものの、内心穏やかではいられない。ベルツォーニはといえば、冷静を通り越して放心状態に近い。「正直にいえば、杭のように固まっていた」と後に告白している。

水面には、オベリスクのほんの一部が顔を出している。しかしそのほとんどは水中に没しており、人間の胸の高さまである深みにそれが沈んでいることは、川べりの水面に巻いている渦が知らせるのみだった。

ベルツォーニはあらゆる意味で伝説的な人物であり、本書の読者は後にまた彼と再会することになる。それはさておき、目下の問題で手一杯の彼は、まず人足の一団に、川の中に入ってオベリスクの近くに石を積み上げろと命じた。つまり、オベリスクの下に梃子《てこ》を差しこみ、積み上げた石を支点に、高くなった梃子の端をひっぱりおろし、シーソーよろしくオベリスクを持ち上げようというのだ。

しかしオベリスクは、文字通り梃子でも動かなかった。そこでベルツォーニが新たな命令を出す。ひっぱりおろすのはやめて、全員梃子の端に上がれ。そうすれば体重でつりあいがとれて梃子を下ろすことができる。*

残っている人足たちはロープをつかみ、沈んだオベリスクに巻き付けて、反対の端を川岸のヤシの木にひっかける。満身の力を込めてロープをぐいと引き、オベリスクをなだめすかしてなんとか川岸に戻そうとする。少しずつオベリスクが動く中、さらに新たな人足が川に飛びこんでオベリスクの下に石を押しこんでいき、移動した先でも安定させる。

そうしてとうとうオベリスクは陸に戻った。ベルツォーニはヤシの木から即席の道板をつくり、船にオベリスクを運んでいくよう人足たちに命じた。今度はうまくいった。

川の流れが穏やかである限り、船は重い荷にあえぎつつもなんとか進んでいく。しかしそこで、遠くからかすかにきこえていた水音が、突如轟音《ごうおん》に変わった。ナイルの有名な瀑布《ばくふ》だ。ちょうど前方に三百ヤードほどの距離にわたって巨大な滝が連なっている。無数の大石をはらみながら、ごうごうと波立ち渦巻く早瀬は、船に乗っている人足も大将もおののかせた（大石の多くはかつてナイルを塞《ふさ》いでいたもので、その大石も、それがつくる早瀬も、現在はナセル湖の下に沈んでいる）。

「もし船がわずかでも大石に触れたら大変なことになる。これだけ重たいものを載せて、こんな早瀬を進んでいるのだから木っ端微塵《こっぱみじん》になるのは免《まぬが》れない」と、後にベルツォーニは書いている。

重すぎる荷を背負ってぎこちなく進む船ながら、ベルツォーニとしてはやれるだけの準備はした。しかしだからといって少しも大丈夫とは思えない。船と岸のヤシの木をつないだロープにはあちこちに大きな緩みがある。それでも岸に立つ男たちは、必死にひっぱれば衝突を免れると期待して、ロープをつかんで待機している。川の両岸には岩の上で裸になった男が立っていて、こちらは船べりに結びつけたロープをつかんで、船首を左右に動かして進路を調整している。船でオールを握っている人間は五人。バンクスの同行者は、この大混乱の一幕を後に思い出してこう書いている。

「大きな船体が半ば水に浸かりながら回転して揺れる中、裸の男たちが右往左往している。岩によじ登る者がいれば、水をかきわけて進む者、そのあいだを泳ぐ者もいて、あちらで怒鳴っているかと思えば、こちらではロープを必死にひっぱっている。岸を見れば船の持ち主が地面につっぷして、巻き上げた埃《ほこり》で顔が見えなくなっていた」

しかしなんとか全員生き延び、それから数年をかけ、数隻のボートや船をつかって、バンクスのオベリスクは無事イギリスに到着した（台座まで運ぶのはあまりに面倒となって、一度ナイルの川岸に捨て置かれたが、最終的にはこれもイギリスに到着した）。

現在もそのオベリスクはキングストン・レイシーの敷地に誇らしげに立っている。日差しの強いエジプトで過ごした二千年よりも、雨の多いイギリスに置かれてからのほうが、ヒエログリフの損傷はずっと早く進んだろう。それでもバンクスは最大限の努力を払って、友人のウェリントン公にも力を貸してもらい、慎重に設置した（設置後、邸宅と敷地を俯瞰《ふかん》したバンクスは、「きらびやかでありながら、穏やかに過ごせる、そんな場所にしたい」とウェリントン公に語ったという）。

オベリスクの台座がとうとうイギリスに到着すると、バンクスは慎重に汚れを取り去った。二十行にわたるギリシャ語の銘文がかすかに浮かび上がり、形を見せる。しかしオベリスクとその台座は、もうひとつのロゼッタストーンではなかった。両者のメッセージは一致しないからだ。それでもこのギリシャ語とエジプト語の組み合わせは重大なものであると判明した。

ウィリアム・バンクスが最初に、それからトマス・ヤング、そして最後にジャン＝フランソワ・

＊失敗に逆上したベルツォーニは人足たちを叱り飛ばしながらも、「最大限に知恵を働かせ、ロープをひっぱるか、それとも釣りあいおもりとして梃子の一番端にすわるか、二者択一の結論に至った」。

シャンポリオンが、これらの銘文をじっくり眺めることになる。最初に挑戦したバンクスは台座のギリシャ語にまず目をつけ、王と女王、すなわちプトレマイオス八世とクレオパトラ三世の名が言及されているのに気づく（これはロゼッタストーンのプトレマイオスではないし、ローマ時代のクレオパトラでもない。君主の名前もまた、石のブロックと同様、何度も再利用するのがエジプトだった）。ここでは支配者の名前ふたつがギリシャ文字で書かれている。

それからバンクスは、オベリスク自体に注意を向ける。こちらにはヒエログリフがびっしり刻まれていて、ギリシャ文字はひとつもない。謎めいた記号の中に、バンクスはふたつのカルトゥーシュを見つける。きっかりふたつ。さらにありがたいことに、そのうちのひとつは、ロゼッタストーンのカルトゥーシュと一致した。もしどちらも同じ名前、プトレマイオスを表しているのだとしたら、一致するのは当然だ。

それでバンクスは、ふたつめのカルトゥーシュについて考えることにした。ギリシャ文字もエジプト文字も、すべて写しをつくってあったバンクスは、ふたつめのカルトゥーシュの隣の余白に、小さく鉛筆で書き込みをする――クレオパトラ。

もしこの推測が正しければ、凄いことだった。バンクスは名前を読んではいない。新しい名前ひとつと新しいカルトゥーシュを見て、両者が同じものを表しているのではないかと推測しただけだ。

ヤングとシャンポリオンなら、おそらくもっと奥へ踏みこめただろう。クレオパトラは単なる名前ではない。外国人名であるからして、ヒエログリフで書き表すなら名前をつくっている音と一致しているはずだった。さらにありがたいのは、クレオパトラ（Cleopatra）には、プトレマイオス（Ptolemaios）と共通する文字が入っていることだった。ということは、ロゼッタストーンに刻まれたプトレマイオスのカルトゥーシュが、本当にプトレマイオスを表しているのかどうか、確かめる方法が見つかったのだ。

バンクスの書き写した銘文は、大勢の学者のもとへ送られ、その中にトマス・ヤングと、フランスの芸術家であり著名な学者であるヴィヴァン・デノンがいて、このデノンから、シャンポリオンの手に渡って、重大な結果を導くことになる。


一八二一年、バンクスがヒエログリフの書写を学者たちと共有した年は、彼がぬくぬくと暮らす世界に何の問題もなかった。著名人を多数友人に持ち、堂々たる豪邸に暮らし、有り余るほどの金があるのだから、万人からうらやまれてもおかしくない。しかし、ある日を境に、その完璧な暮らしが崩れ去るのだった。

バンクスの失墜が始まったときには、エジプトを訪れた日々はもう遠い昔になっていたが、ヒエログリフの解読に欠かせない重要な手がかりを見つけた人物が、これほどまでに辛い末路を辿ったのだから、ここで少し、彼の人生の物語に耳を傾けてもらってもいいだろう。問題が発生したのは一八三三年。バンクスは四十七歳で議会のメンバーに名を連ねていた。それが、ウェストミンスター寺院の近くにある公衆便所で、ある兵士を相手に「自然に反する行為をしようとした罪」を問われて逮捕された。警察官がふたりを引っ立てていき、激怒した二千人の群衆が交番を取り囲み、中にいる罪人ふたりを大声で罵倒《ばとう》した。

同性愛者にとって、一八〇〇年代初めの数十年は恐ろしい時代だった。「ソドミー」という罪に問われれば、さらし台にさらされて、絞首刑となるのが当たり前。これはこけおどしでもなんでもない。一八〇六年（バンクスがまだ二十歳で、ケンブリッジの学生だった時代）には、「殺人よりも、ソドミーの罪に問われた人間の処刑数が多かった」と現代の歴史家Ａ・Ｄ・ハーヴェイはいう。

裁判にかけられた時期のウィリアム・バンクス。

イギリスでは一八〇〇年から一八三五年のあいだにソドミーの罪で五十人以上が処刑された。

イギリスがついに法律を変えたのは一八六一年になってからで、ソドミーの罪による刑罰は、死刑から終身刑に減じられた*（実際には、十年の刑に処されるのが普通で、ソドミー罪による絞首刑は、一八三五年を最後に以降はなくなった）。ソドミーによる死刑は、海賊行為、奴隷貿易、強姦による死刑が廃止されたあとも、法律上は残っている。

一方、ヨーロッパはゲイの男性に対する敵意は遙かに少なかった。同性愛を罰する法律は存在せず、死刑などあり得なかった。イタリアでは、「火あぶりにする代わりに笑い飛ばし、せっかく男性能力があるのにもったいないと、女性たちは哀れんだ」と一八二〇年にバイロンが書いている。

バンクスは一八三三年に裁判にかけられた。彼のために、証人には著名な人物が多く顔を揃えた。当時のイギリスで想像する限り最高の証人は、ウェリントン公だったろう。友人のバンクスが「現在罪に問われているような行為に及ぶことができるなど、まったくあり得ない」ときっぱりと宣言し、バンクスは不起訴となった。

しかし一八四一年に再び逮捕される。ロンドンのグリーンパークでひとりの兵士といっしょにいるところを見られ、「邪悪で淫《みだ》らで、自然に反する精神と性癖を持つ人間」と糾弾された。人の道を完全にはずれたバンクスは――と非難は続き、「知らない人間を説得して、唾棄すべきおぞましい犯罪（キリスト教徒のあいだでは口にするのもはばかられる）、すなわち男色と呼ばれる罪の共犯に仕立てたのである」と結んでいる。

まだ死刑が有効だった時代でもあり、バンクスの弁護士は裁判にかけられる前に海外に逃げるよう助言する。バンクスは没収されるのを防ぐために、豪邸をはじめ、あらゆる資産をすべて弟に譲り渡す書類に署名してから、船でフランスへ向かった。それから二度と故郷に戻ることはないと思われた。

政府はバンクスを糾弾して脅したものの、追跡することはなかった。フランスでしばらく過ごした後、バンクスはイタリアに移り、ヴェニスの街で残りの人生の大半を過ごすことになる。

国外へ逃げた身でありながら、もう二度と見られない我が家に対して、バンクスの執着は日増しに強くなっていった。超一流の職人に大理石、金、木材、革を選ばせて船に載せ、彫像、彫刻を施《ほどこ》した手すり、精緻なドア、枝付き燭台などなど、次から次へイギリスの家へ送った。壁も巨匠達の

＊イギリスの法律は、女性の同性愛者に対しては遙かに扱いが寛大だった。一八一一年の悪名高い事件では、ふたりの女性が性行為をして「不適切で罪深い行為」に及んだと非難された。それを女性たちは名誉毀損だとして告訴。最終的に上院で争うことになり、非難された女性たちが勝訴した。その際、裁判官ロード・ギリーズは、「ここで取りあげられた罪状は、現実には存在しないと信じている」といい、別の判事がいうように「起訴事実は身体的に不可能」だという考えが事件の争点となった。そんなばかげたことはあり得ないと、みなが考える事実を訴えて、誰がまともに取り合うだろう。控訴院裁判官クラーク・チャールズ・ホープはこういったそうだ。「雷鳴が『女王陛下万歳』の国家を歌ったから罰しろと、そういわれた気分だ」と。

絵画でびっしり覆い、ある部屋など天井まで絵を飾った。

無数のデザインから何を選ぶかもすべてバンクスが考え、細心の注意を払ってひとつひとつを決めていく。「一八五〇年頃には、木材の着色剤の正確な色や、なめらかに動くドアの蝶番《ちょうつがい》について指示を書き連ね、出来映えをすぐ知らせるようにとか、あれは即刻取りかかったほうがいい」などと書いて毎日のように送っていたと、バンクスの伝記作家アン・セバは書いている。

あるいはバンクスは死ぬ前に一度、密かにイギリスの自宅を訪ねていた可能性があると、アン・セバは考える。一八五四年の春か夏に、かつて密輸業者に好まれた人目につかないドーセット州の海岸で誰かと落ち合ったのではないか、と。

証拠はいくつかあがっているものの、いずれも決定的なものではない。確かなことは、ウィリアム・バンクスはその翌年、ヴェニスで亡くなったということだけだ。遺体は故郷に送るよう指示を残してあり、一八五五年の夏に一家の埋葬室に葬られた。ようやくの帰郷だった。

19　シャンポリオン登場

ずっと控え席にいたシャンポリオンが、ここで試合に飛びこんでくる。バンクスの発見した銘文から、彼がどんな知見を得たか、正確な記録はどこにも残していないが、ここに至ってふいに全力疾走を始めたのである。

　幸運の鍵となったのは、プトレマイオスとクレオパトラに、P、T、O、Lといった共通する文字が入っていたこと。それより何年も前に、ヤングはロゼッタストーンのカルトゥーシュが、プトレマイオスの名前をヒエログリフで綴《つづ》っていると推測していた。

　ここでシャンポリオンも同じことをした。ロゼッタストーンの中の、左記のカルトゥーシュに目をつけて、

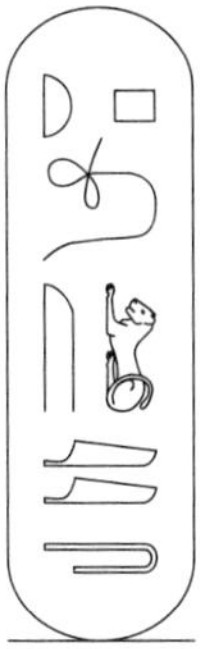

P＝、T＝、O＝、L＝、M＝、E＝、S＝を導き出したのである。

　これはまさにヤングが何年も前にやったことだった。ひょっとしたらシャンポリオンは独自に考

え出したのかもしれないが、一八一九年のブリタニカ百科事典に載ったヤングの解説を読んでいたと考えるのが自然だろう（それが出版されてすぐ、シャンポリオンの兄が手紙で弟に教えている。シャンポリオンはそれを知って「イギリス人にエジプト語の何がわかるものか。マライ語や満州語だってわからないというのに」とせせら笑った。それでも兄にすぐそれを送ってほしいと頼んでいる）。

今をさかのぼること二百年前からずっと、それぞれを熱烈に支持する人々は、ライバルを侮辱する言葉を投げ続けてきた。シャンポリオンがヤングとは関係なしに独自の道を進んでいったのか（本人はそういい続けていた）、それともヤングの見解がシャンポリオンの心に火をつけたのか、事実は知るよしもない。それからの年月、どうやって考えを深めていったのか、シャンポリオンはいかなる議論も避けてきて、ヤングにはまったく触れずに、あっさり結論だけを記しているのである。ヤングとしては不服であったろうが、路上のケンカに参加するようなタイプではなく、「時系列で見ればわたしの見解が先であり、そのあたりをもう少し明確に記してくれるものと期待していた」と、やんわりした表現で不満を記すにとどめている。

プトレマイオスのカルトゥーシュが最初のステップだった。一八二二年、バンクスの銘文の写しを入手してすぐ、シャンポリオンは「クレオパトラ」という小さな書き込みがあるカルトゥーシュに着目した。さかのぼること一八一〇年に、彼は外国人名が古代文字解読へ何かしらの道を切り開いてくれることに気づいていた。そして今、ここにクレオパトラを表すのではないかとされるカルトゥーシュがある。クレオパトラはギリシャ名であってエジプト名ではなく、さらにプトレマイオスと共通する音がある。

シャンポリオンはバンクスの書き写したカルトゥーシュを凝視する。これは本当に「クレオパトラ」なのか？

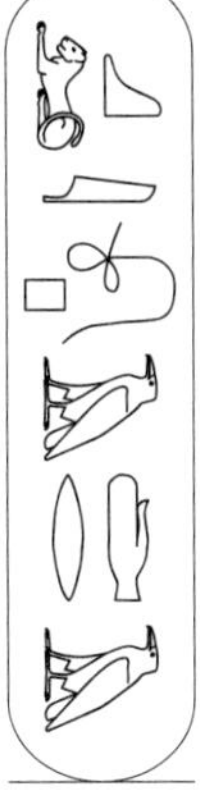

シャンポリオンはロゼッタストーンのプトレマイオスのカルトゥーシュをもとに、ヒエログリフにP、T、O、Lをあてはめてみた。これらのヒエログリフが新しいカルトゥーシュの中でも正しい位置に置かれているか確かめようと思ったのだ。クレオパトラの名前とぴったり合致するだろうか？

　プトレマイオスのカルトゥーシュにある音をあてはめてみたところ、この新しいカルトゥーシュは、□LEOP□□□と読める。

　さらにありがたいことに、新たな記号——シャンポリオンは「ハイタカ」と呼んだ——が、新しいカルトゥーシュに二回登場している。Pの直後と、そのあとにふたつの記号を挟んで再度登場する。これはまさにホイールオブフォーチュン（パズルボードをつかったクイズ番組）の大当たりで、ヴァンナ・ホワイト（同番組のホステス）はいない代わりに永遠の名声という賞品が贈られる。

　シャンポリオンはすぐに気づいた。

　もし＝Aならば、新しいカルトゥーシュは、□LEOPA□□Aと読める。

　しかしそうなると、一致しない部分が気になってくる。プトレマイオスにもクレオパトラにもTがあるのに、シャンポリオンの解読によればプトレマイオスのTは「半円」であり、クレオパトラのTは「手」なのである。これはいったいどういうことか？

エジプトではひとつの音を表すのにふたつ以上の方法があるのではないか。シャンポリオンはそう考えてみた。もしそれが正しければ、プトレマイオスとクレオパトラにおける不一致は、不快な支障ではなく、興味深い事実になるだろう。ある歴史家がまとめたイギリスの君主のリストにCatherine とあって、別の歴史家がまとめたリストには Katherine とあるようなものだ。

しかしそれは希望であって、まだ推論とはいえない。じつは、𓏏と𓂧のどちらでも構わないといった寛容が、ヒエログリフの解読を非常に難しいものにしている大きな理由だった（その点、暗号解読は、少なくともスパイ技術や暗号作成の草創期においては、もっと簡単だった。暗号は規則に厳密に従うからだ）。

実際、自分の考えは間違ってはいなかったのだと、シャンポリオンが証明できるようになるまでには、それから何年もかかるのだった。証明するためには、大量のテキストをつぶさに調べて、𓏏と𓂧が互換可能である例を多数集めないといけない。

その方法を理解する上で最もわかりやすいのは、Catherine と Katherine に今一度立ち返ることだ。シャンポリオンの最終目的は、簡単にいえばCの文字がKに置き換えられるペア、あるいはその逆のペアを見つけることだ。時間はかかったものの最終的に彼は、Carl と Karl、Chris と Kris、curb と kerb に相当するようなエジプト文字の組み合わせを見つける。「Krispy Kreme ドーナッツ」（商標名にするためにCをKで置き換えた）のようなものを発見していたら、一気に片がついたかもしれない。

山ほどの例を手にしたシャンポリオンは、プトレマイオスとクレオパトラの不一致を許容したのは間違っていなかったのだとほっとし、過去の判断に自信を持つことができた。つまりシャンポリオンは、うれしくない証拠に目をつぶったのではなく、他の人間がほとんど気づかない小さな手がかりに目を向け、そこにひとつのメッセージを読み取ったのである。

あとはもうどんどん先へ進むしかない。クレオパトラの名前の空白部分を埋めていくことで、新たなヒエログリフ、c、r、aの音に対応するものが見つかり、解読の武器が増えてきたところで、他の銘文やパピルスの切れ端から、さらに多くのカルトゥーシュを探しにかかる。

まっすぐな戦略ではあるが、これは骨が折れる。あるカルトゥーシュを見て、この中に支配者の名前が入っていると考える。それから、すでに明らかになっているヒエログリフの音をあてはめて、その切れ切れの音のつながりから、以前にどこかで見たかもしれない支配者の名前が思い浮かぶことを期待する。見事思い浮かんだなら空白部分を埋め、ますます自信を持って、また新たなカルトゥーシュと向き合う。そうやって、成功するたびに新たな扉の鍵がまたひとつあく。

それが当初立てた目論見だった。途中に無数の失敗があったものの、最終的には成功する。プトレマイオスとクレオパトラのカルトゥーシュのおかげで、シャンポリオンは途方もなく幸先のいいスタートを切れたのだ。何しろギリシャ語の銘文から、探すべき名前がわかっていたのだから。しかしその先は真っ暗闇の道を手探りで進むようなものだった。

シャンポリオンは、藁《わら》の山ともいえる大量のヒエログリフをふるいにかけることにした。しかし、いくらやっても何も出てこず、欲求不満が募る。カルトゥーシュの大半は、見たことのないヒエログリフばかりが入っていて、つかいものにならない。めったにないが、たまに幸運が訪れるときがあって、カルトゥーシュの中に知っているヒエログリフがたくさん入っている場合もあるが、そこから何か役立つ知見が得られることはまずない。推測の材料は足りているのに、そこから思い浮かぶのは意味を成さない言葉の継ぎはぎばかりで、エジプト語とは呼応しない。

たまに、いかにも名前らしいものが見つかるが、既知の支配者の誰とも一致しない。その原因はさまざまだ。単に推測が間違っているか、あるいは、たまたまそれが歴史からこぼれ落ちたファラオの名前だったか（ツタンカーメンなどはまさにそうだった）。あるいは、古代のリストに記録されている名前ではあったが、そのリスト自体がずたずたになって読めないか、間違った形で記載されていたか（エジプトの強大なファラオのひとりは、オジマンディアスというギリシャ語名が最もよく知られている。「我が名はオジマンディアス、王の中の王なり」とシェリーが有名な詩の中に書いている。この王の彫像は見つかったときには砂漠で壊れて忘れ去られていた。しかしエジプトのテキストでは、彼の名はUser-ma'at-reとなっている）。

こういった困難にも負けずに、シャンポリオンは着々と前進を続けた。クレオパトラのあとに続く成功は、このカルトゥーシュの解読である。

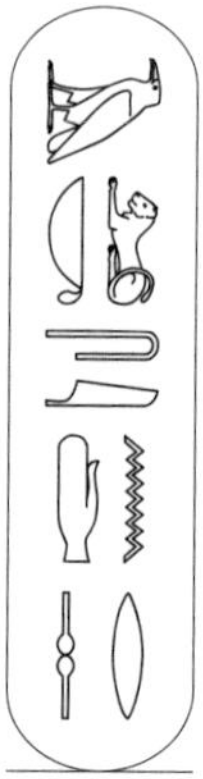

この中にある最初のヒエログリフはすぐにわかった。クレオパトラの名前にあった「ハイタカ」である。これはAだ。次は「ライオン」。これも既知で、プトレマイオスにもクレオパトラにも入っている。「ライオン」はL。

その下にある「浅いティーカップ」はなんだかわからない。その横の「曲がった線」はプトレマイオスのS。次の「羽根」はプトレマイオスのE。次のジグザグはわからない。その下の「ひらいた手」はクレオパトラのT。「ひらいた口」はクレオパトラのR。そして最後の、水平線の真ん中に飾りがついたもの。これがシャンポリオンには「二本の笏《しゃく》を向かい合わせに並べたもの」と見えた。

すると次の文字列ができあがる――AL□SE□TR□。これを見てシャンポリオンは空白部分をすぐに埋めた。ALKSENTRS。ちょっとした操作をすればALEXANDROS、すなわちアレクサンドロスだ。

まさに快挙というべきだが、それは単にシャンポリオンが重要な名前を発見したからではない。それと同じぐらい重要なのは、他のカルトゥーシュにも繰り返し適用できるメソッドをつかって、それを発見したことだった。さらに、見つからなかったものがあったのも重要で、今回それはよい兆候だった。

小さな四角がプトレマイオスでもクレオパトラでもPを表す位置にあったというように、期待する場所にちゃんとそのヒエログリフがあったのは、最初のうれしい発見だった。同時にシャンポリオンは、そこにないであろうヒエログリフが期待した通り存在しなかったことに満足した。クレオパトラのAを表すとしていた「ハイタカ」が、たとえばプトレマイオスを表すカルトゥーシュの中に存在していてはおかしいわけで、それが実際そのとおりに、存在しなかったのである。同じことが、楕円の形（シャンポリオンはそれを「正面から見た口」と呼んだ）にもいえて、これはRを表すから、クレオパトラにはあってもプトレマイオスにはあるはずもない。それが実際そのとおりだったのだ。

あとはもうひたすら前へ進むしかない。まもなくシャンポリオンはベレニケ、シーザー、アウトクラトール（ギリシャ語で「支配者」の意味）を綴ったヒエログリフを見つけた。

その勢いでヤングをあっというまに追いこしていく。われわれが見てきたように、数年前はヤングも、ベレニケを解読する一歩手前まで来ていた。そのときにはギリシャ語で書かれた銘文がそばにあったから、どんな名前を探せばいいかわかっていた。それだけ今のシャンポリオンよりヤングのほうが有利だったのだ。そうであっても、それだけでは足りなかった（後にシャンポリオンは、自分の解読結果について解説する評論の中で、長い脚注をつけて「このイギリスの学者」が犯した大失敗について楽しげに触れている）。

クレオパトラのカルトゥーシュはシャンポリオンを大きく前進させる推進力となったが、ヤングにしてみれば、逃してしまった大きなチャンスだった。バンクスはヤングにもオベリスクの銘文を送ってあり、ヤングはすぐにおかしな点を見つけた。ギリシャ語の銘文から、バンクスの二番目のカルトゥーシュはクレオパトラと綴っているのだろうと思った（最初のカルトゥーシュがプトレマイオスと綴ってあるのは、ロゼッタストーンからわかっていた）が、書写した人間が間違いを犯していた――クレオパトラの名前の最初に来るのは〝k〟の音を表すものなのに、〝t〟の音のヒエログリフを書いてしまったのだ。

ヤングは眉をひそめ、銘文を脇に置いた。「こちらは暇ではなく、名前の細部について、他の学者たちと資料を比較して確かめる時間はない。残念だが、わたしの考えたアルファベット説をこのヒエログリフの分析に適用するのはあきらめることにした」。ヤングは誤植につまずいてしまったのである。

これは手痛い中断だった。もしクレオパトラのカルトゥーシュをしばらくのあいだでも見ていたなら、シャンポリオンとまったく同じように、プトレマイオスのカルトゥーシュにあったＰ、Ｔ、

O、Lをそこに一致させ、しかるのちに他の名前の解読に移っていたはずだった。それなのに彼はそっぽを向いてしまった。犯人逮捕の映画だったら、さしずめこれは、短気な刑事が防犯カメラの映像に目をやりながら、悪人を見逃してしまうのと同じだ。そこに確かにいるのに、変装のためにかぶった野球帽と、三日間そっていない髭《ひげ》に騙されてしまったのだ。

ある仮説を失墜させるような発見をどう扱うかは、慎重を要する。教科書には、なんら問題はないと書かれているかもしれないが、「科学における痛烈な悲劇は、美しい仮説が醜い事実に殺害されることである」という、トマス・ヘンリー・ハクスリーの有名な言葉もある。しかし、ひどく醜い事実に突き当たっても、のうのうと生き続ける仮説もある。「宇宙の九十九パーセントは〝失われている〟――宇宙飛行士の発見」と、かつて『ニューヨーク・タイムズ』紙が一面のヘッドラインにでかでかと書き立てたことがある。しかし問題の宇宙飛行士は穏やかに「宇宙の失われた物質が見つかることを願っています」といったのだ。

そうなることも珍しくはない。「そのうち何かが起きる」（この宇宙飛行士の話の場合、宇宙の失われた物質の捜索が、近年の科学の歴史における大発明につながった）。しかしクレオパトラの場合、ヤングは誤植にやる気を失って興味をよそへ移してしまったのだ。

20　混沌以外の何物でもない

ヤングのあと一歩のところでの失敗は、あっさり見過ごせないものである。何しろこれだけ大きな勝負なのだから。しかし天才であってもミスはする。門外漢のわれわれからすると、天才が希《まれ》に犯すミスは、フィギュアスケーターが尻餅をつくようなもので、その道のプロがやっているのを見れば何でも易しく思えるが、実際成功にたどり着くまでの道には多くの危険がひそんでいるのである。

ヤングやシャンポリオンをはじめとする解読者にとって、テキストの写し間違いというのは、そういう危険リストの中でも上位を占める。写真術が生まれるまで、それは解読者のみならず翻訳者にとっても頭痛のタネだった（シャンポリオンとヤングの最初の接点は、シャンポリオンがロゼッタストーンの写しが正確でないと苦情申し立てをしたことによって生まれた）。小さなミスが、とてつもなく大きな問題を引き起こすことがある。

たとえば、最も有名な、そして最も悩ましい聖書の一節が、書き写しの間違いから起きたのだという説がある。イエスが弟子たちに向かっていう言葉だ。「はっきりいっておく。ラクダが針の穴を通るほうが、金持ちが神の国へ入るよりも簡単なのだ」と。キリスト教が生まれてまもない頃から、学者たちはこの一節から浮かぶ奇妙なイメージに頭を悩ませていた。ラクダ？　西暦五世紀に、アレクサンドリアのキュリロスが、これに関して地に足が着いた仮説を初めて提示し、現代のさまざまな作家がそれを支持している。その仮説とはすなわち、古代ギリシャではラクダを表す語とロープを表す語がほとんど同じだった、というものだ。ラクダはkamilosで、ロープはkamêlos。おそらく書写をしていた人間が疲れ切って、途中でロープをラクダと書き間違えてしまい、それで明白なイメージが奇妙なものに変質した。それをそのまま聖書学者が後の世代にどんどん伝えていったのだろうと、キュリロスはいう。

自然の暗号でも、見つかりにくい誤植がとんでもない結果を生み出すことがある。われわれの細胞にあるDNAは何千何百万という遺伝子から成り、そのひとつひとつが、無数の組み合わせをつくるA《アデニン》、T《チミン》、G《グアニン》、C《シトシン》の長い連続だ。要するにDNAは四文字から成るモールス信号で、たったひとつの間違いが生涯にわたる悪影響をもたらすこともある。ある失明に至る病気は一文字の間違いから引き起こされる。鋭い視力と盲目の違いはたった一文字。AGTTTCTTCGCで始まって、そのあとさらに一万文字が続く配列において、本来Tが位置する場所にGという一文字があるために起きる。

古代において、写すことは難しく、恐ろしく時間がかかる作業だった。作業時間を短縮できるような道具は何もなく、「これのコピーをとっといてくれ」という命令を受けた者が、その仕事として連想するのは、ボタンをひとつ押すことではなく、無限の苦役だ。みなから恐れられたアッシリアのアッシュールバニパル（残酷な所業で悪名高く、征服した王の顎にロープを通して犬小屋につなぐというのも彼の発明）は、王国の図書館に世界中の書物を備えると宣言した（紀元前六五〇年のことで、この時代に「書物」といってアッシュールバニパルが思い浮かべたのは、ほぼ間違いなく楔形《くさびがた》文字が刻まれた粘土板だった）。彼は征服した国の書記たちに、自分たちの図書館にあるテキストをすべて書き写し、自分のもとへ送るよう命じた。「日夜全身全霊で、われらが王の命令を遂行すべく精進いたします！」という返事が王のもとへ送られると、書記たちはすぐに仕事に就くしかなかった。こういった書記の中には、鎖につながれて事務仕事をこなすホワイトカラーといえる集団もあった。戦争捕虜や政治的な人質であるが、彼らにはカラー（襟）がないから、文字通り鎖につながれて仕事をしたのである。

アッシュールバニパルの図書館は古代世界の宝物のひとつとなったものの、そこに収蔵された何百何千という粘土板は二千年のあいだ失われていた。その粘土板こそ、一五章に登場した独学の天才ジョージ・スミスが解読したギルガメシュの物語、すなわち世界を沈めた大洪水の物語の聖書より前のバージョンが刻まれていたものだった。奇妙な話だが、その粘土板が生き残ったのは、それを収蔵していた建物が破壊されたためだった。

アレクサンドリア以来、図書館を破壊するのはつねに火であり、その火が最初期の図書館にあったテキストを救ったのである。そのテキストとはもちろん、紙やパピルスでなく、粘土に刻まれたもの。「戦争や征服により、偉大なメソポタミアの都市が焼かれたとき、図書館や、王の書庫にあった日干しの粘土板は焼かれて、その結果、耐久性を持つようになった。断末魔の苦しみの中、宮殿も神殿も窯《かま》になったのである」と、スティーヴン・グリーンブラットは書いている。

これがヒエログリフとなると、書き写す難しさは並ではない。知っている言語、あるいは馴染みのある言語でも、手書き原稿を書き写すのは、静かな図書館の中であっても難しい。エジプトの猛暑と喧噪の中、神殿の壁に刻まれた見たこともない大量の記号を完璧に書き写すのはほとんど不可能だ（さらにもうひとつの問題が、事態を一層悪化させる。オリジナルのテキスト自体にしばしば間違いが見られるからだ。これは、ヒエログリフを石に刻んだり、神殿の壁や記念碑などに描いたりする職人に文字の読み書きができる者は希だったことによる。彼らは書記が書いたテキストを見ながら作業をするが、そのテキスト自体を読むことはできない。それとは対照的に、パピルスに書かれたテキストは書記たちが自分で書くので、間違いが含まれる可能性は遙かに少ない）。

現場でテキストを書き写す者が直面する危機を、カールステン・ニーブルという旅行者がありありと綴《つづ》っている。彼はオランダの学者で、一七六〇年代にエジプトを訪れた。几帳面に観察をする人で、望遠鏡、天体観測機、コンパス、温度計など、科学の道具を大量に携行して、ピラミッドの正確な寸法を測ったり、気温を計測したり（日に三回時間を決めて計っていた）していた。手があいたときには、自分では読めない長々と続くヒエログリフを慎重に書き写す。そのあいだ、敵意を持った群衆が集まってきて、いったいこの男は何を企《くわだ》てているのか暴こうとする。警察は袖の下を要求し、要求を呑まなければ痛めつけてやると脅す。

そういった困難に負けずニーブルは健闘したし、ナポレオン遠征に随行した学者たちも、ライフルの銃弾や敵対する地元民に負けず、立派に仕事を成し遂げた。しかしヨーロッパの解読者たちは競争のまっただ中にいて、人を思いやる気持ちなどとうの昔に捨てている。学者たちの汗の結晶である『エジプト誌』の中からヒエログリフを探したシャンポリオンは苛立《いらだ》って、不注意による間違いや、いい加減な書き写し方に手厳しい批判をしている。

無情な話だが、「学問に資する」という意味では、それらは「寄せ集めのがらくた」だと、あるエジプト学者が認めている。そういった状況で書き写すものだから、ヒエログリフの中には、間違って書き写されたものや、完全に見過ごされたもの、数行飛ばしたり、位置が変わったりしているものなどが出るのは当然だった。右を向いている鳥は、左を向いている鳥と同じか？　小さな角が一対《いっつい》ついているヘビは、真ん中で曲がっているヘビとは違うのか？　職人たちが混同することは当然ある。

さて、この書き手たちと同じ立ち場に立ついい方法がある。知らない言語、たとえばタイ語で書かれたテキストの、たった一文でも書き写すことを想像してほしい（エジプト語のようにタイ語にも語と語の切れ目がない）。これは、「お会いできてうれしいです」のタイ語バージョンである――

ฉันยินดีที่ได้พบคุณ.

シャンポリオンがヤングのように誤植にくじけることがなかったのは、エジプト一筋の執着心が非常に強かったからだ。ヤングはいつでも、頭の中で一ダースほどの差し迫ったプロジェクトが進行中だった。「彼は学生時代の習慣がいつまでも抜けず、同時に多数の勉強に手をつけるのである」と自分自身について語っている（三人称で書くのがヤングの好みだった）。「ゆえに、それぞれに捧げる時間はわずか一、二時間のみとなる」クレオパトラのカルトゥーシュが現れたときも、ヤングは大きな仕事を抱えていて、それには、『海事年鑑』を出版するために、海事と天文に関する莫大な量のデータを査定し校正する作業が含まれていた。

ヤングのマルチタスク的アプローチには危険がはらんでいて、おそらく「才能を狭い範囲に閉じこめたほうが」もっと大きな達成が得られた可能性もあると、本人も認めている。しかしそういったすぐあとで否定する。もっとも、よく考えてみれば、いろんなテーマに興味を飛ばす習性によって「多才な力」が生まれるともいえるのである。*

さらに見過ごしにできないのは「狭い範囲に閉じこめられた」人間というのは、轍《わだち》にはまった生き物と酷似しているということだ。だから、効率を求めて仕事の細分化を要求されて抵抗する職人の気持ちがよくわかるのだと、ヤングは同情する。学者でも作業員でも、細分化された仕事に押しこめられれば、みな間違いなく「存在としての威厳を減じられ、理性のある人間から、単なる機械になってしまうのである」。

　ヤングに試合を投げ出させることになったクレオパトラの誤植を、おそらくシャンポリオンも見ていただろう。それでも前進したのは、苛立ちをはねつけるほど期待が勝《まさ》っていたからに違いない。わずかなことにへそを曲げたりせず、自分のやり方が正しいのかどうか、また新たな確認方法を見つけて、そちらへ進んだのだった。

　そこでもまた、解読の鍵は支配者の名前だった。

　紀元前四八〇年にギリシャを侵略した古代ペルシアの強力な王、クセルクセスの名は学者たちによく知られていた。ヘロドトスの記録によれば、前代未聞といえる二百万の大軍勢の先頭に立つ王は、古代世界を丸ごとすくませていたという。

　シャンポリオンは、同じフランス人で楔形文字を専門とする言語学者に、個人が所有する特別な花瓶をいっしょに見てみないかと提案した。目的は明らかだ。その花瓶は古代のもので、二種類の異なる銘文が刻まれていた。ペルシアの楔形文字とエジプトのヒエログリフである。学者たちはわ

＊この考えは現在流行している。その素晴らしい著書『RANGE《レンジ》——知識の「幅」が最強の武器になる』で、デイビッド・エプスタインはサンティアゴ・ラモン・イ・カハールの言葉を引用している。カハールは、最も成功する科学者はたいてい興味の幅が最も広い科学者であると信じており、「そういう科学者は遠くから見るとまるでエネルギーをまき散らして浪費しているように見えるが、実際には集めて強化しているのである」という。

ずかだが、すでに楔形文字の解読法を知っており、花瓶に刻まれたペルシアの最初の文字は「クセルクセス」と読めた。

さて次はエジプトの文字である。これはカルトゥーシュで始まっている。シャンポリオンはその中に入っているヒエログリフを他の名前で見たことがあり、それを声に出していってみる――「クセルクセス！」

これは画期的な発見だった。しかしシャンポリオンはその発見が何を意味するのか、まだわかっていなかった（それはヤングも同じだったろう）。なるほど、特定のヒエログリフは、音を表し、名前を綴るのにつかうことができる。それらを集めて一種のアルファベットをつくることもできる。しかし、それが何だ？「このとき彼についてはっきりいえるのは……そのアルファベットには固有名詞や外国語以外を綴る以外の用途があるとか、長きにわたって探し続けてきたヒエログリフの謎を解く鍵になるなどとは、まったく考えなかったということである」古典学の学者モーリス・ポープがそう書いている。

ここまで前進しながら、気がつけばまた途方に暮れている自分がいる。あまりの苛立ちにシャンポリオンはついに爆発する。「ヒエログリフで書かれた銘文は、混沌以外の何物でもない。何ひとつ決まった位置に落ち着かない。意味が通らない。まったく矛盾する事物が隣同士に並んで奇怪な取り合わせを生み出している」

ヒエログリフが壁の風変わりな装飾でないことは確かだ。しかし、文字体系が、なぜここまで絵に重きを置くのか？　絵の解読を基本とする文字体系はすべて、果て無きむなしい推測ゲームになることはわかっているのだとシャンポリオンは嘆く。

「結局、象徴や比較に頼らざるを得ず、非常にあいまいになるのを免《まぬが》れない。まず解くことができない謎になってしまう」

いったいエジプト人は何を考えていたのか？

シャンポリオンの疑問について、少し考えてほしい。言語を丸ごと、どうやって絵でとらえることができるだろう？　彼が困惑するのも無理はないと、もうわかったはずだ。

犬や帽子といった単語も、「落石地帯」といったフレーズも、絵にするのは簡単だ。しかし、世界は絵で表すのがほとんど不可能なものであふれている。「希望」や「明日」や「なぜ」や「あり得ない」はどうだろう？　こういうものを表しているのだとしたら、シャンポリオンが思ったように、ヒエログリフはまず解読不能になる。

ひとつの例として、二〇〇七年につくられた次のページの図を見てほしい。今から数千年先の未来に生きる人々に、生死に関わる警告をする標識だ。

核廃棄物は一万年経っても、依然として命取りだ。それが埋まっている場所に近づいてはならないと、われわれの子孫も知っておく必要がある。しかし何千年も先の未来では、英語も意味がわからないほど様変わりしていることだろう。国際原子力機関が出したこの警告、すなわち「危ない！ここにあるものに命をとられるぞ！　離れろ！」が、一二〇〇七年にも、意図した通りに伝わるだろうか？

問題を生み出すのは、抽象的な概念だけではない。ボードゲーム「ピクショナリー」の人気が衰えないのは、ジャズ、驚き、敵といった、ごく普通の言葉さえ絵で伝えるのは非常に難しいからに他ならない。描かれているもの自体は楽に認識できても、その解釈が難しい場合もある。「ヘルメットの絵は『ここではヘルメットを着用すること（持っていなければ購入すること）』という意味だが、車椅子の絵は、『ここでは車椅子にすわること（持っていなければ購入すること）』を意味しない」と歴史家のジョン・マンが指摘している。

単語から句へ、句から文へ、構成単位が大きくなればなるほど、解釈はますます難しくなる。「彼女はコーヒーを飲む」を絵で表現するのはなんとかできるかもしれない。しかし、「彼女はコーヒーを飲む量を減らそうとしている」はどうか？　さらに難しく、「遅刻しない限り、彼女はコーヒーを飲んでひと休みする」はどうか？

最初期の文字は絵から始まったと、大方の学者はそう考えている。

床が濡れていることを、すべって尻餅をつく男の絵で示したり、高速道路に、ガソリンスタンドの給油機とコーヒーカップを記号化した絵の看板を置いたり、現代においても絵で注意を呼びかける場合がある。それの古代版であるが、しかしこのやり方ではあっというまに限界が来る。

そこで、大雑把にいえばだいたい同時代に、世界のいくつかの文化で新たな手法が生み出された。メソポタミアとエジプトでは紀元前三一〇〇年あたりのある時点で、インドでは紀元前二五〇〇年、中国では紀元前一二〇〇年に、わずかな数の直線や曲線であらゆる言葉を表せる文字が生まれたのである。

二千年などというタイムスパンは瞬《まばた》きするあいだに過ぎないと

考古学者はいう（考古学者の瞬きはゆっくりだ）*。しかし、なぜ文字はそのときに生まれて、それより数万年前、われわれの祖先がすでに洗練された文化を持っていた時代には生まれなかったのか。洞窟の壁画を思い出してほしい。その時代もう人間は、卓越した技術で、突進する雄牛や疾走する馬の絵を壁に描いた。そういった壁画はすでに二万年前の昔に生まれているのに、文字は最も早く生まれたものでもたった五千年前だ。大昔の画家は絵を描いたが、文字は書いていない。絵にキャプションをつけるという選択肢はなかったのか？

おそらくなかったのだろうが、それはどうしてなのか？　道具がなかったわけではない。絵の具、インク、彫る道具は美術の世界で最初期からつかわれていたし、それらは絵ばかりでなく、文字を書くのにも十分つかえたはずだ。頭脳が足りないというわけでもない。頭の悪い人間に、ラスコーの壁画のようなものが生み出せるはずがない。

だから不思議なのだ。なぜかくも時間がかかったのかと。文字の誕生は都市の勃興と関係があるからという奇妙な説がある。もっと正確にいうなら、関係があるのは交易と商業の発達だ。およそ五千年前のある時点で都市が大きく成長し、交易が複雑になって、記憶だけを頼りにしていては、誰が誰にどれだけ支払う義務があるのか、つねに把握しておくのが不可能になった。交易量の増大により、記録が必要になり、記録するためには書き留めておかないといけなくなった。これは自分のもの、これはあなたのもの、これは五ブッシェルの穀物の受け取り票、あれは柳編みバスケット三つの借用証書。

記録の道を切り拓く力は、まっすぐ上からやってきた。強大な王であればあるほど、あらゆるパイに指を突っこみたいという思いが強い（かつ、王国に存在するパイの数を正確に勘定したいという欲望も強い）。都市が成長すれば、軍隊が編成され、収穫量が計測され、運河が浚渫《しゅんせつ》される。最も重要なのは税の徴収だ。この手の仕事で最も多く発生するのが、後の世代が「文書業務」と呼ぶものである。**

誰にきいても、文字の発達は、数千年にわたって繰り広げられる大河小説のようなものだという。物語はまだ結末にはほど遠いが、その中東編は十分に立証された話から成っている。文字が初めてつかわれた日々を束の間覗かせてくれる証拠が、今より百年ほど前、現在のイラクにある古代都市遺跡で見つかった。楕円、球、円盤、円柱、円錐《えんすい》の形をした粘土の塊が大量に出土したのだ。考古学者たちはこれらをトークンと呼び、およそ紀元前八〇〇〇年から三五〇〇年のあいだにつかわれていたものであることを突きとめる。しかしこれはいったい何なのか、さっぱりわからない（がらくたとして脇に投げる考古学者もいた）。この謎を〝ほぼ〟解いたのが、ドイツの研究者ユリアス・ヨルダン。一九二九年の日記に、粘土の塊は「瓶、パン、家畜といった、日々の生活に必要な日用品のように」見受けられると書いている。

文字の物語は、始まってから数千年を経た紀元前三五〇〇年のある時点から筋が複雑になる。こ

---

*何千何万という時間が流れるあいだ、文化は停止し、われわれの祖先の生活はわずかも変わらないと学者らはいう。たとえば彼らは「三十万年のあいだ、隙間風が入り、煙のこもる［中国北部の］洞窟の中にすわり、くすぶる熾火《おきび》の上でコウモリを炙《あぶ》り、洞窟内が自分たちの出したゴミでいっぱいになるまで住んでいた」と、ある著名な言語学者が書いている。

**インカは例外で、文字体系をまったくつかわなかった唯一の帝国である。キープと呼ばれる、結んだ縄が数字（言葉ではない）を記録する洗練された方法を編み出していた。

こで古代シュメール人が、中をくりぬいた粘土の「封筒」にトークンを封入するようになった。さらに封筒の外側には小さなくぼみがいくつもあり、これはトークンを粘土表面に押しつけたものだとはっきりわかる。封入の前にしるしをつけたのだ。

そうして一九七〇年代にフランスのシャーロック・ホームズが登場し、これの正体を暴いた。若き考古学者デニス・シュマント＝ベッセラの説明によると、これらの円錐や球は、単なる粘土の塊ではなく記号らしい。たとえば円錐は決まった量の穀物を表し、楕円は広口瓶に入った油を表す。油二本を輸送するのに雇われた中間商人は、レシート代わりに楕円の粘土をふたつ持ち帰ることになる。

これは時が経つにつれて複雑化していくとシュマント＝ベッセラはいう。まず、いかなる不正も防ぐために、トークンを粘土の封筒の中に封入して、いじれないようにするという方法を誰かが思いつく。しかし封入してしまえばトークンは見えない。粘土の封筒を割らずに、どうやって封筒の中身を確かめるのか。

簡単だ。中に何が入っているかわかるように、封筒の外側にしるしをつけておけばいい。最初のうち、そういった「ラベル」はトークンの印影だったという。つまりトークンを粘土の封筒の表面に押し当ててつくるのだ。

やがて誰かが気づく。トークンの絵を封筒に描いたほうが簡単だし、それで十分間に合うと。さらに長い時間が経ってからまた別の誰かが気づく。封筒に描くトークンの絵はぞんざいに描いても問題ないと。それからさらに時代が下ると、また新たに創意工夫に富む人間が現れ、トークンも封筒もつかわず、粘土板に意味のある線や走り書きをするだけで、あらゆる情報を記号で表すことができることに気づく。粘土板に記した記号が粘土のトークンの代わりをするから、もはや実際にトークンをつかう必要もない。見よ、文字の誕生だ！

文字誕生の謎を解く鍵は、とりわけ幸運な、ひとつの特別な発見から得られたという。イラク北部のある遺跡で考古学者が楔形《くさびがた》文字で書かれたふたつの銘文を発見した。どちらもある取引について記録したものだった。そのひとつは粘土板に刻まれていて、「二十一の雌羊、八の成長しきった雄羊、六の雌羊……」というように読め、そのあとにも同じ調子でずらずらと続く。もうひとつは粘土の封筒の外側に刻んであって、内容はまったく同じ。やはり「二十一の雌羊、八の成長しきった雄羊、六の雌羊……」から始まって、そのあとにも続く。リストアップされていたものは全部で四十九の家畜。研究者らは封筒を壊してあけてみた。すると中から四十九個のトークンが現れた。二十一個は同じ形で、八個はまた別の形で……。「空洞のある粘土板は、その文字体系のロゼッタストーンに相当するものと判明した」とシュマント＝ベッセラは書いている。

粘土そのものから、それを押し当てた跡になり、さらに粘土板に描いた絵になる。どんどん抽象度が上がっていくが、その過程は極めてゆっくりである。しかも抽象化はそこで終わらない。それまで羊や山羊《やぎ》といった手で触れることのできる事物だけを表していたのが、すぐ消える音や小さな息の破裂などから成る話し言葉を表すように進化していくのである。

なぜそんなにも難しいのだろう？　記号はとりたてて何かに似ているわけではないものでも、意味を持つ。その事実に難しいことは何もないように思える。ポール・リビアはランタンをつかって敵の作戦を伝えた。陸から攻撃するつもりならひとつ、海から攻撃するならふたつ、ランタンを点灯する。その意味がわからない人間はいない。テセウスは帆をつかった。もしミノタウロスが自分を殺したら、クルー達に黒い帆を掲げさせる。それが白い帆だったら勝利して帰るということだと父親に話しておいた（蓋《ふた》をあけてみれば、騒動に次ぐ騒動で、テセウスは帆を替えるのを忘れていた。黒い帆を見た父親は、てっきり息子が死んだのだと思い、海に身を投げてしまう）。

しかしわれわれは知っている。描かれているものが、見てすぐわかる絵から、恣意的な記号へ移る一歩は、とてつもなく難しいことが証明されており、人類の文化の発展において抽象化は、いつでも最も高いハードルなのだと。

昔の人間は何もわかっていなかったと、あらゆる世代は前の世代をばかにする。いずれ自分たちだって、片隅に立って我が身の愚かさを痛感することになるというのも忘れて。「物理学においてはシンプルな発見に偉大な人物が必要だということを、つねに忘れてはならない」と科学者（かつ古典学者）のダーシー・トムソンが書いている。「それどころか、石の軌道、鎖の垂れ下がり、泡の虹色、カップの影といったことの解明には、必ず超一流の人間が関わっているのである」

どんな分野であろうと、また「シンプルなこと」がどういう手合いのことであろうと、それは同じだ。文字の場合は、「シンプル」な発明どころか、非常に難しいものであり、「神や、並はずれて優れた人間」にしか成し得ないとプラトンはいった。単なる人間ごときが、「無限の種類がある音」をページの上に保存する方法など、見いだせるはずがないと。

トークンの話を誰もが信じるわけではない。しかし、それを疑う人間は、ならば文字は「どうやって」生まれたのか、やはり気になるものだ。「なぜ」生まれたのかという点に関しては、広く行き渡った共通理解がある。深遠な考えを記録するために生まれたのではないということだ。中国であろうと、古代の中東、エジプト、インド、新世界であろうと、世界のどこにおいても、最初期の文字の使命は、「彼女が歩いてくる、夜のように美しく」（バイロンの詩）といった文章を綴《つづ》ることではなく、「受領——陶製のカップふたつ。ひとつは持ち手が欠けている」といった数行を記すことだった。

それから時を経て文学が生まれる。それも「長い」時をかけてである。文字それ自体の発達と同様に、商取引を記録するものから芸術を表現するものへ、文字の用法が拡大するプロセスはじつに緩慢だった（その長い期間におそらく、歌や口承文学のほうは広まっていたことだろう）。エジプトで税収の記録につかわれていた文字が、物語や寓話《ぐうわ》の記録につかわれるようになるまでには一千年の時間がかかったと考える学者もいる。

しかし、物語を綴るよりずっと早くから、文字に与えられた新しくかつ重要な役割があり、それは長い年月を通じて少しも廃《すた》ることがなかった。すなわちプロパガンダである。支配者は新しいツールを真っ先に自分のものにし、あらゆる機会をとらえて自身の力を宣言し、神から与えられた使命を言祝《ことほ》いだ。石に刻んでしまえば王の自慢は永遠に続く。

とりわけエジプトでは、歴代のファラオたちが言葉をつかって、途方もない自慢をしてまわったものだった。

それを示すエジプトの典型的な銘文のひとつに、紀元前一四〇〇年頃に墓石に彫られたものがある。ファラオであるアメンホテプが、敵の軍隊が戦車に乗って近づいてくるのをこっそり見ていたときの出来事が綴られている。「まるで神のハヤブサが飛翔するように、王は飛び出していって敵を追った」（アメンホテプはそのときひとりだった）。「そばには誰ひとりついておらず、頼みにするのは自身の屈強な腕のみ」だったが、問題はなかった。「王を見たとたん、敵の軍勢は縮み上がった。そうして王は戦斧《せんぷ》をつかって、自ら敵の司令官を倒したのである」。アメンホテプはこの直後にまた新たな勝利を収めて敵を征服した。「今や王は神のハヤブサのごとく猛威を振るい、王の馬は天の星のごとく飛翔する」*

古代エジプトでは謙遜は美徳ではない。自慢をするのにファラオになる必要もない。紀元前二一〇〇年頃に、その地位に就いたある地方の統治者は、自分の霊廟の壁に自身の偉業を記録しており、長々と列挙していったあとで興奮しきった結末に至る。「われこそは人類の始まりと終わり。かようなな人間は過去にも未来にも存在しないからである。われのような人間はかつて生まれた例《ため》しがなく、今後もそれは変わらない。われは祖先らの偉業をしのぎ、今後何百年の時が流れようとも、我が偉業をしのぐような人間は後の世代に現れない」そして銘文は次の言葉で締めくくられる。「われこそは比類無き勇者なのである」

発明の歴史は、ところどころ異彩を放つ事例で彩られている。素晴らしいアイディアの裏に、当初は予想しなかった用途が隠れていたという例だ。エレベーターはもともと、建築現場で資材を運ぶために編み出されたが、まもなく木材よりも人間を乗せて運ぶようになり、都市のスカイラインは空高く舞いあがった。レンズは最初、小さな活字が読めない老人のために生み出された。それがいつのまにか望遠鏡に組み込まれて無数の星の存在を明らかにした上、顕微鏡にも組み込まれて、これまで想像もしなかったミクロの世界の覆いがはずされ、そこにひしめく生物を明るみに出した。

一方この発明者は人間ならぬ造物主であるが、頭脳もまた、その際立った例だ。「逃げろ！　ライオンだ！」といった考えを運ぶためにつくられた生きたマシンと呼べる頭脳。その同じマシンが、詩人を鼓舞して愛のソネットを書かせたり、あらゆる男女をけしかけて、今日《こんにち》より先の未来に目を向けさせ、死の予感にぞっとさせたりするのである。

しかし、思いもよらぬ結果をもたらす発明の究極といえば、おそらく文字だろう。脳の場合、まったく単純な反応も、とことん深い洞察も、同じ線上の異なる地点に存在する。結局のところ、細かく震える灌木《かんぼく》に危険を読み取ることと、手のふるえに人間の死すべき運命を読み取ることは、さほど大きく変わらない。

しかし文字はそうはいかず、物語の筋は出だしからは予想もできない方向へ急角度で曲がる。山羊《やぎ》を数えるために編み出されたツールが、われわれに文学や歴史や記憶をもたらすなどと、誰が予想しただろう？

＊他の古代帝国の王に比べれば、このぐらいの自慢はかわいいものだ。たとえばアッシリアでは、拷問や大量虐殺の様子を細部まで詳細に叙述した銘文が何千何万という数で見つかっている。次に挙げる、セナケリブという紀元前七〇〇年頃の支配者の回想など、その典型といっていい。「われは子羊にするように、敵の喉《のど》を次々と掻ききった……戦士の死体を草代わりに地面に敷き詰め、睾丸《こうがん》を切り取って、キュウリから種をえぐり出すように陰部をえぐった」

22　パドバの巨人

これだけ前進したというのに、シャンポリオンは依然として失望と混乱の中にいた。今は一八二一年で、ヒエログリフの解読に彼が費やした歳月は十年を超えている。苦労の末に、カルトゥーシュに入った名前をいくつも解読したが、まだ全体像が見えていないのはわかっていた。それはヤングも同じ。他の誰にも見えていない。

実際には、もうゴールは目の前であるのに、それを本人たちは知るよしもない。『日はまた昇る』に有名な一節がある。登場人物のひとりが、どうやって破産したのか人にきかれたところ、「ふたつの段階を踏んだ」と答えた。「じわじわと、それから一気に」

解読劇でもそれは同じだ。まず大発見があって、そこから「じわじわ」わかってくる。しかしシャンポリオンは矢継ぎ早の発見により、じわじわの段階を人より早く済ませている。これからいよいよ「一気に」解読が進む。

どうやって発見に至ったのか、そのプロセスに関してシャンポリオンは一切口を閉ざし、発見の時期についても口外しなかった。来た道を戻るよりも、思いもよらぬ一連の発見を次々と明らかにすることで、世間を驚かせたかったのだ。

これは個人の流儀のようなもので、シャンポリオンは真面目な天才であると同時に、人を驚かせるのが好きだったのだろう。まあ確かにそれもあったろうが、この件で途中経過を明らかにしないのには、じつはもっと大事な理由があった。自分を取り巻くのはみな懐疑的な人々だ。だったら、過去のはずれた推測や、試行錯誤の過程をまぜこぜにして話すより、そのものずばり明快な説明をしたほうが、説得力があるとわかっていたのだ。加えて、自分は重賞レースに参加している。ライバルたちにヒントを与えて、完成途中の理論を見せても、いいことはひとつもない。

着手して十年が経っていたにもかかわらず、ヒエログリフは「断じてアルファベットではない」とシャンポリオンはまだ信じていた。ある学術論文には、ヒエログリフが「象徴するのは物事であって、音ではない」と書いている。いいかえれば、エジプトの文字は手の込んだ混合物のようなもので、ひとつひとつの要素は理解できるものの、発音することはできない（ただし外国名を記す少数の特別なヒエログリフは例外）というのだ。

そうして一八二一年から一八二三年のあいだにふたつのことが起きた。どちらもそれ自体は驚くことではないのだが、そのふたつがきっかけで、シャンポリオンはこれまで考えてきたことをすべて白紙に戻そうと考えるようになった（ヤングは例によって『海事年鑑』に深入りしすぎ、そちらで頭がいっぱいで依然表舞台には上がってこない）。

おそらく一八二二年だったろう、その年のある時点でシャンポリオンは、ロゼッタストーンの単語とヒエログリフの数を数えるという名案を思いついた。ここに至ってそんな初歩的なことに着手するのがどうして名案なのかと思うかもしれない。しかしシャンポリオンがそうしようと思いたったのは鋭い洞察ゆえであって、退行ではなかった。

結果、ヒエログリフは一四一九個で、ギリシャ語の単語は四八六個と判明した（ヒエログリフの多くは重複しており、異なるものだけを勘定すれば全部で一六六種あった）。これは妙だ。

なぜ妙なのか？　ヒエログリフが多すぎると同時に、少なすぎるのである（われわれは前に、デンマークの言語学者ゲオルク・ツェーガが一七九八年にこれと非常に近い意見を述べているのを見ている）。多すぎるというのは、ヒエログリフがギリシャ語の単語の三倍あるということ。多くの人が信じていたように、ヒエログリフのひとつひとつが一語やひとつの概念を表しているのだとすると、多少の誤差はあっても両者の数は一致するはずだ。

この不一致は、ロゼッタストーン本体に目を戻すと、さらに厄介だった。ロゼッタストーンのヒエログリフはてっぺんに刻まれており、このてっぺん部分には二度と見ることのできない欠損部分がある。つまり、一四一九個というのは明らかに実際より少ない数なのだ。

しかし見方を変えれば、ヒエログリフの数はあまりに少ないともいえる。もしひとつのヒエログリフが一語や一概念を表すのだとしたら、一言語全体を表現するには無限の絵が必要になる。となると、ヒエログリフの総数は、何千何万という単位になるはずで、一六六などというのはあり得ない。

これがひとつめの謎だ。ふたつめの謎は、最初、エジプトやヒエログリフとは何の関わりもないものに思えた。関係しているのは、案内人なしで中国語の謎の奥深くに踏みこんでいった若きフランス人学者、ジャン＝ピエール・アベル＝レミュザの異常なまでに綿密な仕事だった。レミュザは不幸な子ども時代を耐え抜いた。事故に遭い、片目を失明した上、数年間病床につくことになったのだ。それから父親が亡くなり、母親が苦労しながら彼を育ててあげた。医学の道へ進んだものの、明確な志はなく、ただ収入がいいというだけの理由で飛びついた。そんな彼を奮起させたのは、一冊の書物との偶然の出会いだった。中国語で書かれた漢方医療の本だが、興味を引かれたのは有用植物や薬草ではなく、どのページにもずらりと並んだ謎めいた文字だった。

すっかり魅了され、「師も、教科書も、辞書もなしに」レミュザは中国語の勉強に没頭する。十八歳だった。その五年後、一八一一年に最初の著書『中国の言語と文学に関する論考』を刊行。これが、シャンポリオンがかつて師と仰いだシルヴェストル・ド・サシの目に留まり、彼を通じてシャンポリオンも知ることとなった。

一八二二年には、レミュザはフランスにおける中国語の最高権威となっていた。「これまで中国語の研究に携わっていた先人たちは、いわば謎めいた闇の中でもがいていたようなもの。その闇を晴らした第一人者」がレミュザであるとシャンポリオンはいっている。そのレミュザが一八二二年に『中国語文法の基礎』と題した二冊目の著書を出すと、シャンポリオンは待ってましたとばかりに飛びついた。

その中でとりわけ目を引いた点があった。レミュザの勘定によると、中国語の文字は数千の漢字をつかうといい、それは自分が勘定したヒエログリフの数を遙かに上まわる。しかし、それだけ多くの漢字をつかいこなしながら――これが謎の二番目だ――中国語は、ピンインと呼ばれる特別なカテゴリーに入る文字も使用するのである。ピンインをレミュザは「音を表す」と翻訳していた。音を表すだけでなく、「中国語で書かれる通常の文書の、少なくとも半分をこの文字が担っている」ことにもシャンポリオンは気づいた。

鍵になるのは「通常の」という部分だ。レミュザは中国人が外国人名をどうやって表記するかという話をしているのではない。中国人が日常的な言葉を書くときの話をしているのである。

これは非常に重要な発想の転換だった。十年前、シャンポリオンはいっている。アルファベットではない文字体系で、外国人名を書こうと思ったら、音を表す文字をつかうしかないのだと。しかしここにレミュザは、「音を表す文字」は外国名だけではなく、通常の言葉を書き表すときにもつかわれ、その割合は非常に多いという。

自分はもちろん、これまで誰の頭にも浮かばなかった考えをシャンポリオンは熟考しだした。ひょっとしたら古代エジプトでは、「音を表す文字」が、遠い異国から持ちこまれた名前だけでなく、ごく普通の日常つかいのエジプト語を書き表すのにもつかわれていたのではないか?

あとになって見れば、そんなことは火を見るより明らかだ。しかしそのときはまさに驚きだった。誰にきいても明らかなように、十年以上熱心に研究を続けながら、シャンポリオンの頭にそんな考えはまったく浮かばなかったのだから。


シャンポリオンがフランスで中国語の文法を詳細に調べ、ヤングがイギリスで航海表を編んでいるあいだ、元サーカス芸人の怪力男ジョバンニ・ベルツォーニはエジプトでヒエログリフを集めていた。そこで彼が発見したものを見て、まもなくシャンポリオンは驚きの余り文字どおり失神することになるのだった。

一八〇〇年代初頭、エジプトは未踏の宝庫で、お宝を狙って駆けつけた人間たちであふれかえっていた。みな古代の遺物を一発掘り当てて、売りさばこうというのだ。旅行者にとってミイラほど心躍る土産《みやげ》はない。しかもそのミイラを自ら「発見する」となれば、興奮はいや増すというもの。商売人はあらかじめ墓に忍びこんで、客が見つけられるようミイラを隠しておく。無我夢中の旅行客は、見つけたミイラの片手や片腕をもぎとって(ミイラが丸ごと入るスーツケースはなかなかない)家に着いたら飾るのだった。

考古学者もまったくやりたい放題で、ほとんど泥棒と見分けがつかない。中でもジョバンニ・ベルツォーニは腕がいい上に努力を怠らない盗賊だが、彼には「興行師の中の興行師」というもうひとつの肩書きもあった。

六フィート六インチの身長に整った風貌を持つジョバンニ・ベルツォーニは、山の峰のような堂堂たる体格をしており（サーカス団にいた頃、一度に十一人の男を身体に乗せられる装置を編み出した）、エジプトに入ったのは遅かったものの、次々と凄いお宝を掘り出していった。たとえばラムセス二世の壊れた彫像を発見したのも彼だった。シェリーはそれにインスパイアされて、「おごった冷笑を浮かべる」強力な支配者「オジマンディアス」の詩をつくった（現在、その像は大英博物館が誇る宝のひとつになっている）*。そしてベルツォーニは、われわれが見てきたように、ウィリアム・バンクスのオベリスクをフィラエ島から運びだして、苦労の末にイギリスへの長旅に送り出した人物でもある。

最終的には、ベルツォーニの墓泥棒の巧みな腕がヒエログリフを解く重大な手がかりを掘り当てて、ヨーロッパにいる解読者たちを興奮に打ち震えさせることになる。

ベルツォーニは、エジプトを舞台にした自身の冒険を血湧き肉躍る回想録にまとめ、中でも初期のある冒険について詳しく思い出している。ルクソールからナイルにかけて点在する古代の墓の地下深くまで潜ったときのこと。埃《ほこり》だらけで息の詰まる中をのたくりながら何百ヤードも進んでいって、ようやくすわれるだけの高さのある場所に出ることができた。「しかし、なんたる休憩所か！」とベルツォーニは背筋をふるわせる。「まわりは死体ばかりで、どこを見てもミイラが山になって

＊シェリーはエジプトには一度も足を踏み入れず、それが大英博物館に到着したあとも、オジマンディアスの巨大な彫像を見ていない。しかしその存在については本で読んでおり、わずか十分ほどで詩を書き上げた。ほとんど見直しもせず、詩はできあがった二週間後に発表され、それからまもなくして像がイギリスに到着した。

お気に入りのアラブ風の服に身を包んだ、考古学者かつ盗賊のジョバンニ・ベルツォーニ（左）。ベルツォーニはサーカスの怪力男として人生の第一歩を踏み出した。芸の目玉は、一度に数人の男を地面から持ち上げることだった。じきに一度に11人を支えられる方法を編み出した。

いる」のだった。高く掲げた松明《たいまつ》が投げかける唯一の光に浮かび上がるのは、ベルツォーニの雇ったアラブの人足たちで、「埃まみれの裸をさらす彼らも、さながら生きたミイラのようだった」。

幸いなことに、ベルツォーニは早くに嗅覚を失っていたが、それでも口や喉《のど》に入ってくるミイラの埃に吐き気を催した。「ほとんど失神しそうになる中、すわれる場所を見つけてようやく腰を下ろしたら、下敷きになったエジプト人の死体が、帽子入れの箱のようにつぶれてしまった」

ベルツォーニも地面に倒れ、息を整えるのに苦労して十五分ほど起き上がれずにいた。それから十二フィートほどの長さの、のたくるのが精一杯の細い道をたどっていく。「ミイラがぎっしり詰まっており、腐ったエジプト人と顔と顔をこすり合わさなければ通れなかったが、下り坂になると自分の体重に助けられて楽に進むことができた」

「それでも、坂の上から転がってくる骨や脚や腕や頭を避けることはできなかった。かようにして穴蔵から穴蔵へ進んでいったが、どこでもミイラがさまざまな状態で山になっていて、立っているもの、横になっているものがあれば、逆立ちしているものもあった」

なぜそれほどの苦難に自ら飛びこんでいったのか？　ベルツォーニは当然のことのようにいう。

「調査の目的は、エジプト人からパピルスをくすねることだった。それはミイラの胸の中、脇の下、膝の上、脚の上に見つかり、ミイラを包む布の無数のひだの中にも隠れていた」

古代においては、パピルスの切れ端をくすねようとする盗賊はいなかった。黄金の腕輪やネックレス、カップ、彫刻が手に入れば、そんなものに用は無い。しかし、「大昔から墓泥棒が代々悪事を尽くしてきたあとは、めぼしいものは大方消えてしまった」と、あるエジプト学者はいっている。

エジプト礼賛の嵐が吹き荒れる中、ヨーロッパのコレクターや博物館は、パピルス、あるいはパピルスでなくてもヒエログリフがついているものならなんでも、確実に高値で買い取って、もっと欲しいと札束をちらつかせる。しかしベルツォーニには数年のあいだずっと目をつけていたお宝があり、今のところそれはまだ見つかっていないのだった。

23　アブ・シンベル

ベルツォーニをエジプトに引きつけたのは、宝物の伝説だった。自分史上最も凄いお宝。しかしそれを獲得するには、もうひとりの旅行者とばったり出会わなくてはならなかった。こちらの旅行者は好奇心と旅心のみでエジプトにやってきていた。

この宝物こそ解読競争における次の大発見につながる。オベリスクをめぐる冒険に引き続き、ここでもまたベルツォーニとウィリアム・バンクスの協力が鍵となった。

一八一〇年から一八二〇年にかけて、ベルツォーニとバンクスは高額賞金がもらえる借り物競走の参加者さながらに、エジプト中を探し回る数少ないヨーロッパ人だった。ふたりの人生も、ヒエログリフの解読劇も、大きく方向転換して新たな道に入るのは、ある背の高い髭面《ひげづら》の男と出会ったのがきっかけだった。半ば飢え死にしかけたこの男は、『千夜一夜物語』さながらに、旅の話を次から次へふたりに語ってきかせたのである。

旅人といって、ヨハン・ルートヴィヒ・ブルクハルトの右に出る者はほとんどいない。一七八四年にスイスで生まれた彼がヨーロッパから旅立ったのは二十五歳のときで、以来一度も母国には戻らなかった。海外生活の最初の数年をシリアで過ごし、そこでアラビア語を学んだ。まもなく流暢《りゅうちょう》にアラビア語を操るようになると、そのふさふさした顎髭《あごひげ》やターバンとローブという格好も手伝って、現地の人間として通るようになる。以降はイブラヒム・イブン・アブドゥッラー長老として、中東、アフリカへ冒険に出かけた。武器も連れも持たない代わりに、無限の好奇心が彼を支えた。

そうして、西洋人としては初めてメッカを訪れ、ヨルダンのペトラを目にする（これまで見てきたように、バンクスが初めてペトラを絵画にした）。一八一三年には、カイロから約七百マイル南にあるヌビア砂漠の奥深くに分け入った。荒涼とした無法地帯で、ナポレオンの遠征に随行した学者たちが足を延ばしたさいはての地より、さらに何百マイルも先である。

ナイルの岸に、古代に建てられてからずっとうち捨てられている神殿があるという噂があり、ブルクハルトはそれを探していた。そして、見つけた。


当時ヌビアと呼ばれていた近寄りがたい土地の絶壁に六つの巨大な彫像が刻まれていた。岩の奥に消える入り口の両側に、三体ずつ彫られている（遺跡があるのは現在のアスワンから約百七十マイル南）。陸路からやってくる人間はぎりぎりまで近づかないと、神殿の存在に気づかないが、川から見れば一目瞭然、見逃すほうが難しい。ブルクハルトはこの神殿の内部で、たくさんの彫刻、人物画、無数のヒエログリフを見つけた。

ブルクハルトは少しだけ探検して帰ることにした。川の流れる側から崖をよじ登って戻るとき、たまたま南へ目をやった。と、ふいに巨大な彫像四体が飛びこんできた。さっき見たものより、こちらは桁外れに大きい。砂岩に彫られているのだが、ほぼ完全に砂に埋まっている。

うっかりしていれば、エジプト屈指の壮大な遺跡を見逃すところだった。先ほど見たのは、この本殿を補完する二次的なものだったのだ。

駆けよってそばで見てみると、彫像の頭と胸が砂の上に出ていた。その隣に並ぶ彫像は砂に埋もれている。残りふたつは、「ボンネットしか見えない」とブルクハルトは書いている。

これらの「ボンネット」はじつは王冠で、一連の彫像はファラオの姿を表したもの。正確にいうなら、ひとりのファラオを四つの彫像で表現しているのだった。ブルクハルトは彫像のひとつによじ登っていく。こちらは倒れた頭が砂の上に出ていて、「非常に豊かに表現された若々しい輪郭で、(エジプトのどんな彫像よりも)ギリシャ彫刻の美に近いものを表していた」。

肩から肩までの長さを測ってみると七ヤードあった。耳の縦の長さは一ヤード四インチ。これらの彫像は立っているのか、それともすわっているのか。この状況ではわからない。もし立っているなら、六十五フィートか七十フィートあると、ブルクハルトは推測した。いったいこの場所は何なのだ?

「巨大な彫像はエントランスの装飾になっているのだろう」。砂さえ払うことができるなら、「とてつもない大神殿の全貌が明らかになるだろうに」とブルクハルトはいう。

ブルクハルトが見つけたのは、現在アブ・シンベルとして知られる遺跡だった。*二千年のあいだ西洋人の目に触れることのなかったそれは、現在世界遺産に指定されて、世界中の観光客が巡礼に訪れている。

ブルクハルトが最初に見つけた小さいほうの神殿は、ネフェルタリという王妃に捧げられたものだった(ネフェルタリの墓の写真には、まだ輝くばかりに鮮やかな色が残っている)。ふたつめの大きいほうの神殿は、ネフェルタリの夫で、あらゆるファラオの中で最も有名なラムセス二世に捧げられたものだった。

一八一三年には、まだラムセスという名を誰も知らなかっただろう。その気があって調べれば、無数のファラオの名が並ぶ古代のリストの中に見つかったはずだった。

後に、学者たちがヒエログリフを読めるようになると、驚くべき物語が明らかになった。ラムセスは紀元前一二七九年、約二十歳で王位に就き、その六十六年の治世に自分の記念碑を次から次へつくらせた。死に至ったときには、ラムセスの彫像につかわれた途方もない石の重みに耐えかねて、エジプト全土が悲鳴をあげたといってもいい。どの彫像も、王の超然としたやんごとなき姿を写し取っていて、確固たる永遠の命を表現していた。

その人生と治世は、まるで肉太活字で書かれたように、何もかもが誇張されている。ラムセスの治世は末長く続いたため、王位を継承しないまま十二人の皇太子が亡くなった（ただし血筋が途絶える心配はなかった。ラムセスは、百人の息子と六十人の娘を儲けたという）。ある説では、ラムセスは聖書の中に出てくる「ファラオ」だといわれている。単なるファラオではなく、あの有名なファラオだというのだ。

つまり、映画『十戒』や、おびただしい数の通俗書に登場するファラオだ。それらに描かれているることが正しいとする証拠はどこにもない。せいぜいいえるのは、聖書のファラオは桁外れに膨張したエゴの塊で、歴史上のラムセスも同じだということ。『出エジプト記』では、ファラオが大声で威嚇《いかく》する。「神は誰だ？　イスラエル人を出国させよと命じた、私の従うべき神は誰だ？」。少なくとも、その口調は本物だ。ラムセスに関係するものはすべて、無限の力と歯止めがきかないエゴを同じように示している。銘文は、彼の戦士としての巧みな腕を讃え、壁には、彼が槍を掲げて敵

＊アブ・シンベルは依然として人里離れたところにあるが、現在では空港もあって、訪れる日帰り旅行者が引きも切らない。一九六八年に丸ごと数百ヤード移動させたのは、アスワン・ハイ・ダムの建設で水中に没させないためだった。

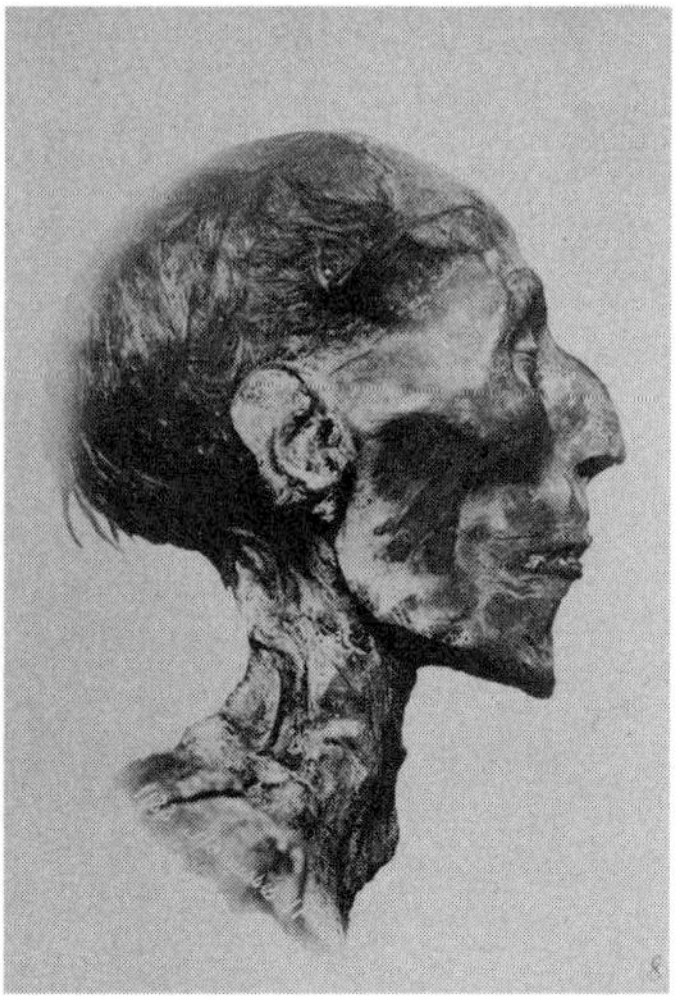

シェリーがインスパイアされて「オジマンディアス」の詩をつくったとされるラムセス2世の彫像。大英博物館の宝となっている（フランス人が右肩近くにドリル穴をあけたのは、巨大な彫像を輸送しようと知恵を絞ったため。ケーブルを通すか、あるいは火薬を詰めて爆破し、胴体から頭部だけを切り離して運ぼうとしたというのが学者たちの見方）。ラムセスのミイラ（右）は1881年に発見された。

を刺そうと構えながら、片脚で別の敵を踏みつけている場面が彫られている。

ラムセスは新しく豪華な首都をつくり、そこを「ハウス・オブ・ラムセス・グレート・アンド・ビクトリアス」と名づけた。*どんなファラオより多くの彫像や神殿が彼に捧げられているのは、目に付いためぼしいものをかたっぱしから自分のものにしたからだった。新たな建造物を建てさせるのが面倒だと思えば、古くからあるものを自分のものにして、先代の名前が彫られた部分を自分の名前に変えるか、一回壊して、同じ石をつかって自分の名を冠した記念碑につくり変えた。

ラムセスはエジプト中どこにでもいる。地中海に近い新たな首都では、彼の彫像が九十二フィートの高さでそびえている。今日《こんにち》残っているのは半分に割れた哀れな片足のみだが、それがまた並はずれた大きさで、大の男ひとりが片手をめいっぱい広げても、王の親指の端から端までは届かない。大英博物館収蔵の輝かしき「オジマンディアス」の像（二四〇ページ参照）は、彼の姿を写し取ったものだ。**新しい都から南へ五百マイル離れたルクソールで見つかった（ラムセスのミイラは一八八一年、その近くの王家の谷で見つかっている）。その彫像は堂々たる支配者の風貌を写しているものの、見つかったミイラは、テレビアニメ『ザ・シンプソンズ』に登場するミスター・バーンズに酷似している。しかし死んでからも相変わらず特別待遇で、一九七六年、ミイラが腐敗の兆候を見せはじめると、エジプト学者らが検査のためにパリへ輸送した。ラムセスは職業欄に「王（死去）」と記載された公式のパスポートとともにフランスの軍用機に乗せられ、ル・ブールジェ空港で、生きた王に対するのと同じ、完全なる軍隊の礼をもって役人たちに迎えられた。

ラムセスが命じてつくらせた自分への数々の捧げ物。おそらくその中で最も印象的なのはエジプトの南国境にあるアブ・シンベルだろう。四体の彫像がどれもラムセスをかたどっている。その度を超した敬意の表象は、エジプトの力を見せつけるためのものでもあり、北へ進軍しようと考える、

＊現代の専制君主も、都市に自分の名をつける慣習を続けているが、サダム・シティ、スターリングラードといった、昔よりも単純な名前で折り合いをつけ、新たな都市をつくるより既存の都市を選ぶことが多い。

＊＊ファラオはみな複数の名前を持っていた。生まれたときの名前と、その王の治世が始まるときに選ばれる王位の名前だ。オジマンディアスはラムセスの王位名のギリシャ語版だ。

4体の巨大な彫像。すべてラムセス2世をかたどったもので、それぞれがビルの6階の高さに相当する。神殿入り口の左側の像は、遙か昔に頭と胴体が地面に落ちて、現在もそのままになっている。

いかなる敵をも思いとどまらせるメッセージとしても機能した。エジプト学者ピーター・ブランドの言葉を借りれば、そのモニュメントが丸ごと、「『ファラオに気をつけよ』と警告する巨大な警告標識」の役目を果たしていたのだ。

その大きさだけをとっても、押しの強い権力の誇示であることは誰の目にも明らかであり、桁外れに大きな拡声器で誇大妄想を叫んでいるかのようである。彫刻にしても建築にしても、そこには古代エジプトのひと目でわかる趣味が露見している。大きければ大きいほどよく、桁外れであればなおのことよし。ラムセスをかたどったオジマンディアスの像は完全な姿*のときには二十トン以上の重量があり、頭と肩だけでも七トンあった（ミケランジェロのダビデ像は六トン）。アブ・シンベルにおいては、王座にすわっているラムセスの頭から爪先までは、六十七フィート。リンカーン記念館の大統領座像は、十九フィートである。

ブルクハルトは一八一三年にアブ・シンベルを発見した。その二年後、一八一五年の冬には、カイロで新しく知り合ったふたりの友を相手に、自分の見たこの遺跡の話を夜《よ》な夜《よ》な興奮して語った。驚くべき神殿だが、近づくことはできないのだと。

この三人の取り合わせは異彩を放っていた。当時カイロにいるヨーロッパ人が珍しかったせいではない。すらりと背の高い金髪の男性ウィリアム・バンクスは、フィラエ島でオベリスクを発見したイギリスの裕福な蒐集家《しゅうしゅうか》。その旅の供を務める巨体の男ベルツォーニは、サーカスの怪力男から考古学者に転身し、バンクスがオベリスクを母国に運ぶのに力を貸した。このふたりは一団の中で最も旅慣れたブルクハルトを頼りにすることが多かった。変装したり、鞭打たれたり、強盗を働いたり、危機一髪で逃げおおせたり、ブルクハルトは次から次へと旅の話を繰り出したが、聞き手ふたりが最も興味を示したのは、アブ・シンベルだった。その砂の下には、いったいどんなお宝が埋まっているのだろう？

エジプトで活動する考古学者にとって、砂はいつでも悩みの種だった（学者たちがスフィンクスを最初に目にしたときには、顎まで砂に埋まっていた。砂浜でバケツやシャベルを手にした幼児たちのいいなりになっている父親に近い）。紀元前六〇〇年頃にギリシャの兵士ふたりがひとつの彫

＊大英博物館に収蔵されている一部は、全長八フィートで、完全な像の上部三分の一に過ぎない。

像に書いた落書き*の高さから判断して、アブ・シンベルの砂は数千年かけて積もったものだった。

ベルツォーニは自身の冒険の経験から、砂がどのように積もっていくか知っていた。何日も強風が吹き続けた結果、空中に砂がもうもうと舞いあがる。それは「雑多なものの集合体で、大量の砂と小石が信じられない高さまで舞いあがって、しばしば直径六十から七十フィートの円柱をつくる。それだけ太いので、一箇所にとどまると緻密な塊に見える」

岩を巻きこんだサイクロンは、一度に三十分ほど地面を疾走してから、ようやく砂や石の山を地面に落とすこともある。「神よ、その下敷きになった旅人を助けたまえ！」とベルツォーニが書いている。

ひとたび砂が山をつくりだすと、同じ場所にさらに多くの砂が集まりやすくなる。ビクトリア朝の著名な考古学者フリンダーズ・ピートリーがその様相を見ている。「ロンドンの霧のように不透明なものが、持てるだけの砂を抱え、渦を巻きながら地面を疾走していく。そうして、行く手を遮《さえぎ》るものに出会うなり速度を緩め、持ちきれない砂を落としていく」

ピートリーは考古学の歴史において優れた業績を生み出した人物で、お宝探しに夢中にはならない勤勉な学者だった。さらにいえば、まったくの変わり者で、石を巻きこむ大嵐に遭っても平然としている。困難をものともしないというより、それを楽しんでいるのかもしれない。砂漠の太陽の下、ベビー服のようなピンクのつなぎを着込むか、あるいは丸裸で、額に汗してせっせと働く。どんなに過酷な状況でもひるむことがなく、後にアラビアのロレンスとして知られるようになるT・E・ロレンスのような恐れを知らぬ訪問客さえ、ピートリーのキャンプの様相にはひるむほどだった。「ピートリーのキャンプは、独特だった」とロレンスは友人への手紙に書いている。「缶詰の腎臓がミイラになった死体といっしょくたになり、スープの中に魔除《まよ》けの石が混じっている」。そこに滞在中ロレンスはずっと、ネズミに食われぬようパンの保存容器の上に足を乗せて寝ていた。
ピートリーのキャンプに入ろうとする者は、食事にはとりわけ注意を払う必要があった。「まるで拷問のような食品がテーブルに並ぶので、鋼鉄の身体を持つ人間でないと生き抜けない」と、ある訪問者が恐れ入っている。食事は缶詰だが、そのほとんどは前シーズンのキャンプで食べていたもの。ピートリーは他の考古学者とともに、「缶詰を石の壁に投げて食べられるかどうかテストし、もし缶が爆発しなければ、食用可能と判断した」とある歴史家が書いている。後に考古学の研究で立派な業績を収めることになる若い研究者ふたりが、このキャンプでいっしょに食中毒になり、療養期間中に恋に落ちた。

山のように積み上がった砂を取り除くのはほとんど不可能だった。それでも、ブルクハルトの語る砂に埋もれた神殿がつねに頭の中で躍っているベルツォーニとしては、一度挑戦してみなくては気が済まなかった。アブ・シンベルの内部に踏みこむ最初の挑戦は、一八一六年に決行された。
到着してみると、タカの彫刻が崖の高みにあるのが目に入った。それはおおよそ遺跡の中心に位置している。そこでベルツォーニはふたつの推測をする。もしタカの全長が二十フィートほどあるなら(タカの頭部の大きさから推測した)、そしてタカが神殿の中央玄関を示すなら、玄関のてっぺんは砂の約三十五フィート下に埋まっている。

＊架空のアメリカ兵キルロイが書き残した「キルロイはここにいる」という落書きのギリシャ版といってよい。ラムセスの足に、「アモイビチョスの息子アルコンと、取るに足りない人間の息子ハチェットが記す」という落書きがある。

砂山にシャベルを通すのは、「水に穴をあける」に等しいといいながら、ベルツォーニはとにかく作業にかかった。しかしすぐに労働者に払う金が尽き、初回はあきらめることになった。

翌年もう一度戻ってきた。今度は人足たちが掘った砂をどかす方法を見つけた。何十トンという砂がなくなると玄関が現れた。一八一七年の八月一日、ろうそくを手にベルツォーニはラムセスの神殿に踏みこんだ。何百何千年ものあいだ、まったく人が訪れることのなかった各部屋に目を走らせて、お宝はないかと探す。

何も見つからなかった。見つかったのは、壁画とヒエログリフとラムセスの彫像がさらに八体。こちらの像の高さはわずか三十フィート。三日後、失望したベルツォーニは船に乗って帰っていった（ブルクハルトはその二か月後に食中毒によってカイロで亡くなっている。享年三十二歳。砂を払われたアブ・シンベルを目にすることは叶わなかった）。

それからしばらくして、ウィリアム・バンクスがベルツォーニのあとに続いた。一八一九年一月、彼の一団は作業に就いた。神殿の巨大な彫像ひとつだけでも、砂を取り除くには三週間かかったが、実際にバンクスの興味を強く引いたのは、壁画やヒエログリフが描かれた神殿の内部だった。

作業環境は、これ以上ないほど過酷だった。バンクスと数名の同行者は、木切れをロープで結わえてつくった危なっかしい梯子《はしご》（木材は希少だった）にのぼって、神殿の壁の高いところにある銘文を書き写した。闇に近い場所ではあっても気温は摂氏四十三度をめったに下らない。光はちらちら揺れるろうそくの炎だけが頼りで、蜜蠟をつかってヤシの枝に固定したろうそくを竿《さお》の先に結わえて、ずらりと並べた。暗がりの中を飛び交うコウモリが自分のすぐそばを滑空するたびに、みなはっとして身を引く。それからまた作業に戻って、ヒエログリフの細部に目を凝らすのだった。

からっぽの部屋で外国人が汗みずくになって、何やらせっせと作業しているところへ、地元の役人が通りかかり、驚いて目を丸くする。「あんたらいったい、どんな宝を見つけたんだい?」

一八二二年九月十四日、その質問にシャンポリオンが喜んで答えることになる。

24　エウレカ！

バンクスはアブ・シンベルで細心の注意を払って銘文を書写した。いっしょに作業する人々の中で特に目立った人物がいる。建築学の教育を受けたジャン・ニコラ・ユヨで、彼は芸術家の目を持っていて（口絵にある、ナポレオンが馬の背にまたがった肖像画を描いたジャック＝ルイ・ダヴィッドといっしょに学んでいた）、建築の歴史にも造詣《ぞうけい》が深かった。古代世界に魅了された彼は、数年かけて、ローマ、ギリシャ、エジプトと旅してまわり、遺跡や記念碑の研究に没頭した（やがてパリの凱旋門のデザインを任されることになる）。彼がシャンポリオンの友人だったのは、まさに幸運というべきだった。

一八二二年九月十四日の朝、シャンポリオンはユヨから思いがけない小包を郵便で受け取った。それを持って、書斎としてつかっている屋根裏部屋――このとき彼は三十一歳で、兄の一家と暮らしていた――に上がると、破って包みをあけた。

出てきたのは、アブ・シンベルのヒエログリフをユヨが几帳面に記録したものだった。これが格別ありがたい贈り物だったのは、バンクス自身は、この情報をシャンポリオンと分け合う気が無かったからだ。以前に一度、イギリスに持ち帰ったオベリスクに刻まれていたクレオパトラの銘文を方々に配布した際には、シャンポリオンにも配っていた。しかし、感謝の念をまったく示さないものだから、「あのあさましいならず者」とは二度と関わり合いにならないと誓ったのだった。

郵便の到着が事件になるなどということは普通まずない。しかし九月十四日という日は、シャンポリオンの人生において最も重大な日になることが決まっていたらしい。

ここでも重要な鍵になったのはカルトゥーシュだった。シャンポリオンはこれまでに見たことのないカルトゥーシュに注意を向けた。その最も単純なバージョン（同じことを示しながら、微妙に異なるカルトゥーシュがいくつかあったようだ）には、ヒエログリフが三つ入っていた。

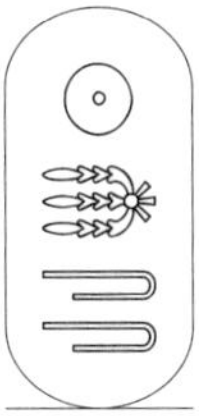

最後のヒエログリフは馴染みがある。プトレマイオスを示すカルトゥーシュの中でＳの音を表していた。それがここでは二回繰り返されているからＳＳだ。これは妙だが、シャンポリオンは、古代エジプト語でも、ヘブライ語やアラビア語と同じように、母音は省略できたのではないかと推測した（その推測は正しかったことがあとでわかる）。

真ん中のヒエログリフは、三本のツタをまとめたものにちょっと似ているが、これは初見で、未知の記号だ。最初の記号、輪の中に点があるものは、なんとなく太陽に見える。シャンポリオンはここでコプト語の知識を活用する。コプト語で太陽を表す語は、raまたはreだ。さらに、Raは太陽神の名前でもある。神の中でもRaは特別で、神の中の神であり、天と地を創っただけでなく、他のあらゆる神々の創造主でもある。

もろもろ考え合わせると、カルトゥーシュの中の名前はRA□SSと読める。エジプトの歴史の中で、そこから連想できる名前はなかったか？　あった。少なくとも真ん中の記号を推測できれば思いあたる名前はある。シャンポリオンはそれをMと推測した。

なぜか？（見た目がMと似ているからではない。それは偶然だとシャンポリオンにもわかっていた）なぜなら、紀元前二世紀に書かれた、あるエジプト史の、現存する断片をすべて丹念に研究していたからだ。それは、マネトというエジプトの神官が書いたもので、マネトはギリシャ語で、歴代のファラオの名前を何代にもわたってリストにまとめていた。RA□SSの文字列を見たシャンポリオンの頭には一瞬のうちにマネトのリストにあった名前が浮かんだ。Ramesses である。

これはまさに「わかった！」の瞬間であり、それどころかひとつの発見で三つの洞察を得ることになったのである。第一にシャンポリオンは生粋《きっすい》のエジプト人の名前を解読した。後にギリシャから持ちこまれて間に合わせの表記で綴《つづ》られた名前ではない。マネトはラムセスの名を持つ王の名を数名リストに挙げていて、それらの王はまだギリシャ人がエジプトにやってくる前、五百年以上にわたって権勢を振るったのである。シャンポリオンはカーテンを脇に寄せて三千年の昔を覗きこんだわけだ。西洋人がまったく訪れたことのない世界であり、そこで見つけたメッセージをシャンポリオンは読んだのである。

第二の洞察はひとつの謎を解いただけではなく、広く一般に適用できるメソッドを発見したと、シャンポリオンが期待できる根拠になった。コプト語がラムセス解読への道をひらいてくれたというのが本当なら、おそらく他のヒエログリフでは、「太陽」以外にも、無数のコプト語が現れるはずだった。コプト語の知識が古代エジプトの言語解読の手がかりになるという、シャンポリオンが十代のときにかけた期待が現実になったのである。

第三に、シャンポリオンはエジプトの複雑な知の仕組みをはっきりと感知した。古代エジプト人がつかっていたのは、単純なアルファベットではなく複雑なハイブリッドシステムだったことに気づいたのである。ヒエログリフの中には（ｓのように）音を表すものがあることはすでに明らかだ。さらに奥深くに隠された秘密があることは間違いない。

一八二二年九月十四日の同じ日、シャンポリオンはユヨの送ってくれたヒエログリフにある、もうひとつのカルトゥーシュに目を向ける。それはラムセスのカルトゥーシュと非常によく似ていた。

ラムセスのカルトゥーシュは、

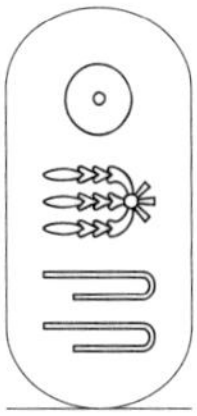

新しいカルトゥーシュは、

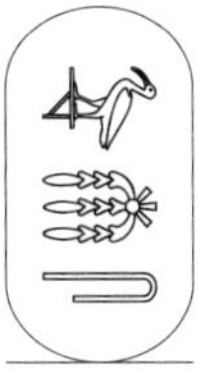

聖なるトキのあとに、シャンポリオンがたった今ＭＳと解読したふたつのヒエログリフが並んでいる。聖なるトキはエジプトの伝承に夢中になった者なら誰でも、アメリカ人がハクトウワシに象徴されるものを目にしたときのように一目瞭然だ。

このトキはつねにエジプト諸神の中で最も非凡な才能を持つトト神と結びつけられてきた。* シャンポリオンがこの神を知っていたのは、ギリシャ人が知っていたからだった。たとえばプラトンの対話編の中に、ソクラテスが文字の誕生について語る場面がある。その際ソクラテスは、まるでドラムロールを響かせるように主役を華々しく登場させることから始める。「エジプトの偉大なる神神の中のひとり、その聖なる鳥はトキと呼ばれ、神自身の名はトト」

ギリシャ人はこのトトを自分たちの神々にも取りこんで、確固たる位置を占めさせ（トト神は、ギリシャ神話ではヘルメスとして再登場する）、あまたの輝かしき才能を賦与《ふよ》した。天文学、数学、医学を発明したトトだが、ギリシャ人は何よりも、この神が文字を発明したと信じていた。「彼は数字やアルファベットの文字、読み書き修辞の技術をはじめ、その分野におけるあらゆる知識を人間と神のために発明した」

シャンポリオンは新しいカルトゥーシュをまじまじと見つめる。「トキ」ＭＳ。答えは自ら跳び上がったようだった。トトメス！　そういう名前のファラオがいなかったか？

ここでもう一度、シャンポリオンはマネトが作成したファラオの一覧に目を向ける。そうして、またもや金を掘り当てたのである。

ラムセスという名前のファラオが複数いたように、トトメス（Tuthmosis）という名のファラオについても、マネトは複数一覧に挙げている。そのギリシャ名（Tuthmosis）は、マネトがエジプト語のトトメス（Tothmes）をギリシャ語に翻訳したらこうなるだろうと思えた。

さらによかったのは、トトメス一世は、紀元前一五〇〇年頃の統治者で、ラムセスよりずっと時代をさかのぼるということである。となると、ギリシャ人がやってくるよりずっと昔から、エジプト人はエジプト人の名前を表すのにヒエログリフをつかっていたという理論の正しさが裏書きされるのである。
その時代にはトトメスの名前も彼にまつわる事実も、千年にわたって忘れられていた。それがじきに――トキのカルトゥーシュを大きな構造の中の最初の小ブロックとして――エジプト学者たちは奇妙な物語を再構築することになった。トトメスには王家の血が流れていなかった。軍事指導者であった彼をアメンホテプというファラオが選んで、自分の後継に据えたのだった。
古代においては誰が王位を継ぐかという問題は非常に重要だった。アメンホテプは王妃とのあいだに子を授《さず》からなかった。それはまったく珍しいことではない。アメンホテプの妃は彼の妻であると同時に妹でもあった。そして両者ともに兄妹の結婚により生まれた子であり、その両親もまた兄妹の結婚によって生まれたのだった。＊＊
後継者争いを避けるため、アメンホテプはトトメスを欺《あざむ》いて王座に就かせた。結果的に見ればその判断は賢明だった。野心家で血に飢えたトトメスは、国の指導者としても抜け目がなかったからだ。戦場では使い物にならないが、プロパガンダにおいては右に出る者がいなかったラムセスと違って、トトメスは戦闘と宣伝の両方に優れていた。そのプロパガンダは人々の恐怖を逆手にとった

＊エジプトの名前を英語でどう表記するか、決まりはない。トト神には、Toth, Thoth, Theuth, Thoout というような綴りがある。
＊＊古代エジプトにおいても一般庶民は兄弟間の結婚をしなかった。しかし、少なくともある時代、王族は兄と妹のあいだで婚姻関係を結ぶことが一族の繁栄を守る最も確かな道だと見ていた。ある王朝では、王家の家系図は輪とUターンを繰り返しており、系統樹というよりは、マルハナバチの飛行経路のようである。それに比べて第一次世界大戦前後のヨーロッパの王家の系図は、いとこ同士の結婚を繰り返しながらも、整然と秩序立っている。

ものといっていい。ある戦線で勝利して帰る途上、トトメスは勝利の戦列を率いて先頭に立った。彼の乗った船の船首には、厚かましくも己に牙を剝《む》いた、敵の大将の息絶えた身体が、身の毛もよだつ船首像のように逆さまに吊り下げられていた。

新たな名前がふたつコレクションに加わったところで、少し立ち止まり、シャンポリオンがなんとか乗り越えた解読の落とし穴について記しておいたほうがいいだろう。危険な落とし穴はふたつあった。最初は割合楽に乗り越えられた。古代エジプト語は、非常に少ない母音で書かれているか、そうでなかったらまったく母音をつかわずに書かれており、それは名前だけでなく普通の語でも同じだった。Ram-ss とか Toth-ms といった具合だ。それでシャンポリオンは、書き落とされた母音については想像するしかなかった。つまり、自分が探しているのが Disney なのか Edison なのかわからないままに、マネトの一覧表で合致するものを見つけないといけない。

ふたつめの落とし穴はもっと手強く、そもそもマネトが最初に名前を書き留めた時点で問題が発生していた。マネトはまずエジプト人の名前からはじめ、それからそれらを精一杯ギリシャ語に音訳していった。どんな記録をもとにマネトがその作業をやっていたのかは誰にもわからない。しかし、どんなに恵まれた状況であっても、名前というのは母国から遠く離れると損なわれるものなのである。

問題は、世界各地の言語が、それぞれ特有の方式に則《のっと》って世界の音を分別しているところにある。外国語をしゃべろうとしても訛《なま》りが出るのは、われわれの母語が音を分別する仕切りに、外国語の音調や抑揚がうまく収まらないからに他ならない。外国語の中には発音できない音（きこえない音さえも）があり、外国語を学習する際にはつねにそれが壁として立ちはだかる。ゆえに、英語を母語とする人間は、フランス語のu（tuのu）を原音とは似ても似つかぬ音に発音し、フランス語を母語とする人間は、英語のth（thisやThursdayのth）の発音に苦しむことになる。

ときにそういった言語上の困難が生死を分かつこともあった。第二次世界大戦下に、オランダ人はオランダに潜り込んだスパイを見つけだすのに、「Scheveningen（スヘーフェニンゲン）」という町の名前を発音させたという。アメリカの兵士は太平洋線で、lollapalooza（ロラパルーズ：素晴らしいもの）を発音できない兵士たちを攻撃した。*

名前が別の言語に音訳されるとき（それがマネトの仕事だった）もとの音がわからなくなるほどねじ曲げられることがある。たとえば日本語では、Johannes Brahmsはヨハネス・ブラームスだし、Babe Ruthはベイブ・ルースだ。中国語でLyndon Johnsonはリンデン・ユーハンシュー（英語の音訳も同じように危なっかしい。たとえば、Van Goghをアメリカ人が発音すると、ヴァン・ゴーとなって、喉音《こうおん》を含むオランダ語の発音にはほど遠い。それにわれわれはすでに、User-ma'at-reが、ギリシャ語ではオジマンディアスという、原語とは似ても似つかぬものになることも見てきた。

ゆえにマネトの一覧表を相手にファラオの名前を探すシャンポリオンの仕事には、忍耐だけでなく想像力も必要になるのだった。

*この黒い歴史は古代に根を発する。シボレスというのは、今日では特定の集団の特殊な考えを意味するが、もともとは敵と味方を区別することを示していた。旧約聖書の士師記《ししき》には、ふたつの軍が向き合ったときのことが書かれている。「『では「シボレテ」といってごらんなさい』といい、その人がそれを正しく発音することができないで『セボレテ』というときは、その人を捕えて、ヨルダンの渡し場で殺した。そのときエフライムびとの倒れたものは四万二千人であった」

九月十四日、マザリンの街の屋根裏部屋にいたシャンポリオンにとって、その日の仕事は始まったばかりだった。ラムセスを真っ先に解読し、それが大きな突破口になった。しかしトトメスはさらに彼を前進させることになったのである。手始めに、𓄟がMを表すという推測は正しかった（正確にいうと、ほぼ正しかった。後にこれはMSであることがわかる）。つまり、これでラムセスも正しいという裏付けがとれたわけだ。

それは大したことではない。ここに至ってシャンポリオンがラムセスとトトメスを綴ったヒエログリフを熟視すると——というより、声に出して名前を呼んだことだろう——何年にもわたって立ちこめていた霧がとたんに晴れたのである。ティーンエイジャーの頃、シャンポリオンは豪語していた。「コプト語に身を捧げ、コプト語で夢を見る」と。一八二二年には、コプト語に没頭して十年以上が経っていた。その彼が今、ファラオの名前を声に出して発音し、音節を書き出すことができたようなのだ。Ra-mes-ses、Toth-mes と。

そしてシャンポリオンはコプト語の「mise（発音はミーセイ）」を思いついた。これは「誕生」を表す語だ。つまり、Ramesses も Toth-mes も単に名前を表すだけでなく、一定の意味も合意する名前だったのだ。

偶然かもしれないが、それにしては確率が高すぎる。まるでこれは遠い未来に英語をどう読むか、その知識が失われたあとに、考古学者がイギリスの城で、文字が書かれているものを見つけたようなものだ。学者たちが頭を突き合わせてそれを覗きこむ様を想像してほしい。その名前をたどたどしく、一文字一文字声に出して読んでいった結果、わけのわからない文句ではなく、これは過去の王の一覧表にあった名前であるとわかったときの胸の高鳴りを想像してほしい。リチャード。しかもその先をつぶさに眺めていくと、驚いたことに、王の名前は単なるリチャードと書かれているのではなく、リチャード・ザ・ライオンハートと書かれているとわかったのだ。

　エジプト人であるマネトにとって「Raから誕生」とか、「Tothから誕生」といった意味は、ひと目見れば明らかだった。英語を話す歴史家が、リチャード・ザ・ライオンハートと書かれてあるのを見て、これは意味のある名前であって、単なる音の連なりではないとわかるのと同じだ。これはマネトにとって驚くべきことではなかったから、わざわざ言及することもしなかった。イギリスの歴史家が、「リチャードは単なる名前だが、ライオンハートというのは、獅子と心を意味するのだと」とわざわざ書かないのと同じだ。しかし、マネトが書かずに済ませたことは、彼の死後二千年にわたって未知の謎であり続けることになったのだ。

　この「誕生」を意味するmiseに興奮して、シャンポリオンは大胆な推測をした。カルトゥーシュの中にあるヒエログリフは（誕生のような）言葉を表すこともでき、同じヒエログリフがカルトゥーシュの中にあっても外にあっても同じ言葉を表すことができるのではないかと。

　もし本当なら大発見だ。カルトゥーシュは少ないから、それを読めるようになるのは進歩ではあるものの、ヒエログリフ一般をどう読むかという本物のゴールにはまだ遠く及ばない。しかしここに至ってシャンポリオンは、カルトゥーシュの囚《とら》われの部屋から外へ飛び出す道を見つけ、言語の広大な野とじかに向き合うことになったのだ。

　あるいは、それは希望的観測に過ぎないのかもしれない。そこでテストだ。シャンポリオンはロゼッタストーンの写しをつかんだ。この段階にくると、一歩でも前進すれば次の道がひらける。数独パズルの一マスが埋まれば他も決まってくるのと同じだ。数独の面白さと難しさは、ひとつ決まればその先が強制的に決まるというルールから来ている。今シャンポリオンはそれと同じチャンスとリスクに直面することになった。

数独は、3×3の小さなブロックに区切られている9×9の正方形の枠内に、1~9までの数字を重複させずに埋めていくのがルールだ。小さなブロックに空いているマスがひとつしかなく、まだ7の数字が残っている。それを入れてみれば、すべての数字が入った――ならば7はここでいいのだとわかる。ただし数独では、縦でも、横でも、どの列にも9つの数字を重複させずに入れなければならないという縛りがある。よって7を入れたことで、他の場所の数字も自然に決まってきて、さらにそれらを入れることでまた別の数字の場所が決まっていく。

シャンポリオンはロゼッタストーンのヒエログリフに目を走らせた。カルトゥーシュの外に、𓄟と𓋴が並んでいる場所はないか? この組み合わせはRamessesとTuthmosisでは「誕生」を意味していた。「誕生」はロゼッタストーンのどこに現れるのか?

そうして見つけた。楕円と鳥とヘビの中に、シャンポリオンは狙った獲物を見つけたのだ。それはヒエログリフのセクションの下から八行目、左端近くにあった。𓄟𓋴。

では確かめてみよう――それは本当に「誕生」を意味するのか?

シャンポリオンはギリシャ語のテキストを調べてみる。もう何度も読んでいるが、推測が正しければ終わり近くまでは飛ばしていいはずだ。終わり近くにくれば、お宝が見つかるか、自分の見立てが当たっていなかったか、わかるのだ。シャンポリオンは目を皿のようにして探す。「誕生」、「誕生」……。

すると、「プトレマイオス王、永遠の命」といった一連の決まり文句が続いた直後に、それがあった。ファラオの偉業が並はずれて素晴らしいので、神官らは「現在プトレマイオス王に示している敬意の象徴を大幅に増やそう」と心を決めたと、ロゼッタストーンは語っている。新たな威信を打ち立て、新たな神殿を献納し、新たな祝祭を執《と》り行う。それにふさわしい日はいつか？　一日では足りない。祝いの儀式は長く続くものだから。しかしそこに極めて重要な日を含める必要があるのは間違いない。つまり、「王の誕生を祝う日」、誕生日である！

　一八二二年九月十四日のまだお昼にもなっていない時間だった。シャンポリオンは抱えられるだけの草稿を取りあげると、音を立てて階段を下りていき、ニュースを伝えるべく通りへ走り出た。兄はどこだ？　職場だ。銘文・文芸アカデミーにいる。ここからほんの数ブロックで、歩いても五分。シャンポリオンは堂々たる建物に飛びこんで、兄の執務室に向かって走った。

　ドアを勢いよくあけ、持ってきた草稿を兄の机に叩きつけるなり、大声で叫んだ。「わかった《ジュ・ティアン・モナフ》ぞ《エール》！」そして、その場で失神した。

25　秘密のベールをめくる

失神して倒れた。それはシャンポリオンの人生において最も劇的な日だった。彼自身の性格からしていかにもありそうだし（オペラのテノール歌手がクライマックスを歌うときのような情熱と恍《こう》惚《こつ》はシャンポリオンのトレードマークだった）、時代の精神にもふさわしい。何しろバイロンと、シェリーと、ベートーベンと、ナポレオンが活躍した、禁じられた恋と、炸裂する和音と、馬上の歴史に彩られた時代なのである。

失神は、あまりにできすぎた感があるかもしれない。このエピソードは一家に伝わるもので、愛する兄の子のひとりである甥のエメが伝えている。果たして丸ごと信じていいものか？　これについては議論が分かれている。シャンポリオンが「わかったぞ！」と叫んだその日、エメはわずか十歳かそこらだった。しかし彼は長じて古代写本の専門家になり、フランスの国立博物館で父親の助手を務めていた。何が起きているのか、かろうじて理解できるといった年頃で、ゴシップを捏造《ねつぞう》するはずがないとも考えられる。

エメは七十七歳のときに、父親と有名な叔父、ふたりの人物の伝記を合わせて一冊にまとめた。シャンポリオンをこのうえなく尊敬する筆致だが（彼をスフィンクスの謎を解いたオイディプスになぞらえて熱烈に支持している）、シャンポリオンが倒れたエピソードはかなり控えめに書かれている。ドアを勢いよくあけて入ってきて失神するまでの記述は一ページにも満たず、事務的な文章を続けたあとに、すぐ別の話題に移っている。

エメの伝記刊行から二十年ほどが経過した一九〇六年には、ヘルミーネ・ハルトレーベンというドイツ人作家が決定版といえるシャンポリオンの伝記を出版している。こちらは二巻本で千三百ページという超大作。シャンポリオンはほとんど人智を超える存在として描かれており、失神のエピソードも少し誇張しているようだ。ハルトレーベンによる伝記には、弟が急死したと思って、兄は「恐怖に麻痺したようになって」弟の身体にかがみこんだと書かれている。それからすぐに自分の間違いに気がついて、弟をベッドに運んだが、シャンポリオンは「まるまる五日」正体なく寝込み、反応しなかったという。

シャンポリオンが失神したのは一八二二年の九月十四日だった。その二週間後の九月二十七日、彼は陶然《とうぜん》となる聴衆を前に、パリにある銘文・文芸アカデミーで講演を行った。雨が降って朝からどんより暗い日だったが、シャンポリオンが何か驚異的な事実を明らかにするという噂が何日も前から広がって会場は満席だった。

シャンポリオンがかつて師と仰いだド・サシもそこに居合わせた。『エジプト誌』の編集者で、嫉妬心を露《あら》わにするライバル、エドメ・フランソワ・ジョマール、有名なドイツの探検家であり地理学者であるアレクサンダー・フォン・フンボルト、傑出した物理学者フランソワ・アラゴも同じように講演をききにきた。

そしてまったくのばかげた偶然から（こんなベタな展開は、どんな映画の脚本家であろうと恥ずかしくて書けないだろう）トマス・ヤングも会場にいた。シャンポリオンとヤングはまだ一度も顔を合わせたことがなかったのだ。

ヤングはこの講演のほんの少し前にパリに来ていた。観光旅行が主たる目的だったが、この旅は、オーギュスタン・ジャン・フレネルという若く優秀なフランス人の物理学の講演をきくチャンスでもあった。フレネルのテーマは光の波動説で、これはヤングが科学において大きな貢献をした分野であったものの、正当に評価されなかった（アイザック・ニュートンの説を反駁《はんばく》したことによって怒りを買ったのも一因だった）。それがここに来て、フレネルの支援を通じて、ようやく注目されるようになったのだ。

このフレネルの講演ほど、ヤングを喜ばせたものはなかった。自分の若き同僚は、「何の偏見もなしに、じつに良心的かつ虚心坦懐《きょしんたんかい》に、わたしの研究は紛れもなく優位であることを認めてくれた」というのである。

そして今、同じ週に同じ都市で、ヤングはまた別の学者から、自分が「優位に立っているのは間違いない」と信じているテーマについて講演をきくことになった。会場を埋める学者たちに向かって、シャンポリオンは自分の論文を読みはじめた。その隣にはヤングがすわっている。

伝統に則《のっと》って、シャンポリオンも論文には正式なタイトルをつけていた。すなわち、「ムッシュー・ダシエへの書簡［ダシエは、銘文・文芸アカデミーの事務局長］」としたが、これまでそのような書簡はほとんどなかった。古代エジプト人はギリシャ・ローマの支配者の名前を綴《つづ》る、絵文字のアルファベットを編み出していたと、シャンポリオンは聴衆に向かって語り、自身が解読した例を次から次へ披露していった。

こういった仕事の多くは以前から発表されていたが、シャンポリオンの講演は印象的で説得力があった。解読の歴史や他の研究者の例で話を停滞させることもない。「段階を踏んで、非常に簡潔に」自分の発見を教えようと、彼は聴衆に約束していた。

シャンポリオンの話は固有名詞が中心で、一般的な語については触れない。しかし彼にはそれ以上に聴衆に知らせたいことがあった。自分で見いだしたアルファベットを提示しながら、「なぜエジプト人は、特定のヒエログリフで特定の音を表すことにしたのか」その理由を説明する。鍵となるのはコプト語だった。「ライオン」のヒエログリフがLの音を表すのは、コプト語でライオンを表す語がLの音から始まるからである。同様に、「口《くち》」のヒエログリフがRの音を表すのは、コプト語で口を表す語がRの音から始まるからである。同じ法則が、「手」や「水」や「タカ」や「羽根」のヒエログリフにもあてはまる。

シャンポリオンの話はそこで終わらない。じつはヒエログリフのアルファベットは、エジプトから中東へ、さらにギリシャからその他のヨーロッパへ、場所を移動するたびに変貌する。現代われわれが日常づかいしているアルファベットをじっくり見てほしいとシャンポリオンはいう。そうすれば、それがエジプトのヒエログリフの直系子孫であることがわかるはずだ。現代の生き物に対する古代の化石のように、われわれの文字の源流はヒエログリフにある。

これまで磨き上げてきた話術に力を得てシャンポリオンは講演を結ぶ。「つまり、われわれはついに古代の記念碑を読むことができるようになったのです」。そのとたん、ひとこと祝辞を述べようと聴衆がシャンポリオンに殺到する。その騒ぎをしばし押しとどめて、物理学者アラゴが初対面のふたりを正式に引き合わせる。ジャン＝フランソワ・シャンポリオンとトマス・ヤングの両人である。

講演は大成功を収めたと実感して、シャンポリオンは賞賛に浴した。「ノートルダム寺院より高く評価された」と、高校時代からつきあいのある一番古い友人で、宣伝に長《た》けた人物に手紙も書いた。それでも興奮は収まらず、数日後に同じ友人にまた新たな一通を送った。長年もがくうちに、とうとう幸運の女神が自分のほうを向いた。ここから人生は大きく変わるだろう。「今となってはもう不可能はない」と。

講演のあと、ヤングは午前のうちにシャンポリオンの自宅を訪ねた。それから数日間、共通の友人であるアラゴが仲介して、ふたりはお互いに行き来した。最初の出会いがかくも穏やかなのは、おそらくまだこの時期は、栄光は十分に行き渡ると、どちらもそう思っていたからかもしれない。いっしょにいるときは、ふたり頭を突き合わせ、パピルスに書かれたテキストに目を注ぎ、それから数か月ほどくだけた手紙のやりとりが続いた。

シャンポリオンは『ムッシュー・ダシエへの書簡』を版元から届くなりすぐヤングに二部送り、ヤングはヤングで「イギリスでシャンポリオンに見せたいものがたくさんある」と友人に手紙を書いている。

あるいは、この凪《なぎ》のような時期、両者はまだお互いに相手を真面目にとらえていなかったのかもしれない。シャンポリオンは「ダシエ」の講演で、ヤング（それ以外の誰についても）の名にほとんど触れていない。シャンポリオンの目には、ヤングは科学を道楽にして自分の専門領域外にふらふら踏みこんだ輩《やから》にしか見えない。ヤングの目には、シャンポリオンは自身が描いたスケッチに細部を書き加えてくれる若く優秀なアシスタントであり、「自分の研究における下級助手」と映っていた。シャンポリオンはヤングをせせら笑い、ヤングはシャンポリオンに上から目線で鷹揚《おうよう》な笑みを見せていた。

しかしヤングには度量の大きいところもある。シャンポリオンの講演をきいた二日後、著名な友人で、ナポリ在住の外交官であるウィリアム・ハミルトン（古代美術や彫刻に造詣《ぞうけい》が深いブローカーでもあり、大英博物館屈指のふたつの宝、ロゼッタストーンとエルギンマーブルズの獲得において重要な役割を果たした）に長い手紙を書いている。シャンポリオンが「途方もない」事をやってのけたと、ヤングはがらにもなく興奮した調子で、惜しみない賛辞を書き送っている。

おそらくシャンポリオンは自分の手柄にしすぎた嫌いもあるだろうとした上で、ヤングはこう続けた。「しかし、もし彼がイギリスの鍵を借用したのだとしても、その鍵穴はひどく錆び付いていて、普通の人間の腕ではとてもまわすことができなかっただろう」と。

それはまた太っ腹な物言いだが、それからすぐヤングは思い直している。しかし、「最初の一歩に全精力が傾注される」という格言があるじゃないかと、ハミルトンに思い出させていて、となるとやはりシャンポリオンはヤングを不当に遇したのかもしれない。

しかし次にヤングはまた撤回する。おそらくその格言は、この事例にはあてはまらない。シャンポリオンはヤングの見つけた手がかりを借用しただけではなかった。「トゲだらけの険しい道、邪魔な物で塞《ふさ》がれた道を進んでいくのは、最初の一歩だけでなく、以後のありとあらゆる一歩がこのうえなく重労働なのかもしれない」と。要するに、シャンポリオンは目覚ましい仕事をしたと、ヤングも認めたのである。

ヤングの評価がこんなふうに揺れているのには、「ダシエ」の講演でシャンポリオンが出し惜しみをしたことも関係していた。講演は、あのラムセスとトトメスの発見から二週間後に行われたが、その部分の話がそっくり抜けているのである。

ヒエログリフは千年後にギリシャやローマから入ってきた名前だけではなく、エジプトの名前を綴るのにもつかわれていたことにシャンポリオンは気づいている。さらに、先に見てきたように、彼はmiseすなわち「誕生」も解読しており、このことを話せば、ヒエログリフは名前だけでなく普通の言葉も綴っていた可能性があるという、もっと驚くべき事実を伝えることができたのである。それこそまさに、シャンポリオンが驚喜して床に倒れた発見だった。それなのに、その部分はカットされた。

「ダシエ」の講演会に出席していた聴衆の中でも最も注意深い人間なら、シャンポリオンがそういう隠し球を持っていることに気づいたかもしれない。しかし演題からは何もヒントが得られない。シャンポリオンは、「エジプト人が、ギリシャやローマの支配者の肩書き、名前、異名を記念碑に綴るのに用いていた音声的ヒエログリフのアルファベット」（長たらしい演題は当時の特徴だった）について話すという触れ込みだった。

いいかえれば、本当に話したかったのは、ヒエログリフが音を表すのにつかわれていた可能性についてだったが、それを非常に特別な限定されたケースについてのみ話したために、誤解が生まれた。それでも講演の最後近くになってから、シャンポリオンは本当の野心をちらりと覗かせた。「ギリシャやローマの名前の音を表すのにつかわれた音声的なヒエログリフはまた、純粋なヒエログリフの文字としてもつかわれていたと、わたしは確信しています」

「純粋な」文字という表現は、じつは大胆な主張を示唆していた。エジプト人はヒエログリフを、音を表すのにつかっており、それもギリシャ人やローマ人、その他いかなるヨーロッパ人がやってくるより、少なくとも一千年前からつかっている。もしシャンポリオンがこの件についてはっきり言及していたら、舟を漕いでいる聴衆も、はっと身を起こしただろう。しかしシャンポリオンはいわなかった。今はいうべきときではない。「細部を語っては話が長くなる」からだ。

シャンポリオンは駆け引きがうまいわけではなく、控えめをよしとする性格でもない。花火を打ち上げて熱心な聴衆の度肝を抜くチャンスだというのに、なぜみすみす逃したのか？

おそらく、これは大きな賭けだったからだろう。シャンポリオンの考えは画期的だが、まだ生まれたばかりだ。検証もされず、磨き上げてもいない状態で、披露するわけにはいかない。それにこれは競争だ。参加者の中には、すでに表舞台に上がった者もいる（ド・サシ、ジョマール、ヤングの三人は、まさに今同じ部屋でこちらの話をきいている）。おそらく他にも人の見えないところで、せっせと頑張っている人間もいるだろう。シャンポリオンはヒエログリフの解読にすでに十年の年月を費やしている。ここに来て、なにゆえライバルたちにヒントを与えねばならないのか？

しかし今シャンポリオンは活発に動いており、まもなく表舞台に勢いよく登場する。おかしなことに、彼をさらに前進させる起爆剤となったのは、言語学の深遠な洞察でも、古代の墓から出土した遺物でもなかった。そういったものより、遥かに幼稚なものだったのである。

26　きっとアヒルは誰かの母親

千五百年にわたって、学者たちはホラポロの書き残した文章の一部に首を傾げていた。ホラポロはエジプトの神官であり、彼が残したヒエログリフに関する著作はほとんど聖典扱いされていた。その大部の著作は西暦四〇〇年頃に書かれたとされている。とりわけ奇妙なのはふたつの文言だった。以前にも見てきたが、ホラポロによると、ハゲタカの絵は「母親」を、ガチョウの絵は「息子」を意味するというのだ。

いったいどうして？　ホラポロはまったく説得力のない理由を示している（ガチョウが息子を意味するのは、誰もが知るように、とりわけひな鳥を大切にするからだ）。ホラポロは古代の知識を一般に広く知らせるといっている。ヒエログリフに関する情報の一部は、ずっと昔に神官らがまとめた語彙《ごい》一覧表から得ているようだが、彼の時代まで下ると、ヒエログリフについて本当に理解している者はいない。間違いなくホラポロも同じはずだった。

その後、一八二二年または一八二三年にシャンポリオンがその謎を解いた。蓋《ふた》をあけてみれば、ホラポロから出された古代のなぞなぞの答えは、誰の目にも明らかな判じ絵と呼ばれる子どものパズルにあったのである。今日《こんにち》に至っては、この小さな絵に興味を持つ年齢はせいぜい小学校四年生どまりだろう。子ども連れの客にレストランが提供するランチョンマットに、点をつないでいくパズルといっしょに載っている。

I can see you!

十歳ぐらいの年齢の子どもなら、誰でも思い浮かぶ絵をつかった語呂合わせも、シャンポリオンの手にかかると、人類の知の歴史における画期的な発明のひとつであることが判明する。シャンポリオンの洞察はじつに単純だ。文字の夜明け近く、書くのが難しい言葉は、もっと書くのが易しくて、たまたま同じように発音する別の言葉で置き換えられるのではないかと、古代エジプト人が気づいたというのだ。その伝でいけば、son は sun で置き換えられる。

シャンポリオンは説明する。エジプトにおいては、「息子」と同じ発音をするのが「アヒル」だった（コプト語の研究から、どちらの語も sa と発音するのを知っていた）。アヒル、少なくともアヒルの絵はこの際どうでもいい。問題なのは、「アヒル」という語の音だ。

アヒルの絵そのものは、いわば人を欺《あざむ》くもの。これのおかげで解読に挑戦する者たちは二千年にわたって道を迷い続けた。アヒルをガチョウと混同したのはさておき、ホラポロは真実に近づいていたわけだが理解はしていなかった。

古代エジプトでは、「アヒル」が「息子」を表す語と同じ発音だったように、「ハゲタカ」は「母親」を表す語と同じ発音だった。要するに同音異義語であって、別の言葉でありながら発音は同じ。

night と knight の組み合わせのようなものだ。
シャンポリオンが喜んだことに、ヤングはこの点でひどい間違いを犯していた。正解に極限まで近づきながらの失態だった。彼は、ふたつ並んだカルトゥーシュのあいだにガチョウと卵のヒエログリフが並んでいることがよくあるのに気づいていた。
正解を先にいってしまえば、最初のカルトゥーシュはファラオの正式な肩書きであり、ふたつめのカルトゥーシュがファラオの名前だった（この方式でイギリスの王名を書くなら、最初のカルトゥーシュは「信仰の守護者」となり、ふたつめのカルトゥーシュは「ヘンリー八世」となるだろう）。ヤングは例によってそれぞれのカルトゥーシュには王の名前が入っていると考えた。わからないのは、どうしてファラオの名前が連続して現れるのか、という点だった。
すでにつまずいていたヤングはここに至って完全に転んだ。ふたつのカルトゥーシュが、ふたりの王の名前を表していると考えたのが間違いだった。その上に新たな推論を組み立てるわけだから、また間違うのは目に見えている。そこからヤングは、ふたつのカルトウーシュのあいだに挟まれたヒエログリフに目を転じる。

「ガチョウと、その斜め上に描かれた卵。この組み合わせは『息子』を表していると、ずっと前からにらんでいた。この表象は、他の異なる銘文でも多数見受けられ、どれも固有名詞のあいだに挟み込まれているのである」とヤングは書いている。

ヤングは推測を重ね合わせ、最初のカルトゥーシュにはファラオの名前が書かれており、それからガチョウと卵が「息子」を意味し、二番目のカルトゥーシュにはふたりめのファラオの名前が入っていると考えた。解読しろといわれて、これ以上に簡単なものが他にあるだろうか。これらのカルトゥーシュはアメンホテプの系譜を示している。すなわち、「アメンホテプ、息子、アアフメス一世の」と綴《つづ》っているのだ。

すこぶる整った表記法だとヤングは歓喜し、「将来的には、エジプトの諸王の完全な系図を手に入れるのも夢ではない」と考えた。

ほぼ正しかったが、正解からは一マイル隔たっている。実際にはガチョウと卵は、アヒルと太陽を表していた。ふたつ合わせて、「太陽の息子」という意味であり、ファラオの神から与えられた地位を宣言するのに、これほど堂々たる言葉はない。

「アヒル」が「息子」を意味するのはヤングにもほぼ推測できていた（ただしアヒルをガチョウと混同した）が、そこまで正解に近づきながら、推測の理由は完全に間違っていた。シャンポリオンはそれを嬉々として正したのである。

シャンポリオンの主張の核は、ローマ皇帝の名前が入ったカルトゥーシュに基づいていた。彼は、カリギュラやネロをはじめ、他にも数名の名前を解読していた。どの名前の前にもアヒルと太陽のヒエログリフがある。ヤングによれば、それぞれカリギュラの息子、ネロの息子、となるわけだ。

しかし、カリギュラにもネロにも息子はいない。

語呂合わせが文字の歴史において立派な役目を果たしているというと、妙な感じがするかもしれない。かつて、宮廷お抱えの道化師が、王家のテーブルで貴賓席にすわっていたようなものだ。しかし歴史を俯瞰《ふかん》してみれば、語呂合わせや言葉遊びを低く見るようになったのは、割合最近のことなのだ。誰でも知っている有名な文学の一節も、語呂合わせが大きな役目を担っている。すなわち、イブがアダムにリンゴを差し出したところから、あらゆる問題が発生したという話だ。あの話にリンゴが登場するようになったのは時代が下ってからだった。聖書においては、知恵の木で育つのがどんな果実なのか特定していない。創世記では一般的な果実とされているだけだ。

リンゴが登場するようになったのは、西暦四〇〇年頃で、サン・ジェロームが新しくラテン語に翻訳したときだった。ラテン語の malum が、たまたま「リンゴ」と「悪」の両方を意味したからで、ジェロームは西洋の世界創造の物語の中心に語呂合わせを据えるという気の利いたことを思いついたのだ。

判じ絵式の語呂合わせもまた、かつては単なる子どもの遊びではなかった。たとえば、イギリスの著名な家では紋章に好んでつかわれていた。有名な例を挙げるなら、英国女王エリザベス二世の母親の名は Elizabeth Bowes-Lyon。その紋章には bows（弓）と Lion（獅子）があしらわれている。

言葉遊びが重要視されるまた別の例を挙げると、中国で嫌われる4の数字がある。西洋における13の数字と同じだ（中国の高層建築では、四階だけでなく、十四階、二十四階……というように、四のつく階がない）。理由は、中国語の4の音が、「死」の音と同じだからである（中国では結婚式のお祝いに時計を贈るのもよくないとされる。時計を意味する中国語が「終」と同じ音を持つから

である)。

　判じ絵や語呂合わせは、紋章や迷信といった特別な例だけでなく、文字全般の歴史において重要な足がかりとなった。絵を利用すれば、ちょっとした娯楽要素も加わって、どんな言葉や概念もつかみやすくなるからだ。形のない概念を表すのさえ、お手の物。その手を英語でつかうなら、nightmare（悪夢）は、鎧を着たknight（騎士）とmare（雌馬）を並べればいい。belief（信念）ならbee（ハチ）とleaf（葉）を、melancholy（憂鬱）ならmelon（メロン）とcollie（コリー犬）を、それぞれ並べるだけで表せる。

　こういった例は知恵を絞って考え出したものだが、エジプトのヒエログリフは実際語呂合わせだらけで、すべて絵で成り立っている文字体系においては、まさに理想的な方式だった。「ハゲタカ」と「母親」といった例は序の口で、そういう組み合わせは山ほどある。

　書記の主立った仕事のひとつに商取引の記録があり、大量の数字を書き留める必要が出てくる。しかしたとえば、雄牛一千頭を表すのに、雄牛の頭を千個も書くなどということは誰もしたくない。雄牛一頭を書いて、その隣に千回線を引くなどということもごめんだ。

代わりに書記は語呂合わせを活用した。エジプトの「一千」は、「ハス」を表す語と音が似ているので、ハスの花で「一千」を表す。同様に、「一万」を表す語は「指」を表す語と音が似ているので、「一万」と書きたいときには指を書く。古代のテキストを見ていくと、雄牛の頭がひとつ、指三本、ハスの花ふたつが並んだ絵文字の列が出てくることがある。なんとこれで、三万二千頭の雄牛が表せるというわけだ。

判じ絵をつかいはじめると、さらに大きく飛躍して重要なポイントをクリアすることができる。言語全体を記号で表すという究極のゴールへ進む道を、判じ絵が案内してくれるからだ。あとになって見ると、わかりきったことと思えるかもしれないが、その思考の流れをシンプルに表現するなら、判じ絵の一部の絵で音を表すことができるのであれば、別に判じ絵でなくても、その絵ひとつで音を表せるのではないかという発想だ。

何がどんな音を表すかは、あとで考えることにする。重要なのは、絵が音を想起させるということ。たとえばdogの絵はdogという音を表すかもしれないし、最初の音のdだけを表すことも考えられる。後者の場合、すなわちdogがdの音を表すとした場合、表現の幅はとてつもなく広がる。dogの絵（と他の絵の組み合わせ）をつかって、sadnessやditchやcandyといった語を綴ることができ、その際、ぴったりの判じ絵を考える必要もなくなる。

カルトゥーシュをつかった場合でも、これとまったく同じことがいえる。どちらの場合にも、古代の書記が（そして数千年後にはシャンポリオンが）ヒエログリフは、カルトゥーシュや判じ絵の中にあっても外にあっても、同じように語を綴ることができると気づいたのである。

それゆえmiseを見抜いたことは画期的なことだった。ヒエログリフはどこにあろうと読めるのだと、シャンポリオンが気づいたのは、ヘレン・ケラーが水に手を突っこんだ瞬間に等しい。暗闇に突如光が差してきたようなその瞬間のことをヘレン・ケラーは「謎のベールに包まれていた言語が、わたしに向かってそのベールをはずしたのです」と後に書いている。シャンポリオンもまた、その前と後では世界がまったく別物に見える決定的瞬間を正確に示すことができるはずだ。

音に関する発見がこれほどまでに遅れたのは、ヒエログリフが視覚に強烈に訴えかけてくるせいもあっただろう。初見で誰もが思うのは、これは絵だということ。一度そう思ってしまえば、それが単なる絵ではないと見取るのは非常に難しくなる。

シャンポリオンは判じ絵の重要性をわかっていたが、それらがヒエログリフではどのように働くのか、法則はまだ見抜いていない。蓋をあけてみれば狂おしいことに、ひとつのヒエログリフが何の前触れもなく役割をころころ変えるのだった。「アヒル」はある文脈で「息子」の意味を示したかと思えば、また別の文脈では絵のとおりに池でガーガー鳴くアヒルそのものを表している。さらにまた別の場所では、エジプト語で「アヒル」を表す語の音であるsaの音を表しているだけだったりする。

読み手を正しく導く、何かルールや手引きがあるはずだが（シャンポリオンの次の仕事は、それを明らかにすることだ）それがまた、どれひとつとして一筋縄ではいかない。科学においては、いつでも必ず適用できる法則がある。手に持っている石を放せば、石は落ちるというように。しかし言語となると、そんなふうにいつでもきちんと適用される規則はめったにない。英語の綴りを記憶するための覚え歌「Cのあとを除いてIはEの前」や、フランス語の「＾」（アクサン・シルコンフレックス）は失われたSがあることを示すといった規則にはいずれも山ほどの例外がある。vein や weird、mûr や âge といった例外をどう考えたらいいのか？　新しい事例に出会ったとき、これは（不完全ながら）正しい規則なのか、それとも持論を撤回して一から考え直すときが来たのか。これを判断するのは言語学者にとって非常に難しい。

古代エジプト語を司《つかさど》る規則を学ぼうと思ったら、気が遠くなるほどの困難が待ち構えている。どんな言語でもそうだが、エジプト語もまた、中心となるプランナーの助けなしに進化していった都市に等しい。そこには整然とした建築の青写真ではなく、自然発生的に枝分かれする生きた樹木を見るような難しさがあるのだ。

語呂合わせも判じ絵も手がかりは提供してくれるが、その手がかりから答えを導くのが不可能なことも多い。もともとの意味の結びつきはとうの昔に忘れられており、多くのヒエログリフは古代においてさえ、「死んだ比喩」だったと、エジプト学者のリチャード・パーキンソンはいう。

英語でも、もとはその語やフレーズをきけば、同じものが頭に浮かんだはずが、すぐさま形骸化してしまう例は多い。名前の場合はしょっちゅうで、かつては大工という意味だった Sawyer も、今では一般的な名前としてつかわれている。また、かつてはスタートラインに爪先を揃えることを示した Toe the line というフレーズも、toe（爪先）を tow（引く）と間違って綴る場合も多く、現代では当初の意味が忘れ去られているとわかる。同様に、ride roughshod over というフレーズをきいても、アメフト選手が勝つために乱暴なプレーでもしたのだろうと思うだけで、roughshod が馬の装着する釘付き蹄鉄《ていてつ》であり、牽引力を増したり、敵を馬で踏み潰したときのダメージを強化したりするために着けたことは知らない。fly off the handle（かっとなる）が意味するのは短気な男ではなく、かつては斧の刃が柄から飛んでいくことだったのも忘れられている。

そんなわけで、エジプト学者たちは一連のヒエログリフの意味をまったく推測できないで終わるという結果になる場合がほとんどなのだった。appleという文字の外見からそれが何を表すのか推測するのはほぼ不可能なのと同じだ。たとえばランダムに例を選んでみると、ヒエログリフで「苦しみ」を表す記号は、バースデーケーキ、ジグザグ、スズメといったものに見えるのである。ときに推測が可能な場合もある。「夫」を表すヒエログリフにはペニスの絵が含まれており、男子便所の落書きをそのまま採用したようにも見える。しかしほとんどの場合、第三者には推測不能だ。二匹のヘビと、半月ふたつ（そう見えるかもしれないが、実際はパンの塊ふたつを描いたものだという）が、「飛躍」を表すなどと、どうして推測できるだろう？

もっとも、英語とヒエログリフには共通する点もわずかながらにある。たとえば、アルファベットの文字だけに限定することなく、&や%といった記号も、音ではなく意味のある言葉としてつかうことや、ときには記号をごちゃ混ぜにしてつかうことだ。Could you please keep down the #@%@★%# noise!（静かにしてもらえませんか！）——この記号の寄せ集めは音を表してはいない。特別な手紙の末尾に記すxoxoも同様で、読み手は発音しないが、ハグとキスを表す。

われわれは絵もまた、毎日のようにつかう。ニコニコマークなどは何十年も前からつかっているし、それよりずっと前からドクロマークを警告につかっている。誕生日のお祝いメッセージやツイートなどは絵文字の嵐だ。

しかし、われわれのつかっている文字体系全体から見れば、それらが占める割合は小さい。もし英語がヒエログリフと同じ仕組みを持っていたら、もっとたくさんの判じ絵や絵文字がつかわれて、本には、◉♡Uといったメッセージがあふれていたことだろう。しかし、◉は、ときに〝I〟

（わたし）を表す場合もあれば、文字のI（inkのiのように）を表すこともあり、またあるときには目そのものを表す場合もあると、そういうことになる。

　多くの語が、現在と同じように書かれたであろうが、たとえばWinston Churchilなどは、文字ではなく、タバコのパッケージのあとに、様式化された教会（church）と丘（hill）の絵が描かれたかもしれない（問題がさらに複雑になるのは、そのタバコ会社が廃業して久しい時代になっても、そのシンボルは残るということで、かつてはWinstonときけば誰でもタバコを思い浮かべたのに、今では誰もそんなことは思わないということが生じる）。

　こういった複雑な問題と向き合ってきたシャンポリオンには、そこからなんとかして導き出した自分の推論への誇りと、ヒエログリフの精巧さと臨機応変な性質への驚きがあるのだろう。彼が一八二四年に書いた文章には、そんな気持ちがありありとにじんでいる。

「ヒエログリフは複雑な文字体系である。ある文字が、同一の文章内で、比喩的にも、象徴的にも、音声的にもつかわれる。極論するなら、ある文字が、一文の中でも、一語の中でも、その働きを変えるのだ」

27　耳をすまして

ここに至ってヒエログリフの解読劇は、シャンポリオンの独壇場《どくだんじょう》となってきた感がある。そして、この頃になるとシャンポリオンとヤングは、互いの動向を用心しいしいうかがうという段階を過ぎて、相手への軽蔑を隠せなくなってくるのである。その分岐点は、『ムッシュー・ダシエへの書簡』にあった。講演でこそ、ライバルの話に大人しく耳を傾けていたヤングだったが、いざそれが推敲《すいこう》を経て出版されると、どんどん機嫌が悪くなっていった。シャンポリオンの言葉のひとつひとつをつぶさに見るにつけ、心穏やかでいられない。自分がドアをひらいてやったからこそ、シャンポリオンが通り抜けられたというのに、感謝の言葉はどうしたのだ？　ヤングとしてはライバルのふるまいに、「敬意の欠如」をかぎとらずにはいられなかった。

しかしそこはヤングのこと、ストレートに文句をぶつけたりはしない。論争のさなかにあっても、怒りを露《あら》わにするより遺憾を表明するほうを好んだのである。いいにくいことであるがどうしても気になって仕方なかったのだろう。「ミスター・シャンポリオンに礼を失する意図があったと、そのような非難をするつもりは毛頭無い」とまず断ってから、ヒエログリフ解読に関する論文を最初に発表したのはシャンポリオンではなく、この自分であることを、ヤングは読者に思い起こさせる。「活字にして発表しない限り、いかなる発見についても自分が成したとはいえないと、そこまで厳密になる必要はない。それでも、そういう取り決めが存在することは、少なくとも非常に有益であると思うのだ」

　こういった文言は一八二三年に、ヤングが出版した著作に書かれている。その前年に活字になったシャンポリオンの「ダシエ」の講演に対する反撃だった。シャンポリオンと同じようにヤングのほうも長いタイトルをつけていて、その最後にトゲがあった。『ヒエログリフの文字とエジプトの遺物に関する昨今の発見』と、始まりこそ穏やかである。しかしそのあとに、丁重な物言いにくるまれた辛辣《しんらつ》な言葉が待っている。「著者が最初に考えたアルファベットをミスター・シャンポリオンが拡張してくださったものも含む」と。


　ヤングが、エペをつかって突いたり払ったりする対決を好むのに対して、シャンポリオンは棍棒で敵を完全に打ち倒すのを好んだ。解読に挑んだ最初の頃から、ライバルになりそうな相手をことごとくせせら笑ったのである。スウェーデンの学者オケルブラッドのことは、「エジプトの銘文が見えておらず、三語続くともう読めない」と見下し、あるドイツ人学者が「発見」と呼ぶ代物《しろもの》は空想でしかないと決めつける。学識と誠実さを兼ね備えたデンマーク人学者ツェーガは記念碑を組み立てられるだけの材料は十分に集めたが、「ひとつの石の上にもうひとつの石を載せることも満足にできない」という。

　ヤングに対してはまた格別な愚弄《ぐろう》が待っていた。この学識のある博士は、まず何よりもイギリス人であって、シャンポリオンの目には、そこからしてもう、どうしようもない重荷を背負っているように見えるのだ。端的にいうなら、ヤングは自分がほとんど理解していないことについて、「偉そうにものをいう」気取った大ばか野郎だというのだ。一方自分自身については、ヒエログリフの謎を解くのはこの自分であると運命で決まっているのを、ずっと昔からわかっていたという。

少なくとも兄には、そんなふうに話していたらしい。公の場ではもっと自分を抑えただろうが、それでもたまに抑えられなくなる。「ダシエ」の論文では、「ドクター・ヤングはイギリスで、古代エジプトの記念碑に刻まれた文字について研究をされ、非常に重要な成果を得た。その文字についてはわたしもずいぶん前から考えていたが」と、ほんの少しばかり譲って賛辞を述べてはいる。しかしそこから一気に攻撃に転じるのである。

ヤングはプトレマイオスをはじめとするいくつかの名前を解読しながら、そのあとで道をそれてしまったと、シャンポリオンは書く。特定のヒエログリフはアルファベットのように音を表す機能を持つのだと正しく観察しながら、「このイギリスの学者は、固有名詞を表すヒエログリフが、完全な音節を表現すると同時に、ある種のパズルや判じ絵のような働きもすると思いこんでしまったのである」

これは卑劣な非難だった。シャンポリオン自身、ヒエログリフが（Ra-mes-ses の Ra のように）「完全な音節を表現する」と知っていたし、それが（Ramesses の名前にある太陽のヒエログリフのように）「ある種のパズルや判じ絵のような働きもする」と知っていたのだから。すべて知っていたのに、あえてまだ世間には公表しなかっただけだ。しかも、ただ知っていたのではない。それらを知ったとたん、本人は気絶して倒れるほどの衝撃を受けたのである。

いずれにしてもシャンポリオンは、解読に非常に役立ってくれた判じ絵と関係を断つべきではなかった。そこにはまだ、重要な手がかりが残っていたのだから。

言葉遊びはそれがつくられた言語においてのみ機能する。語呂合わせは翻訳不可能だ。英語を話す人間なら誰でも、pan と tree の判じ絵を見て、すぐに pantry（食料品棚）だとわかるが、ドイツ人やスペイン人にはさっぱりわからない。

ゆえに、シャンポリオンがduck/sunをはじめとする判じ絵を見抜けたのは、大きな賭けをして勝った褒美だといえる。彼が思ったとおりコプト語は古代エジプト語の謎を解く鍵だったのだ。

たくさんの成果を得たシャンポリオンは、そこからはっきりした目標に向かって邁進《まいしん》する。これまでに解読した名前から、ヒエログリフのアルファベットのようなものをつくりあげようというのである。たとえば、𓊪はP、𓏏はT、𓃭はLというように。

それにコプト語の研究にはもう長い年月を費やした。次にやるべきはヒエログリフとコプト語を合わせて、研究対象をひとつに絞ること。シャンポリオンの仕事は、ヒエログリフのテキストをできる限り多く集め、それを声に出して読みながら、コプト語に似ている音はないか一心に耳をすますことだった。

単純な方法ではあるが、実際にやってみるのは至難の業《わざ》だ。大海をスプーンをつかってからっぽにしようというのと変わらない。もし途中に立ちはだかるいくつもの壁を挙げていったら、シャンポリオンは絶望して頭から毛布をひっかぶったに違いない。

最初の壁は、古代エジプト語の文字体系はほとんど母音なしで成り立っているという事実。つまり、どんな発音だったかを、現代人が正確に知ることは不可能なのだ。母音がないのはささいな問題だとはいえまい。If you cn rd ths, you cn gt a gd jb. を if you can read this, you can get a good job. とすらすら読めるだろうか。

実際は大問題で、一九六〇年代には世間を騒がす深刻な事態が持ち上がった。エジプトで発見された、ある陶器のかけらに刻まれていた文字の解釈をめぐり、学者たちが激しくぶつかり合ったのだ。それは時をさかのぼること数千年前、誰かが、ヘブライ語とアラビア語の近縁にあたるアラム語（三つの言語ともに母音がよく省略される）で書いたメッセージだった。これについて、「注意せよ、わたしは夢を見たのだ」という意味だと主張する側と、「注意せよ、わたしは野菜を見たのだ」という意味だと主張する側で、学者たちがまっぷたつに分かれたのだ。

どちらの陣営の解釈を信じるかによって、幽霊のようなものが出てきて「平和」を宣言したのか、それとも「キュウリがもう残っていない」と注意を呼びかけているのか、文意がまったく違ってくる。

なぜこういうことが起きるのか？　何百年も前に書かれた、ひしゃげてねじくれた文字を読むのが難しいせいもあるだろう。中にはほとんど判別がつかない文字もあるし、上下二行に挟まれた真ん中の行に並ぶ文字が、上の行の一部にも見えるし、下の行の一部にも見える。また消えていて推測に頼るしかない文字もあった。

しかし一番の問題は、母音がないことだった。そのため、すべての文字を完全に判別できたとしても依然あいまいなわけで、夢か野菜かで大きく解釈が分かれたのだ。大雑把にいえば、子音だけをつかって書かれた英語のようなもの。crt は carrot を意味するのか、それとも create を意味するのか、学者たちの判別に任されている。

シャンポリオンもまた、母音の欠如が原因で、予想もしない困難にぶつかった。古代エジプトにおいて「同音異義語」の範囲は、現代のわれわれが考えるよりずっと広く、子音ふたつが同じならそれで同音と見なされる。ひとつの絵で別の意味がさまざまに表せるのだ。

よって同音異義といいながら、必ずしも同じ音を持つわけではない。書記は pair を表したくて pear（セイヨウナシ）を描いたのかもしれないが、pear は、pr の子音を持つ言葉をすべて表すことができるわけで、それなら、pier、peer、poor、pour、pore、pry、pyre など山ほどある（こういったシステムの緩さを知ると、「アヒル」と「太陽」、「ハゲタカ」と「母親」を解読できたシャンポリオンの偉業がますます凄いものに思える）。

さらに大きな問題も浮上した。正確にいうなら、からみあうふたつの問題だ。まずコプト語は古代エジプトで話されていた言語ではないが、ラテン語に対するイタリア語と同じように、死んだ言語の末裔《まつえい》である。シャンポリオンの願いは、エジプト語を声に出して読み、そこに遠縁の言葉であるコプト語を見いだしたいという、ただそれだけだった。

しかしもっと面倒なことに、コプト語自体もほぼ死んでいる。勝算を考えてほしいと、十九世紀の学者が驚いている。シャンポリオンをはじめ、初期の解読者たちは武器庫にたったひとつの武器しか備えていなかった。すなわちコプト語の知識だが、そのたったひとつの武器も「絶滅した言語の、ずたずたになった、不完全なかけら」でしかないのだ。

知らない言語を耳で解読するのがどれだけ難しいか、母国語でも頻繁に起こる「きき間違い」を想像するとわかりやすい。「忠誠の誓い」も小学生にかかれば、I pledge allegiance to the Flag.（私は国旗に忠誠を誓います）が、I led the pigeons to the flag.（私はハトたちを旗まで案内します）となってしまう。

大人だって負けてはいない。九〇年代に、映画の『アラジン』が潜在意識に妙なことを吹きこんできて、子どもの教育によくないと親たちが問題視したことがあって、ディズニー側が釈明に出ることになった。アラジンが、“Good teenagers, take off your clothes.”（よい子のみんな、服なんか脱いじゃいなよ）とささやいているというのだが、実際の台詞《せりふ》は、“Scat, good tiger, take off and go.”（スキャット、いい子だ、さあ行って来い）」だった。

結局、話し言葉を理解するのは、その場で空欄に次々と言葉を埋めていくようなものなのだ。どんなに鋭い聴覚の持ち主でも、多くの言葉をきき逃す。それでも気にならないのは、つねに無意識のうちに、どんな言葉が次に来るか予測しているからだ。鍵となるのは文脈で、この状況なら次はこんな言葉が出るだろうと、意識せずとも考えている。

しかし、その場で推測するというのは、実際かなり難しい芸当だ。科学者たちはもう何十年も、音声入力による翻訳機をつくるために骨を折っているが、いまだに完全なものはできていない。to recognize speech と話したのに to wreck a nice beach と記され、a relationship が a real Asian ship となってしまう。

つまりシャンポリオンは、あきれるほどに難しい挑戦に挑んでしまったことになる。何しろ、死んだ言語の息を吹き返らせるのに、瀕死の言語を通じて息を吹きこもうというのだから。おまけにページの上で沈黙している記号から声をききださねばならない。

手がかりはないわけではない。たとえばエジプト語の文字には母音がないが、コプト語にはある。ゆえに、もしコプト語の中に生き続けているエジプト語の単語があれば、それがどういう音を持つのか、シャンポリオンもかなりいい線まで推測できるだろう。同様に、発音がわかっている言語の中に、エジプト語の近縁の語があれば、ふたつの語の発音は似ていると推測できる。

それでも知らない言語の音を推測するのは嫌になるほど難しく、間違うほうが断然多い。もしフランス語が死に絶えた言語だったら、英語を話す人間はたとえ oui といった単純な一語でも、どう発音するのか、まったく推測できないだろう。

別に他の言語によらずとも、ひとつの言語の中でも、百年や二百年が過ぎて、時代が変われば同じことが起きる。古い小説の登場人物たちはよく、Ye Fox and Hounds というような名前のパブにふらりと入ることがある。昔は、yeをtheと発音した。ThがYになったのは、もとは字形の類似による混同だった（we hold these truths to be felf-evidentの中でsがfになっているのと同じだ）。

その言語を学習して日が浅い者は一語や二語につまずくどころか、完全にひっくり返ることも多い。ご存じかもしれないが、声調というのは多くの言語で重要な役割をしている。詩人がライオンを食べたことを叙述した、よく知られた中国の話がある。その話ではまったく同じ音が声調を変えて九十二回繰り返されるのである。「施氏食獅史」というタイトルだが、ここからしてもうShī shì shí shǐであり、話の中身に入っても西洋人の耳には、shiが何十回も繰り返されているようにしかきこえない。

英語ではイントネーションはさほど重要な役を果たしていないが、それでもときに問題になることがある。わたしの知っている作家で自著の献辞を考えるのに骨折りをした人物がいる。長い期間ひたすら執筆に集中して、それ以外のことはまったくやらなかった。それで奥さんにきちんと献辞を捧げようと思った。しかし妻が力になってくれたすべてのことをどんな言葉で表せばいいのか？そこで彼はいいことを思いつき、For Rose who knows why.（ローズに捧げる。その理由はきみが知っている）と書き入れて、その草稿を早速妻に見せた。すると妻は、夫の思っていたのとは違うイントネーションで、声に出して読んだ。For Rose. Who knows why?（ローズに捧げる。理由なんて誰が知る？）

似たようなことが起こりうる機会は多くの言語にあって、いつ足をすくわれてもおかしくない。アマゾンの熱帯雨林地域のごく狭い地域で話されている言語では、「友」と「敵」を表す文字はまったく同一で、発音するときに一音節のみ声調が変わるだけである。

イギリスの言語学者ジョン・キャリントンはバンツー族が話すケレ語を学ぼうとしたときの不運な出来事について記している。ケレ語は現在のコンゴ民主共和国で話されている言語で、アクセントの違いがすべてを決める。悔しいことにキャリントンにはそれがさっぱりわからない。Alambaka boili が、「彼は川岸を見ていた」を意味するときと、「彼は義母を茹でてしまった」を意味するときがどう違うのか、ききわけることができなかったのだ。

そして、古代言語の発音も、われわれには決まって手が届かない。学者たちがどれだけたくさんのヒエログリフを解読しても、ファラオが自身の気高《けだか》さをどんな音声で宣言したのか、エジプトの母親がどんなふうに赤ん坊に子守歌を歌ってきかせたのか、正確なところは永遠に知ることができない。

もちろん、永遠にきくことができないのは、古代エジプトの音声ばかりではない。一八五〇年を過ぎるまで、人は死んでしまったら、もうその声をきくことはできなかった。最も早くに録音された声は、一八七七年にさかのぼると長いこと信じられていた。エジソンが、「メリーさんの羊」を自分で歌って録音したものだった。この発明が何に役立つのか、エジソンは最初よくわからず、そろそろ夕食の時間だと、時計にいわせてみるのもいいかもしれないなどと提案しているが、声を永久に保存できる方法を発見したのはうれしいことだった。

「この、舌もなく歯もない機械には、喉頭《こうとう》や咽頭《いんとう》もない……それが、その人の口調と声をそっくり真似することができる。ばかばかしい考えも、いい気な夢想も、くだらない言葉も、あなたがこの鉄の振動板に向かってつぶやいたことは、あなたが埃《ほこり》になって数百年経ったあとでも、あなたのことを知らない世代に向かって、何度でも繰り返されるのである」

しかし蓋《ふた》をあけてみれば、鉄の振動板で人の声をとらえようと考えたのはエジソンが最初ではなかった。一八六〇年に、無名の女性がフランス民謡「月の光に」の一節を歌っている声を現在もきくことができるのだ。

それを発明したフランス人は、植字工で鋳掛《いか》け屋のエドワール＝レオン・スコット・ド・マルタンヴィルだったが、そんなものを自分が録音していたとは知らず、そもそも音を録音するという意図は彼にはなかった。マルタンヴィルがやろうとしたのは、音をページに書き留められる機械をつくることだった。

実際それは成功し、百年以上ものあいだ、彼が保存したのたくった文字は忘れられた書庫のすすけたページの中に黙って存在していた。それが再発見されたのは二十一世紀に入ってからだった。*まもなくアメリカ人の科学者チームが、装置の記録した起伏を音に変換し、それが空中で響くことになった。百五十年のあいだ沈黙を通していた声が、おずおずとではあるが、間違いなく歌いだしたのである。

シャンポリオンはそういった機械を活用することができず、自身の頭脳と鋭い耳だけを武器に、古代の声を再現しようと骨を折った。それしか頼りにできないコプト語は、ほつれてぼろぼろの命綱のようなもの。それが彼の抱える最初の問題だった。二番目の問題は、考えただけで目の前が真っ暗になりそうなものだった。あらゆる言語は一生のうちにさまざまな変化を遂げるが、エジプト語の場合、その一生が途方もなく長い。つまりシャンポリオンの挑戦は、単に死んだ言語と格闘するだけではなかった。三千年以上にわたってさまざまに変化を続けてきた死んだ言語と組み打ちをしなければならないのだ。

それに比べれば桁違いに短いスパンだが、そのあいだに英語がいかに変化してきたか考えてほしい。次に挙げるのは西暦一〇〇〇年頃に古英語で書かれた文章だ。Fader urer, ðu bist in heofnum, sie gehalgad noma ðin. これを Our Father, who art in heaven, hallowed be thy name. だとききとるためには、よほど鋭い耳がなければ無理だ。

『ベオウルフ』も古英語で、やはり西暦一〇〇〇年頃に書かれた。今から約一千年前であって、エジプトの「時の物差し」でいうなら、われわれの生きている時代に非常に近い。その難しさはせいぜいダヴィンチコード程度であるはずだ。しかし今日《こんにち》になっても、その壮大な叙事詩は、われわれにとって難解であることに変わりはない。Hweat we gardena in geardagum という最初の行を見て、Hark! The Spear-Danes, in earlier days とすぐわかる人間は希《まれ》だ。

ただ、よくよく見れば、古英語は取りつく島もないほど難解ではない。なかには、複数の語を圧縮した詩的なものもある。たとえば古代英語では body を banhus といい、これは bone house と読み解ける。また海はがらんとした水の広がりではなく、hronrad、すなわちクジラの道（a whale road)。図書館を表す語は、「本の宝庫」である。しかし、手引きをしてもらわなければ、道に迷って途方に暮れる。「われわれはマザーグースの『ヒッコリー・ディッコリー・ドック』を陽気に歌うが、それが、八、九、一〇という数字を表すことなどまったく知らない。もともとこれは、ブリ

＊映画のプロデューサー、ピーター・ジャクソンは、最近新たな冒険に一歩を踏み出した。長いこと失われていた話し言葉に新たな命を吹きこもうというのである。まずは読唇術師の力を借りて、第一次世界大戦時に従軍した兵士の保管映像を丹念に調べ、百年以上前に話された言葉（声ではない）を見事に再現した。ジャクソンのドキュメンタリー映画『彼らは生きていた』は二〇一八年に公開された。

タニアに土着していたアングル族、サクソン族、ジュート族が出会ったときに口にしたケルト語だった」と、言語学者ジョン・マクウォーターが書いている。

シャンポリオンの仕事はそういった奥に隠れた手がかりを探り出すことだった。来る日も来る日も机の前にすわり、古代エジプト語の切れ端を読み上げながら、ほんのかすかでも馴染みのある響きがきこえてこないかと耳をすます。おそらく楽しいばかりではなかったはずだ。

28　頻出の強み

最初のうちシャンポリオンは、ロゼッタストーンのギリシャ語部分を解読の手引きにすることができた。その結果、輝くばかりのトロフィーを獲得した。王、神、命令、神官といったドラマチックな言葉の数々だ。

プトレマイオスという王名の解読を追っていくと、シャンポリオンの解読プロセスがわかる。ロゼッタストーンのカルトゥーシュの中には、プトレマイオスの名のあとにいくつかのヒエログリフが続くものがある。この余分にくっついている記号は、いったいどのように読むのだろう。

ロゼッタストーンのギリシャ語テキストには、プトレマイオスについて「永久に生き、プタハに愛された」と言及している部分があるから、まずはそこから手を着けるのが自然だった（プタハはメンフィスの町で最も重要な神）。そのあとは、ただ単に空白を埋めていき、既存の知識に基づいて推測をすればいい。

たとえばコプト語の「生命」や「生活」は、ankhであって、それが「余分」なヒエログリフの最初の文字に相当するのかもしれない（今日《こんにち》まで、ankhの記号は何をもとにしているのか、わかっていない）。ankhは、Tutankhamunにも入っている。ツタンカーメンという名前は、「アメン神の生き写し」を意味する。

プトレマイオスのカルトゥーシュで次に来る、ヘビ、半円、細身の四角は、〝永遠〟を表し、コ

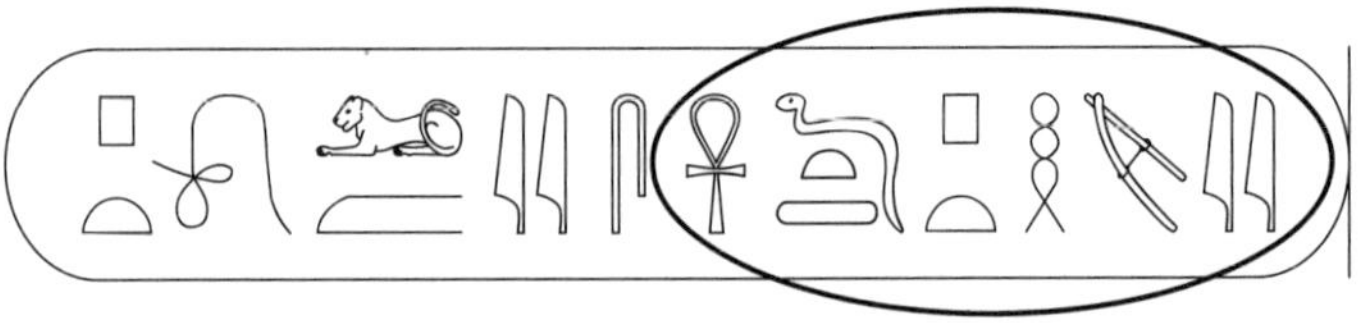

プトレマイオスの名前で始まり、そのあとにいくつかのヒエログリフが付随するカルトゥーシュ。シャンポリオンはそういった余分なヒエログリフ、すなわち上記の楕円で囲んだ部分の解読に取りかかった。

プト語のそれはdjetだ。半円のヒエログリフはTを表すとすでにわかっていたから、ヘビはおそらくdj（jailのjの音に近い）を表すと考えた。同様にして、次のふたつのヒエログリフ、四角と半円はPとTを表すとわかっていて、ギリシャ語の“Ptah”に相当する。そうなると次に並ぶヒエログリフは、Hになると簡単に推測できる。

こういったゲームを全力でやりきって、ロゼッタストーンの輝く宝石すべてを自由にほじくっていく。それが済むと、別のテキストで、同じような重要な他の手がかりに目を移す。

「文字の正体をひとつひとつ探っていくときには、できるだけ目立つ重要な言葉が必要になる」と、言語学者のアミール・ゼルデスはいう。「しかし、それから得られるのは仮説に過ぎない。目立つ言葉は全体の解読には適さず、提案をするだけなのだ。われわれが本当に注意を払うべきは頻度だ。あちらにもこちらにも、どこにでも顔を出す言葉なのだ」

英語で書かれた文章を解読する場合を例にして、ゼルデスは説明する。libertyやpresidentといった言葉を拾えたら、胸を躍らせることだろう。そういった言葉は重みがあり、同じように重要な言葉へと通じる道を教えてくれる。ひとたびlibertyという言葉を見つけることができたら、同じようにTの音を持つ言葉も見つけることができただろう。また一歩進んで、truthやbattleといった言葉も見つかるかもしれない。しかしそういった言葉は希少だ。

「三語についてひとつの理論を打ち立てた。そいつは凄い」とゼルデスは皮肉をいう。「まあ、正しいかもしれないし、間違っているかもしれない。しかし本当に欲しいのはそれじゃない。なぜなら、それだけわかったところで、その先どうする？　欲しいのは数の力だ。とにかく恐ろしく頻繁に登場する語。それさえわかれば、ふいにすべてが意味を成し、『そうか！　わかったぞ！』といえる」

ゼルデスは若く細身で早口な、コプト語の権威である。さらに重要なのは、彼が地上を這いつくばって細部に目を向ける詳細な調査と、高い空から全体を俯瞰《ふかん》する調査、両方できる力を持っていることだ。アリの身とタカの身を自由に乗り換えられる。

liberty や truth といった言葉の発見はスリルと驚きをもたらし、ちょうど森を散歩中に滝を見つけたようなものだとゼルデスはいう。しかし本当は、ハイキングの小道沿いに生える樹木に青いペンキで記されたしるしこそが重要なのだ。なぜなら、そういった一見取るに足りないしるしこそが、もっと凄いお宝のある道へと案内してくれるからだ。

欲しいのは、a や the や of のように、何度も何度も繰り返し現れる言葉だ。たとえば、the が見つかれば、その次に来るのは名詞の可能性が高いとわかる。たとえ自分が探しているものがなんなのか大雑把にしかわかっていなくても、推測はずっと簡単になる。

そのため、腕に覚えのある解読者は、古代のテキストを熟視しながら、まるで長い通勤時間に新聞のアクロスティック・パズルに熱中するズブの素人とまったく同じように作業する。アクロスティックでは、空きマスのみを示された文章は何の引用かを突きとめることが求められる。手がかりに答えると空きマスが埋まるようになっている。コツは、一番短い単語から始めることだ。もしその単語が空きマスひとつで成り立っていれば、それはおそらくIかAだ。三つの空きマスから成り立ってTから始まっているのは、おそらくtheであり、これは特に貴重な語だ。

それが実際の解読作業でどのように働くのか、ゼルデスは説明する。「誰でもいい、コプト語を第五課まで勉強した人間に、コプト語で最も頻出する言葉は何かと、きいてほしい。それはnだと、みないうに違いない。nは動詞であり、前置詞であり、代名詞であり、じつに多くの働きをする。しかし、その最も一般的な意味はofなのである。では、エジプト語のテキストを見た場合、最も頻出する記号は何か？　それがこれなのだ」とゼルデスはいい、ジグザグのヒエログリフを指さす。動く水の絵を様式化したような記号だ。

「エジプトの神殿を見たことがある者なら誰でも、この水の記号はすぐわかる、そうだね？　これは何だと思う？　これはnだ」
ゼルデスは今や興奮して、しびれを切らしている。「そうなんだ！　その通り！　わかっただろ？」
いや、実際はあんまり。しかし、シャンポリオンにはわかった。
それどころか彼は、一度にふたつの驚くべき発見をしていた。ひとつは、最もよくつかわれるコプト語の文字と、最も一般的なヒエログリフが合致したことだ。これはうれしい発見だった。なぜならコプト語はエジプト語の子孫であるという、彼のよって立つ原則に添う結果だからだ。

それが手始めだったが、鍵となる洞察はコプト語のほうからやってきた。nは単なる文字ではなく、言葉でもあった（英語のAが、音を表すと同時に、a book のaのように言葉を表すのとだいたい同じだ）。nの意味のひとつがofで、これはしょっちゅう出てくる。

そんなわけで、シャンポリオンはヒエログリフでofを書く方法を知った。つまり水の絵を書けばいいのだ。これで、むやみやたらに無数のヒエログリフの中を探すのではなく、掘り出すべき名詞がどこに隠れているか、だいたいわかるようになった。Ruler of the land. Master of the house. Sounds of the night. というように。

そしてコプト語はもうひとつ、それと非常に近い発見にもシャンポリオンを導いてくれた。コプト語でpは文字であると同時に言葉でもあった。これは実際驚くべきことで、pのヒエログリフは、theを表すのだった（これがpの音も示すことは、シャンポリオンが最初に解読した「プトレマイオス」の例で明らかである）。これを機にシャンポリオンの解読は一足飛びに進んだ。

いや正確には、加速したというべきかもしれない。というのもヤングが指摘したように、この仕事はトゲだらけのイバラの道を進むようなもので、平原を疾走するようなわけにはいかないからだ。シャンポリオンの戦略そのものは単純だ。文字を読む基本をある程度会得したら、世界一優秀な小学校三年生のように、あとはもう図書館の棚からひっぱりだした本をかたっぱしから読んでいくだけでいい。

しかし、それがどれだけ大変なことか、想像してほしい。どのテキストのどの行に目を走らせても、xxxxofxxxxthekingxxxxxxthexxx. というような文字列が並んでいるのである。問題は手持ちの語彙《ごい》の少なさだ。もはや頼りにすべきギリシャ語はなく、シャンポリオンの目に映るのは、奇妙な新しい語が点々と並んでいる行の連続だ。おそらくそれらは、売り渡し証書やら、税の領収書やらだろう。しかし中には神話や冒険物語も混じっていたかもしれない。王や神官といった語から、地下牢や魔法使いや難破船といった語に、果たしてどうやって移っていけばいいのか。

方法はふたつ。文脈から類推するか、他の言語に頼るかだ。そこでゼルデスは説明する。「その文は、『彼らは散歩に出かけ、そこで何かに追いかけられた』といっているのかもしれない。しかし、追いかけてきたのが何なのかわからない。クマなのか、単に悪さをする動物なのか。だがそのあとに、『彼らはそれを殺して食べた』という文があれば、おそらくオオカミは除外していいだろう。人はオオカミを食べないだろうから」

中には推測不可能なものもある。どれほど考えてもわからない。そういった袋小路のような語にぶつかると、言語学者はこんな符牒《ふちよう》を捧げる――hapax legomenon（臨時語）――すなわち、ただ一度だけ用いられた記録がある語だ。こういった正体不明の獣に直面して、古代エジプト語の辞書編纂者《へんさんしや》は負けを認める。見出し語の解説には「未知のもの。おそらく宗教的なもの」と書いておしまいだ。

こういった一回しか出てこない言葉はエジプト語だけでなく、あらゆる言語で悩みの種となる。その点で、聖書の次の一節は最も有名だ――Give us this day our daily bread（今日のこの日に日日の糧《かて》を与えたまえ――ここに作家や翻訳者を古代から苦しめてきた一語が含まれている。ギリシャ語の epiousios は通常 daily と訳され、「主の祈り」に出てくるが、それ以外聖書やギリシャ文学のどこにも出てこない（新約聖書のもとの言語はギリシャ語だ）。それが何を意味するか、正確なところは誰にもわからず、ギリシャ語には daily に相当するもっと一般的な語が存在する。

新しい目で見てみると、定訳は首を傾げざるを得ない。どうして、this day のすぐあとに daily が出てくるのか？　本来なら daily bread などといったつまらないものではなく、もっと意気を高めるものが来るのではないか？「山上の説教」で、「主の祈り」のわずか数行あとに出てくる文言を考えれば、そう思わずにいられない。そこには「自分の命のことを思いわずらわず、何を食べようとか、何を飲もうとか、考えるな」と書かれているではないか？

学者たちは千七百年にわたって、こういった疑問と格闘し続けた。深く読みこめば読みこむほど、不満が募っていく。そんな聖書の中で最も有名なくだりが、この Give us this day our［不明］bread なのである。*

シェイクスピア学者もまた同様の困難に直面している。シェイクスピアは大量の造語を生み出していて、horrid、vast、lonely など今では当たり前のようにつかわれている語ももとは彼の造語だった。しかし、中には一回だけしかつかわれなかった言葉もあって、文脈からも意味を推し量ることができない。たとえば歴史劇のひとつで、戦闘で殺された兵士たちについて balk'd in their own blood と書かれている一節がある。それがどういう意味なのか、誰にもわからない。balk'd は baked の誤植ではないかという説もある。

*聖書には他にも一度だけしか出てこない厄介な語がある。レビ記の有名な一節、神がユダヤ人に、食用にできる動物と、食べてはいけない動物について話すくだりである。この神が「食べてはいけない」としたもの中にある anakah というのが悩ましい。何を意味するのか誰もわからない。旧約聖書のヘブライ語で伝統的に「ハリネズミ」と訳されているのはアラビア語の「ハリネズミ」と字面《じづら》が似ているからだが、これも推測に過ぎない。学者の中には、それはモグラだとか、ヤモリだとか、いやビーバーだ、ネズミだなどという者もいて、意見が分かれている。

なんとかして相当数の単語を解読することができたら、次に取り組むべきは複雑な文法構造全体である。たとえば、文を構成する基本単位がどんな順序で並んでいるかは、ほとんど無限の可能性があるといっていい。ドイツ語は動詞が文末に置かれるため、読み手はずっと疑問を抱えたまま読み進め、最後の最後になって謎が解決すると、マーク・トウェインは不満を漏らしている（そこでマーク・トウェインはひとつの改善策を提示する。「すなわち、望遠鏡なしには発見できないようなところにある動詞を前にひっぱってくればいいのだ」と）。

シャンポリオンをはじめ、同時代の解読者はコプト語を手引きにすることができたものの、古代エジプト語がコプト語になるまでの長いあいだに間違いを生む問題が無数に生まれている。一番多いのが、形の似ている語を同じものと考えてしまうことで、学者や旅行者はその危険をよく知っている。スペイン語の pies は「足」であって pastries（焼き菓子）ではない。フランス語の blessé は「傷ついた」という意味で、blessed（祝福された）ではなく、pain は「パン」であって「痛み」ではない。

解読においては（翻訳においても）、ほんの小さな言葉が大きな問題を生むことがある。その代表が、the である。たとえばコプト語では、king は ouro だが、これも the をめぐって誤解が起きる。コプト語の the は、これまで見てきたように、p である。またコプト語には、冠詞と名詞をくっつけてひとつの語にするという特徴がある。その結果、コプト語を話す人間は古代エジプト語の pharaoh（pouro のような発音）をきいて、これは王のことをいっているのだとわかるが、それは二語から成っていると勘違いする。the+king または p+ouro と見るのである。

the のような小さな部分がもとで起きる同様の間違いが、現代語でもよくある。Alligator はスペイン語を通じて英語の中に取りこまれたが、それは「トカゲ」を意味する el lagarto の誤用だった。

英語をしゃべる人間は、theの音を吸収して二語を一語にしてしまったことを知らない。アラビア語をしゃべる人間はAlexander the Greatという英語で、逆の間違いをしでかす。Alexanderの名前が、アラビア語の名前によくあるようにtheで始まっているようにきこえて、al-Exanderと思いこんでしまう(そのお返しのように、英語をしゃべる人間は、ムーア式の宮殿をthe Alhambraと呼んでいて、これはthe the Hambraと呼んでいるのと同じだ)。

そんなわけで、シャンポリオンは、見慣れない、めったに出てこない語に翻弄されながらずいぶんと頑張った。その甲斐あって、とうとうロケット級の大発見をすることになる。エジプト学者ジョン・レイにいわせると、それはシャンポリオン唯一最大の偉業となるのだった。

29　一対《いっつい》の歩く足

シャンポリオンの最新の洞察とは、簡単にいうと、ごく普通のものにしか見えないヒエログリフの中に特別な役割を持つものがあり、それを「決定詞」と名づけたということである。ひと続きのヒエログリフの意味を決定する役割を持つヒエログリフがあったのだ。

決定詞は読者にヒントを与える。これらのヒエログリフは町を示しているとか、これは王の名を示しているとか、これは動詞であると教えながら、しかしその決定詞自体は発音されない。あるタイプのヒントはとりわけ役に立つ。エジプト語は母音を省くので、まったく違う意味を持ちながら、見た目は同じという語が山のようにある（英語でも母音を省略したら、threat と throat は見分けがつかない）。たとえばエジプト語では「税」と「馬」を意味する言葉の子音が共通しているので、両者はまったく同じものに見える。美しい女性は、nfrt だが、雌牛もまた nfrt なのである。

見分けるためにはどうしたらいいか。その解決策として、古代エジプト語はあいまいな語の後ろに決定詞をつけることにした。「老い」も「賛美」もまったく同じ記号で表すが、「老い」を意味するときには、杖をついてよろよろ歩く腰の曲がった男の記号が最後に置かれ、「賛美」を意味するときには、敬意を表して両手を上げる男の記号が置かれる。「階段」と「足」を区別する決定詞や、「兄弟」と「矢尻」を区別する決定詞など、同様のものが他にもたくさんある。

全部で数百にのぼるこういった決定詞を覚えなければ、先には進めない。エジプト語を学ぶ者はまず一般的なヒエログリフとそれに対応する音を二ダース覚えるところから始め、それが終わると、数ダースの決定詞を覚えることになる。

なるほどと、思える決定詞もある。カバの記号は「カバ」そのものを表し、頭を地面につけて逆立ちしている棒人間の記号は「逆」を表す。「帆」に代表されるように、決定詞の中には一語ではなく、「微風、風、息、嵐……」などをすべて含む広いカテゴリー全体を示すものもある。

また中には愛らしい決定詞もある。ネコの決定詞はしゃがんで耳をぴんと立てているネコの絵で、警戒心と尊大さの両方を感じさせる。「ネコ」という言葉を綴《つづ》るには、四つのヒエログリフを並べたあとに「ネコ」の決定詞を置く（先頭に位置するヒエログリフが水差しに入ったミルクであるのは愉快な偶然だ）。このヒエログリフは「ミャオ」と発音し、この発見にシャンポリオンは自分の解読が間違っていなかったと、さらに自信をつけたに違いない。同様に、ロバの決定詞はロバの絵であり、発音は「ヒーホー（英語のロバの鳴き声）」だ。

また多くの決定詞から、エジプトの文化を覗くこともできる。髪の絵は、「髪」を意味するだけでなく、「夫を亡くした妻」や「嘆く」という動詞も意味する。おそらく妻は、嘆き悲しむあまり髪をむしるのだろう。

中には、もっと陰惨な場面が覗ける決定詞もある。たとえば「敵」の決定詞は、男が膝をついて背中で腕を縛られている絵で、同じ決定詞が「謀反《むほん》」も意味する。このふたつは、古代エジプトにおける世界の秩序を明確に示している。エジプトを前にすれば、万人が頭《こうべ》を垂れるというわけだ。

同様に、「教える」と「殴る」は同じ決定詞で示される（「少年の耳は背中にある、ゆえにきかせるときには背中を打て」というエジプトのことわざがある）。

しかし、決定詞から古代エジプトの日常生活を引き出すのには、慎重になったほうがいい。どんな言語にも独自の分類棚があって、それを母国語としない人間は面くらうことが多いものだ（言語学の有名な著作に『女性、火、危険な物事』というタイトルがある。これはジルバル語と呼ばれるオーストラリア原住民の言語で、それら三つの言葉が同じ仕切りに入っていることから来ている）。文法規則から、文化の洞察を得るというのは、つねに心引かれることではある。たとえば文化が異なれば、虹の色も異なることに言及する本は無数にあり、それをもってして、世界を異なる目で見ているという結論を下す。しかし、そういう推察はあまり積極的にやらないのが一番だ。

　ドイツでは、フォークが女性名詞、スプーンが男性名詞、ナイフは中性名詞だ。乙女は中性で、カブは女性。だからといって、このことからドイツ人の生活について何かいうことができるだろうか？　あるいはナバホ語を例にとってもいい。ナバホ語では、長くて固いもの（鉛筆や棒）を意味するには、特別な動詞語幹が必要になる。長くて曲がるもの（ヘビや糸）には、また別の語幹が必要だ。どろっとしたもの（泥やプディング）についても同様。こういったことのすべてが、外国人のナバホ語の習得を非常に難しくしているわけだが、かといってここからナバホの文化を覗くことはできない。

　要するに、自分たちの母語とは何もかも違う古代エジプト語においては、シャンポリオンをはじめ解読者たちは、あれこれ考えずに決定詞を丸暗記しろというわけだ。

　エジプト語の決定詞に理論が通用しない理由は簡単だ。たとえば、動詞を表す決定詞は名詞を表す決定詞よりも、しばしば解読が難しいが、それは動きを絵でとらえることが難しいからだ。歩いている一対《いっつい》の足で示される決定詞は、「狩る」や「急ぐ」を（さらには「とどまる」や「とまる」さえも）表す。概念となるとさらに難しくなる。しかしそうではあっても、絵で表現される決定詞は、絵で表せないものについても存在する。パピルスの巻物は抽象概念である「書くこと」を表している。

この複雑な仕組みは、エジプト語独自のものに思えるかもしれない。実際そうなのだが、楔形文《くさびがた》字の中には、同じような仕組みでつくられたテキストもある。英語にはエジプト語に直接関係するような仕組みはないが、それでも印刷上の規則でこれに近いものがある。

外国語の言葉である coup d'état や jihad は、英語の文章に入れるとき、最初は決定詞をつけるような意味で斜体字にしていたが、見慣れてくると、斜体字ではなく普通の書体で書かれるようになった。さらに大文字（the White House と a white house や、名前の Frank と言葉としての frank）もまた、決定詞と同じような役割を担っている。

黙字の e もまた決定詞的な役割をしているといっていい。一見したところ、普通の文字と変わりないが、発音はせずに、他の文字をどのように発音するべきかを示している。ほんの小さな記号でありながら、これがついていれば、hat は hate というように、まったく違う発音になる。話し言葉の英語にもまた、決定詞のような役割をするものが含まれる。funny というひとつの単語をとっても、その口調によって、「面白い」といっているのか「変だ」といっているのか、意味が違ってくるのである。

ヤングは、ヒエログリフの多くが音を表すことを突きとめたように、決定詞を最初に突きとめている（女神や女王の名前のあとに来る「神的な女性」の決定詞）。しかし、ヤングの仕事はそこまでであって、ヒエログリフで綴られたあらゆるテキストに決定詞が多数入っていることを突きとめたのはシャンポリオンだった。

人に説明されてみれば、簡単に理解できる。しかし、それを自力で見いだしたシャンポリオンの苦労を考えてほしい（彼もヤングも、これまで決定詞を活用するような別の文字体系に出会ったことはない）。

ヒエログリフが音を表すことは数年前にわかっていた。プトレマイオスのpやクレオパトラのlがそうだ。「太陽」や「腕」のように、ヒエログリフは絵に描かれたものをそのまま表すことも知った。判じ絵のようにして、「息子」を表すのに、「アヒル」をつかうことがあることも証明した。

そして今、シャンポリオンは新たな働きを提案した。見た目は他のものとまったく変わらないが、それ自体は発音せず、他のヒエログリフの意味を導く機能だけを持つヒエログリフがあるというのだ。

そして、もし彼が正しければ、決定詞というのは特別な状況にだけ登場する珍しいものではないということになる。どこにでも出現するわけで、その役割を知らなければ、どんなテキストを読もうとしても必ずつまずくはずだった。

これは驚くほど大胆な提案だ。「黙字のe」は一種の付加物で、ビンテージカーの車体後部に設けられた装飾用のフィンと同じ単なる飾りで、本来不要なものと思っていたのに、シャンポリオンはそれを、エジプト語のエンジンだというのだから。

ここでもう一度これまで出会った決定詞をひとつ取りあげてみよう。「老い」を表すものでも、「ネコ」を表すものでもいい。決定詞というものの存在を知るまでは、老人やネコのヒエログリフは、テキストを取り散らかす余計な記号にしか見えない。そんなものがなくてもたいてい意味が通るのである。それに、もしそれが音を表すとしたら、こんな場所にあってはいけない。いったいこのネコはここで何をしているのだ？

解読の途上にある人間は、そういった例にぶつかれば、やっぱり自分の解読はどこかで間違っているのだと思い、心が折れてしまう。しかしそのからくりがわかったとたん、昨日の謎が今日の確信に変わる。こうなると「ネコ」という言葉の終わりに置かれている「ネコの決定詞」は、自分を励ましているように見えてくる――そうそう、ネコだよ！　やっとわかったね。こんなにはっきり示しているんだから、わからないはずはないよ！

現代のエジプト学者の研究によって、決定詞がどれだけ重要なものかがはっきりしてきた。蓋《ふた》をあけてみれば、ヒエログリフの五つにひとつが決定詞だった。しかし、じつは決定詞は、その語がどのカテゴリーに入るかだけでなく、もっと素晴らしいことも教えてくれていたのである。決定詞というものの意味がわかった今、次にシャンポリオンが着目したのは、決定詞の現れる場所であり、それが語の終わりにくることはすぐに見て取ることができた。そして大きな突破口がここにあった。

一語がどこで終わり、次の語がどこから始まるか。それを知るのは基本中の基本だが、ヒエログリフの場合、この重要な情報が隠されている。なぜなら語と語の切れ目を示す空白もなければ句読点もないからである。

空白をつくらないというのは、一部に美的な理由があった。ヒエログリフの場合、ビジュアルなイメージは、メッセージを伝えるのとほぼ同じぐらい重要だった。エジプト人の目には、あちこちに空欄がある銘文は、にこっと笑ったときに、歯抜け部分が見えたようなものなのだ。

決定詞の役割がはっきりすると、解読は一気に進んでいく。何百年ものあいだ、不明瞭で曖昧模糊《あいまいもこ》としていたことを思えば、まったく目覚ましいことだった。ヤングとシャンポリオンが解読に着手する前、十九世紀に活躍したまた別のエジプト学者などは、ヒエログリフの解読とは「とても解けそうにないとして棚上げにするか、ペダンチックな娯楽の玩具として向き合うか、そのどちらかでしかない」と嘆息していた。

それがここに至って、ほぼ完全に解読されたのである。

30　清潔な服にやわらかな手

一八二四年、シャンポリオンは『ムッシュー・ダシエへの書簡』を遙かに超えた地点にいた。単なる小冊子ではなく、『古代エジプトにおけるヒエログリフの体系概要』というタイトルも壮大なイラストがぎっしり入った大部の新著をまとめたのである。

今回は出し渋ることはなかった。ギリシャやローマの人間が初めてエジプトの岸に上がってきた、それより何千年も前にエジプトの書記はすでに手の込んだ文字体系を編み出しており、その万能なシステムは音を記号で表すこともできると証明してみせたのだ。

複雑なシステムではあるものの、さまざまな点で英語のほうがよっぽど奇妙であって、もてあますことはない。中心になるのは二十六個のヒエログリフで、それぞれが単音を表す。□はプトレマイオスのpを、はクレオパトラのlを表し、同様に、はm、はf、はdの音を表す。中には英語にはない音を表すヒエログリフもある。は、Loch Ness（ネス湖）のch〔lɔ́x〕の音を表す。

Tutankhamunの名前を綴《つづ》ったカルトゥーシュを見てほしい（カルトゥーシュは水平方向ばかりでなく、縦にも綴ることができる。これはデザインの好みの問題で今日《こんにち》のレストランやバーで壁に店名を縦書きで綴ることがあるのと同じだ。縦書きのカルトゥーシュは上から下へ読む）。

中央右には、一対《いっつい》の半円で挟まれたウズラのヒナがいる（半円の𓏏はパンの塊を模したものだという）。パンの塊はプトレマイオスのカルトゥーシュにあったように、tを表し、ウズラの𓅱はUを表す。t-u-t。つまりここはtutだ。

ライオン、フクロウ、パンの塊をはじめとするエジプトの二ダース余りのヒエログリフは、アルファベットのようなものを形づくる。今日《こんにち》では、世界中の教室や博物館の催事で、学生たちがその中から文字を選んで、自分の名前を熱心に綴っている。緊張した手でペンを握って、Grace NewmanとかLee Crawfordなどといった名前をヒエログリフで綴っているのをエジプトの書記が見たら驚いたことだろう。

しかし、（ひとまず決定詞のことは脇に置いておくとしても）二十六文字ですべてが完結するわけではない。さらに八十個余りのヒエログリフが、それぞれふたつの子音を表す。たとえばボウルのように見えるヒエログリフ𓎟は、nbの音を表す（nebと発音するのが慣例）。これは明らかに妙だ。すでにnとbの音を表す完璧なヒエログリフがある。なぜそれをつかわずに、また新たに冗長なヒエログリフの組み合わせをつくってつかうのか？ もし英語が同じ方式をとるなら、現状のアルファベットの他に、もうひとつ新たな記号のコレクションを持たないといけない。ϒが、dgという音を持つとして、「犬」を表すのに、dg（ここもエジプト方式で母音を省く）と書いてもいいし、ϒと書いてもいいわけだ。

それひとつで、子音ふたつを表すヒエログリフが存在する。この事実はあまりに奇妙であり、シャンポリオンもこれを見逃した。彼の最も大きな突破口になったのは、Ramesses を綴った

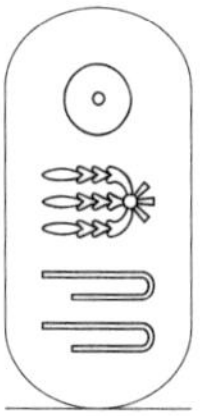

である。しかしシャンポリオンはをMと考えた。ところが実際はそうではなく、MSだ（三体分のキツネの毛皮を束ねた絵だが、これはウサギの足と同じ幸運のお守りで、出産時に女性の身体を守るとされた）。間違えたわけだが、かといってシャンポリオンは足をすくわれなかった。なぜなら、幸運にもその後に続くふたつのヒエログリフが *s* の音を表すからで、間違っていながらもシャンポリオンは Ramesses の子音を掘り当てることができたのだ。

　そこで話は終わらない。ヒエログリフの中には子音三つを表すものもあるのだ（ankh を表す記号がそのひとつ。もう一度 Tutankhamun のカルトゥーシュを見てほしい。右から左へ見ていくと、真ん中あたりにファラオの名前の最初の半分 Tutankh があるのがわかる）。幸いにも三つの子音を表すヒエログリフはふたつの子音を表すものほど一般的ではない。それでもエジプト語を解読するためには、アルファベット的につかう二ダース余りのヒエログリフの他に数百に及ぶ記号を覚えないといけない。

　小さく整ったアルファベットに慣れている西洋人の目からすれば、この複雑さはほとんど常軌を逸しているようにしか見えない。しかしエジプト人は、アルファベットをつくる可能性を見逃した

わけではない。ちゃんと見ていながら、ばかにして歩み去ったのである。

　知られている限り最初のアルファベットは、紀元前一九〇〇年頃にエジプトのテーベの都市近くで編み出された。「恐怖の谷」と呼ばれる場所があり、そこにそびえる石灰石の崖に銘文が刻まれているのを考古学者が発見した。刻まれているのはヒエログリフだったが、もっと単純化した習得しやすい形だった。これが発見されたのは一九九九年で、新しい発見といえるだろう。

　こういった古代の記号を岩に刻んだのは、エジプト人ではなく、たまたまこの地にやってきた外国人だった。兵士だという説もあれば、交易商人だという説もある。いずれにしても、文字の有用性をじかに見て、ヒエログリフを基にしたアルファベットを編み出したのだろう。

「熟知している人間がほとんどいない複雑なヒエログリフの文字体系を、エジプトの全人口がつかいこなしていたと考えるのは期待し過ぎだ。それは生粋《きっすい》のエジプト人でも同じである」と歴史家のアマリア・グナナデシカンが書いている。「ゆえにエジプトの文字をお手本にして、単一子音から成る簡単な記号一式をこしらえたのだ。要するに『サルでもわかる』バージョンであり、複雑さや余分な反復を徹底的にそぎ落として、文盲の兵士でも数回のレッスンで習得できるようにしたのである」

　これは途方もない偉業だった。これまでに発明された最も強力なツールのひとつをエリートたちの手からもぎとって、一般の人々に手渡したのに等しい。大方の学者の説明によれば、フェニキアからギリシャ、ローマへ伝わって、そこから全世界に広まったとされるアルファベットはすべて、ヒエログリフを基にしたそれから始まる（先に見てきたように、これはダシエの講演でシャンポリオンが主張した説であり、現在一般に広く認められている）。

　しかしエジプトの書記はせせら笑いがとまらない。そんなぞんざいな文字をわざわざつくるなど、冗談じゃないと。そこでグナナデシカンは説明する。「エジプトの書記の目には、まったく妙なものに映っただろう。何か言葉を綴るのに、複数の記号をつかう――なんと非効率な！　文字は箱の中にまとめて入れずに、だらだらと一直線に続けていく――なんとだらしない！　それに線で書かれた文字には、言葉の意味を直接示してくれるものが何もない。絵の手がかりも、決定詞もないままに、意味を知るにはまず、苦労して発音しなければならない――なんて面倒なことだ！」

それから千年以上が経って、エジプトは再びアルファベットを試すことにした。ギリシャ人と、彼らのアルファベットと出会ったことで拍車がかかったようだ。ギリシャの例に倣って、エジプトの書記は大半のヒエログリフを脇に追いやって、一音だけを表すヒエログリフをつかうことにした。しかしこの改革は短命に終わった。

単に頑固さの問題ではない。ある歴史家が言及しているように、古代エジプトの文は驚くべきことに、整然とした新しい方式より非効率極まりない伝統的な方式で書いたほうが「ずっと簡単に読める」のだ。アルファベットは「読みやすさを犠牲にして、単純化」されたわけだ。新しい方式は学ぶのは易しくとも、読むのが難しい。

なぜそんなことになるのか？　ヒエログリフが難しいのは、異なる記号が同じ音を表したり、ひとつの記号が異なる状況においては別の意味を表したりする点だ。しかし、その同じ特徴が、結局読むのを易しくしている。つかまりどころがさまざまにあるからだ。

ひとつの手がかりを見逃しても、次は見逃さないかもしれない（英語が同じ方式をとるなら、todayという語は2dayと書き表すこともできる。そこに綴られた文字が読めない人間も、もし2の役割を解読できたなら、いずれ理解する道が見つかる）。

エジプト語には、風変わりだが大事な特徴である「音声補語」という要素がある。これが、ふたつの音を持つヒエログリフを扱うときにヒントを与えてくれる。Ramessesの名前をもう一度見てほしい。これまで見てきたようにの記号はMSを表す。その直後に書記はの記号を付加している。これはsの音を表すヒエログリフだ。この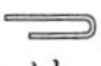は必須ではなく、発音もされないが、この文脈では、「ほら、今MSと書いたよね？　そうなんだ。の中には、sの音があることを忘れちゃいけないよ」。それから、さらにまた同じが来る。この二番目もまったく同じsを表すわけだが、今度は発音される。こういったパズルを解いていけば、Ramessesの名前が得られるわけだが、これがシャンポリオンにはさっぱりわからなかったのも無理はないだろう。

英語もまた繰り返しの恩恵を受けているが、これほどあからさまではない。たとえばinnという語の二番目のnは発音しない。この文字の役割は、今あなたが読んでいるのは普通のinではないと読者に知らせること。道路標識にも繰り返しは見られ、ちょっとくどいほどにこれをやる。たとえば、一時停止の標識は、ひとつのメッセージを三通りの方法で表現する（まずはStopという言葉で、次に赤という色で、最後に八角形という形でダメ押しする）が、どの方法をとっても、ひとつで通じるはずなのだ。「道を譲れ」の標識も同様で、三角形の形自体が「譲る」ことを意味しているが、これにもyieldという言葉が書かれることが多い。

「最初のうち、繰り返しは混乱のもとだ」とコプト語の研究者アミール・ゼルデスはいう。「なぜなら、語と意味は一対一で対応するものだという思い込みが強いせいだ。しかし、ひとたびその段階を過ぎてシステムを理解してしまえば、あとはすらすらわかるのである」

ヒエログリフの繰り返しの多さは単なる冗漫ではなく、言葉を湯水のごとくつかう、目に余るほどの贅沢さの現れともいえる。ヒエログリフの文字体系は、亜原子物理学のような知的構造のひとつで、深く潜っていくとさらに奇妙な事象と出会う。「ネコ」を表すにはこれまで見てきたように、数個のヒエログリフを組み合わせてつかい、その中には実際にネコの記号がある。いったいどうして他の記号が必要なのか？　ネコの記号ひとつで表せばいいのではないか？

同様の例はいくらでもある。「ヘビ」は五つの記号で表すのだが、そのうち三つはヘビの記号なのである。いくらなんでもこれはばかげているし、破綻している。英語のshortcut（近道）をshooorrrtttcutと綴るようなものだ。

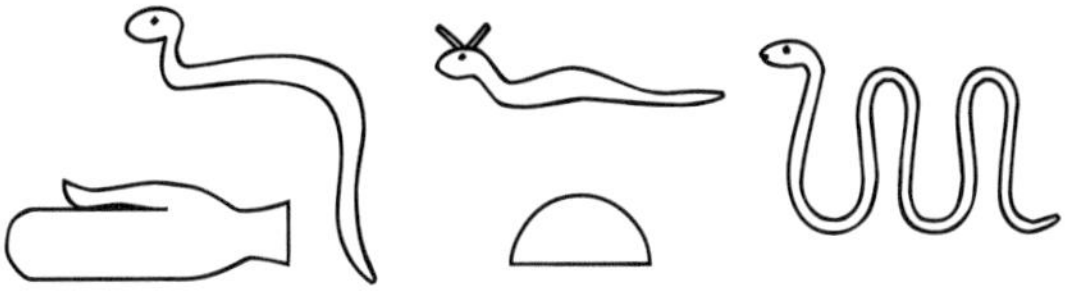

ヒエログリフで「ヘビ」と綴ったもの。最初の四つの記号は音を表す。長くて曲がったヘビはｊの音を表し、手はｄ、角のあるヘビはｆ、パンの塊を表す半円はｔの音をそれぞれ表す（おおよそ、djedfetというように発音する）。3匹目のくねくねしたヘビは決定詞であり、発音はされずにこの文字列すべてがヘビを表すことを知らせる。

しかし、エジプト語ほどあからさまではないにしても、複雑さと非効率は、多くの文字体系が抱えるものだ。たとえば英語では、ooという一音を表すのに——noodle、new、neutral、gnu、you、lute、fruit、shoe、blue、to——といった語に代表されるように、約半ダースの綴りがある。Catも Kittenも始まりは同じ音でありながら、違う綴りになる。featherとphoneも同様である。

それでも誰も気にしない。慣れてくると不満は消えて、遙かに複雑なスペルであろうと、それで問題なくやっていく。少なくとも母語の場合はそうだ。かつて人気があった、珍しい天気について書かれたナンセンス詩にこんなものがある。Although there was no snough（雪は降っていないのに）/ The weather was a cruel fough（天候は残酷な敵）」といった具合に、不幸な少女が次々と遭遇する事件を列挙していって、ついには風邪を引いて、coughed until her hat blough ough（咳をして帽子が飛んでいって、おお嫌だ）となる。

もっと効率のいいシステムを編み出すのは簡単だろう。イタリアやフィンランドには、綴り字競争というものがない。言葉はきこえるとおりに綴ればいいからだ。しかし文字全体となると、効率が最優先されるわけではない。エジプトは三千年にわたって世界に君臨してきて、その長い期間をヒエログリフはじつに見事に務めあげてきた。中国は世界屈指の豊かで洗練された文化をつくりあげ、その三千年とさらに増え続ける年月のあいだ、めまいがするほど複雑な文字体系を捨てる必要性をまったく認めなかった。

アルファベットは究極の文字体系だとわれわれはよくそう考える。文字の歴史は、未熟な発想が徐々に熟していって、アルファベットに昇華するまでの長い長い大河小説だという思い込みを容易に捨てることができない。ぶざまな生き物が岸に上がり、不格好な姿を徐々に変えていって毛むくじゃらの猿人になり、それがだんだんに直立するようになり……今のわれわれになったという生物の進化図のようなものと同じに考えてしまうのだ。

しかし、それは明らかに間違いだ。文字は別々に——中国、中東、新世界——何度か発明されているが、アルファベットは一度だけ生まれて、そこから地球全体に広がったというのが学者たちの見解だ。ただしアルファベットの広まりは、その使い勝手とはほとんど関係ない。大きく関係するのは、帝国の興亡だ。もし歴史が異なる転換を見せて、マヤや中国がヨーロッパを征服していたら、彼らは自分たちの文字体系を征服地の住人に押しつけただろう（それといっしょに言語や習慣も）。アルファベットの使い勝手がどれだけよかったとしても、歴史に埋もれて、つかわれなくなっているはずだ。

ヒエログリフの文字体系は、じつに複雑過剰で一貫性に乏しい。そうでありながら栄えた理由のひとつには、これまで見てきたように、ヒエログリフには難点を補って余りあるメリットがあるからだ。

他に比してとりわけ目立つメリットがひとつある。ヒエログリフは美しいということだ。人は美しさのためには、いくらでも我慢するのである。他のどんな文字体系より、ヒエログリフは美的な価値が非常に重要だった。見かけの美しさが、不便を帳消しにするといってもいい。

デザインを優先するときなど、記号は順番を変えて書かれることがある。シンメトリーがいつでも望ましいので、背の低い記号は、背の高い記号のあいだに挟まれるように置く。与えられたスペースが広ければヒエログリフの列を引き延ばし、狭ければ圧縮する。そのためにヒエログリフを並べなおしたり、削ったりすることもある。

決定詞は、語の終わりに置かれるのが普通だが、見た目を美しくするために、そのルールが破れることもある。「町」を表す⊗のような決定詞の場合、他のヒエログリフの隙間にきちんと入れたほうが、あとから思いついたように最後にぶら下げるより見栄えがする。

見た目の美しさを優先するために、いくつかの記号を入れ替えるのは、現代人が文字のフォントをいじるのと同じで、大した問題ではない。しかし、つねに美観を優先するという姿勢は、どうしてこんなにも多くの文字が必要なのかといった疑問をはじめ、エジプトの文字体系に関するさまざまな問題の要《かなめ》になる。

ここでもまた、美観が答えになる。人の目を引きつけるためには、飽きのこない美しさを備えねばならない。「もし二十六個のヒエログリフしかなかったら、ヒエログリフをまとった記念碑の数数は、だんだんに退屈でくどいものに見えてくるだろう」とエジプト学者のビル・マンレーがいっている。ピアノの製作者が必須でない鍵盤も付加するのと同じように、エジプト人はわざわざ「余分な」ヒエログリフをつくったのである。

理由はさらにもうひとつあって――こちらのほうがじつは非常に重要だ――ヒエログリフの複雑さは、それをつかうエジプト人の心の中では、難点としてとらえられていないからだ。彼らは別に簡単なものを求めてはいない。古代エジプトにおいて読み書きの技術は高度なものである。それをマスターした人間が、他人に梯子《はしご》を渡して自分と同じ高さまで上がれるようにしてやる必要はさらさらない。難解さは、ヒエログリフにおいて特性であって欠陥ではないのだ。

古代世界のどこにおいても、どんな言語、どんな文字であっても、読み書きというのは特殊能力であって、貴重な技術だった。中世に至るまでは、非常に優秀な学者は別にして、普通の人間は、ほんの短いテキストを前にしても、ごちゃごちゃした文字の集合体の中から、わかりそうなものを一字、一字拾って、たどたどしく声に出してみるしかなかった。アレクサンドロス大王が母親から届いた手紙を黙読しているのを、部下の兵士たちは唖然《あぜん》として見つめていたという。

文字を読みやすくする足がかりをつくるには、どんな言語でも何百年という時間が必要だった（ギリシャもローマも、句読点や語の区切りのスペースを用いなかった）。それぞれの発明――文の終わりを知らせる終止符や、休止を知らせるコンマ、疑問符、感嘆符、段落の改行、固有名詞や文の始まりを示す大文字など――はそのひとつひとつがいわば数「百年戦争」における戦いだったのだ。

アルファベットの順番という非常に単純な発想も、理解されるまでには永遠といえるほどの時間を要した。シェイクスピアの時代になっても、読者はアルファベット順という考えを理解するのに苦労した。一六〇四年には新しい辞書の編纂者《へんさんしゃ》は、読者への励ましの言葉を載せなければならなかった。「もしあなた（勇敢な読者の方）が、このリストを正しく読んで理解しようと望んでいるなら、アルファベット、つまり文字の順番を学ばねばなりません」

アルファベット順という発想の凄いところは、あらゆる語を対等の地位に置いたことだが、最初のうち、これには大きな弊害があると見なされていた。commoner（庶民）が、king（王）の前に置かれるとはけしからん！　リストをつくるなら、もっと自然な方法がいくらでもあると思われていたのだ。一七〇〇年代の終わりまで、ハーバードやイェールでは、学生の名前をアルファベット順ではなく、社会的地位や富に従って並べていた。

こういった変化に、なぜそれほど長い時間がかかったのか？　理由のひとつに、難題というのはすっかり単純化されたように見える瞬間まで、不可能に思えるということがある。何についてもいえるものだが、ひとたび誰かが思いつけば、確かにそれが必要だったと誰の目にも明白に見えることが、思いつくまでは見えない（缶の発明と、缶切りの発明のあいだには五十年の隔たりがある。車輪の発明と、手押し車の発明のあいだには数千年の隔たりがある）。しかし、想像力の欠如はここでは問題の一部に過ぎず、それよりもっと大きな問題がある。

文字が変化していくのに、とてつもなく長い時間がかかった一番大きな理由は、とりたてて誰もそれを望まなかったということだ。読む者にヒントを与えるというのは趣味が悪い。コメディで笑い声の録音を流すようなもの。専門家たちはそういう下品を嫌う。

これは一般的な事実で、とりわけ書記がエリートの地位を享受していた古代エジプトにおいては揺るがぬ真実だった。エジプトの書記は職人であるから、働かなくていい本来の意味の特権階級にいるわけではないが、それでも生活は非常に恵まれていた。古代のテキストに「職業の風刺」という（書記を除いてほとんど読めない）タイトルのものがあり、人々からうらやましがられる書記という職業の旨みが語られている。

他の職業には、終わりがなく感謝もされない仕事が含まれる。過重な労働を強いられ、つねに命の危険にさらされている兵士の置かれた苦境（「生きながら死んでいる」）をはじめ、このテキストの作者は、さまざまな職業のつらさを嬉々として語る。

みんなが汗まみれになって苦しむ中、書記は静かにすわって、涼しい顔で文字を書いている。「隊列をつくって行進しなくていいし、着ているものはいつでも清潔、日中の暑いさなかに畑に出て働く必要もない」。何より素晴らしいのは、「どんな職業でも上司から自由になれないが、書記だけは例外だ。何しろボスは自分なのだから」。


ヒエログリフの風変わりなシステムは、解読しようとする者を長きにわたって苦しめてきた。しかし一八二四年になると、シャンポリオンはイバラの道をほぼ完全に制覇していた。その年の六月、彼はイタリアのトリノへ出発した。サルディニアの王が最近購入した、エジプトの遺物の膨大なコレクションを吟味するためだった。世界広しといえども、それらの秘宝に刻まれたヒエログリフを読めるのは、シャンポリオンしかいない。

王のコレクションには、何百という彫像、ミイラ、棺に加え、パピルスに書かれた無限といっていい文字が含まれていた。王宮の小さな一室に足を踏み入れたシャンポリオンは、ひとつのテーブルにパピルスの切れ端が山のように積んであるのを目にして息を呑む。「どんなに想像力に乏しい人間でも震え上がっただろう」と兄に教えている。どれも非常に小さいため、誰かがドアをあければ、パピルスの切れ端が宙に舞いあがる。

「この興奮をどんな言葉で表現すればいいだろう？　偉大な歴史の断片をじっくり調べる機会を得たのだ……アリストテレスやプラトンの著作のどの章よりも雄弁に、このパピルスの山が語ってくれる……歴史から完全に失われた名前や、彼らの過ごした年月を自分の両手のうちで見たのだ。千五百年以上前には、献納台を持っていた神々の名もそこにはあったのだ」シャンポリオンはそう書いている。

千年にわたって声にならなかった言葉や名前を読むスリルと、切れ端を組み合わせても元通りにはならないもどかしさ。両方を感じながら、シャンポリオンは小さなパズルのピースをひとつずつ手にとっていく。「粉になってしまうのが怖くて、まともに息もできないまま、ある王の記憶の、唯一最後の保管場所となったパピルスの小さな切れ端を集めていく。この王はきっと巨大なカルナックの神殿にも負けない威圧感を持っていたに違いない！」

31　職にあぶれる

シャンポリオンは昔からエジプトの虜《とりこ》だったが、ヤングはエジプトのことなどかつては考えもしなかった。ヤングが解読の突破口となる最初の発見をしたが、その彼をシャンポリオンが追いこし、そこから先はほとんどシャンポリオンの独壇場《どくだんじょう》となった。

以来数百年にわたって、ふたりを支援する人々は、どちらがヒエログリフの解読に貢献したかで、決着のつかない争いを続けてきた。手柄を与えるべきは、大局を最初に見通した人間か？　それとも勤勉さと創造性でインスピレーションの正しさを立証し、話を先へ進めた人間か？　名誉を讃えるべき刑事は、最初に犯人の名を突きとめたほうか、それとも犯人を刑務所送りにしたほうか？

争いが頂点に達した時期には、両陣営とも人形劇のパンチ・アンド・ジュディさながらの激しさで相手側を攻撃した。シャンポリオンは「鉄面皮《てつめんぴ》」の「悪党」で、その「狡《ずる》さ」と「不誠実」は目に余る。ヤングは「恨み言だらけの人間」で、シャンポリオンへの嫉妬心に駆られ、自分が思うほど高く才能を評価してくれない世間に憤慨《ふんがい》している。

ヤングの最初の洞察についても、学者たちのあいだでは大きく意見が分かれている。フランソワ・シャバスが、それはまさしく画期的な発見だと判断し、エジプト学に光をもたらしたとしている一方で、イギリスのエジプト学者ピーター・レヌーフはヤングの大発見はまぐれ当たりに過ぎないとせせら笑っている。うまい考えではあるものの、それは孤立した実りのない発見であり、「ウサギとカメの寓話《ぐうわ》が思い出される」とレヌーフは書いている。「そこに面白い事実が追加された。すなわち競争相手との距離が遠く離れていくうちに、ウサギは麻痺してしまい、カメのほうはウサギ五十匹分のスピードを獲得したのである」

ある意味、シャンポリオンとヤングが反目《はんもく》するのは避けられないことだった。どんな分野であっても巨星というのは羨望と嫉妬の怒りを生む。そこに来て天才が強烈な自尊心を持っていれば、まさに一触即発。とりわけ科学や言語の解読における競争は、他のどんな分野より熾烈《しれつ》になる。何しろ、みんながたったひとつの同じ目標に向かって走るのだ（シェイクスピアは肩越しにマーローの様子をつねにうかがわねばならなかったが、少なくともふたりが競っているのは、どちらが先に『ハムレット』を書くかではなかった）。

しかし、シャンポリオンとヤングのライバル関係は、ニュートンとライプニッツのような他の知的分野のライバル関係とは明らかに違っており、そこが重要なのだった。ニュートンがいなくても、ライプニッツは自分で計算法を生み出していただろうし、その逆もまた真である。しかしシャンポリオンとヤングの場合は明らかにそうではない。

トマス・ヤングは、これまでみんながやってきた方法はすべて間違いであると示すことで、ヒエログリフ解読競争の先陣を切った。「科学の発見においては、概念の枠組みをとらえることが最初の重要な一歩になる。それはすなわち、研究対象を大局的に見取ることであり、アステカ帝国を征服しようとするコルテスがまずダリエン地方の山頂に立ったというのに等しい。エジプト語において、その枠組みをとらえたのはヤングである。簡単にいえば、エジプトのヒエログリフを長らく覆っていた謎を払いのけ、この文字も合理的な規則に従っていることを示したのである」と、エジプト学者のジョン・レイが書いている。

レイによれば、ヤングは「問題を解くことにかけては、おそらくイギリスがこれまでに生み出した最も優秀な人間」だった。しかし、パズルを解くのが得意な天才ひとりでは足りなかった。コプト語とエジプトの歴史に関する知識もまた必要で、その深い流れに身を沈ませてこそ、論理の限界を超えて実験や洞察が可能になるのである。それを担うのがシャンポリオンの役目であり、それは他の誰にもできないことだった。

仕事でタッグを組むならふたりはまさに理想的だ。参加したレースのことごとくでスタートダッシュを決めて先頭に出るヤングの役目は、解読の謎という敵に斬りかかって最初に血を流させること。エジプトとエジプトの文化・言語に幼い頃から傾倒していたシャンポリオンの役目は、他の誰よりもその敵に長く食らいついて、正体を徹底して見抜くことだ。

時が経つにつれて、支援者たちの争いをよそに、当事者ふたりは和解へ向かうようだった。ヤングは相変わらず自分の優位を主張していたが、じつは早いうちに（少なくともプライベートでは）、シャンポリオンが自分を追いこしたことを認めていた。「きみに会ってから、じつはほとんど進捗を見ていないヒエログリフだが……」と一八一七年に友人のハドソン・ガーニーに手紙で打ち明けている。「その謎を解くには、アカデミーのメンバー四十人が五十年かけて取り組むしかなく、自分の発見が他の人々の役に立つとわかっただけでぼくは十分だ」

アイディアが枯渇《こかつ》したというのもあるだろうし、あまりにたくさんのテーマに気をとられすぎたというのもあるだろう。一八一六年、ヤングはブリタニカ百科事典の編集者に手紙を書き送っている。音響学の項目について解説を書いてほしいと頼まれ、それを引き受けた上で、他にもこんな項目はどうかと自ら提案したのである。「たとえば、アルファベット、年金、引力、毛管作用、凝集、色、露、エジプト、形、摩擦、暈《かさ》、ヒエログリフ、水力学、動き、抵抗、船、力、潮、波、その他医学関連なら、たいていのものは書けます」。それから六年のあいだに、ヤングはブリタニカの六十三の見出しについて解説を書き上げ、その中には自身の画期的な発見である「エジプト」の項目も含まれる。

それでもヤングは解読に飽きたわけではなく、ヒエログリフから、エジプト文字の速記体であるデモティックに焦点を移したのだった。ヒエログリフこそが特賞であることを思えば、これは一種の譲歩である。

それでもヤングは死を迎えるほぼ当日まで、コツコツと研究に励んだ。最後の著書は一八三一年に死の床で書かれ、「創意工夫に富む研究で素晴らしい成果を生み出した著名であってしかるべきジャン＝フランソワ・シャンポリオン」に惜しみない謝辞を公に贈っている。

つねにというわけではないが、シャンポリオンにもまた寛大なところはあった。ヤングは一八二八年にパリで彼と再会している。ダシエの講演で最初に出会ってから数年が経っていた。場所はルーブル美術館で、シャンポリオンはそこでエジプト遺物部門初のキュレーターに収まっていた。ヤングはそのときの喜びを友人のガーニーに驚き混じりに語っている。「（シャンポリオンは）じつによく気をつかってくれてね。ぼくだったら誰が相手でも、とてもあそこまではできないと思う。何しろ会えばまるまる七時間もつきあってくれるんだ。彼の書いた論文をいっしょに読み、彼の肝煎《きもい》りで集められた素晴らしいコレクションを心ゆくまで眺めたよ」

なんとか解読できたデモティックの語を集めて、ヤングは辞書を編纂《へんさん》していた。驚くべき偉業といえるが、この仕事はごく限られたものだった。語をできるだけ多く集めることに終始して、語の成り立ちについて本当には理解していなかったからだ（たとえば、公式文書に頻繁に登場するUnited Statesという語を突きとめながら、untiedやseatsなど、同じ文字を並び変えて無数の語がつくれることに気づかないのと同じだ)。

「王」をデモティックで書くとこうなると、ヤングは教える。これは「力」、これは「シーザー」。シャンポリオンはヤングとは違ったアプローチをとった。こちらはもっと難しく、まさに挑戦だ。彼のゴールは、ひとつひとつの語を突きとめるだけではない。実際に読めるようになることだ。つまり、ヤングは単語の暗記カードを一枚一枚つくっていったが、シャンポリオンはどんな語を前にしても読める、文字の読み方を伝授するユーザー・マニュアルをつくったのだ。


科学の大きな転換点を示す事象のひとつに、開発者が職にあぶれるというのがある。ニュートンの法則は公開情報であって、いうなれば、ホームセンターで借りられるDIYツールに等しい。それをつかいこなすのにニュートン本人はいらず、誰でもすぐ仕事にかかって、月がいつ太陽を遮断するか、要塞の壁のどこに大砲が衝突するか、知ることができる。

シャンポリオンはとりたてて科学が好きではなく、数学などは無味乾燥で退屈だといって、正面切って嫌った。しかし事実によらない勝手な想像を軽蔑し、いかにして結論を導いたかを詳細に示さんとする態度からすれば、科学畑の人間であることは間違いない。自分は、「推測はせず」――強調したのは嫌悪の現れだろう――「代わりに、コツコツ集めた揺るがぬ観察結果の山をよりどころにする」と、胸を張って断言している。

ノウハウは共有すべきだという考えは比較的新しいもので、少なくとも歴史の暦《こよみ》で見ればつい最近だ。そういう考えが一般に認知されるようになったのは、科学革命が起きてからだった。それまでは世界の仕組みに関する洞察を知るには、つねに賢者を必要とした。自分の発見を知る者は他にいないとして、賢者は秘密を隠したままにするからだ。ヨセフがファラオの夢を解釈したときも、自分の直感と洞察によったわけで、どうやってそういう解釈を導き出したのか、誰にもわからない。しかしシャンポリオンはここに至って、誰でもつかえるマシンを生み出したのだった。

32　失われたファラオ

少年時代からシャンポリオンは、自分の目でじかにエジプトを見てみたいと夢見ていた。ヤングはパリやローマには喜んで足を運んでいたものの、エジプトに行こうとは考えもしなかった。机から離れずに世界のことを説明できる自分に誇りを持っていたのだ。

当時、最も注目されていた科学の探究は、地球の形を正確に求めることだった。赤道で丸く出っ張っているのか、それとも膨らんでいるのは両極か？　とてつもない費用がかかる大がかりな探検が次々と計画され、あるチームが北極へ繰り出せば、また別のチームは南米へ繰り出していく。この探究にはヤングも魅了されたが、机上で研究するほうを好んだ。

「とりわけ費用がかさむような実地検分は必要でなければ省く。自分はそういう研究に誇りを持っているし、そのほうが楽しいのだ」と、ヤングは友人のガーニーに書いている。「お互いが視界に入る二地点から、地球の形を判断する方法を模索中なんだ。それなら、ラップランドやペルーまでわざわざ出かけていく必要もない」。これはＮＡＳＡの手をわずらわせたり、ロケット船をつかったりせずに月のクレーターを研究するのとだいたい同じで、まさにヤングが一番好きな種類のプロジェクトだった。

強い憧れを募らせながらも、シャンポリオンにはエジプト旅行を決行できるだけの金がない（現地に一度も足を踏み入れたことがないのに、その土地の専門家を気取るとはお笑い草だと、敵陣営は嬉々としてからかった)。しかし一八二八年、ついに彼はエジプトへ行く。この頃には非常に有名になっており、エジプト語の最も優秀な解読者として知られるようになっていた。それで、裕福で信頼できる支援者たちにエジプトへ調査旅行に出かける資金援助をしてもらえたのだ。調査団を率いるシャンポリオンは、このとき三十七歳。興奮で気も狂わんばかりになっている。

シャンポリオンの一団は一八二八年の七月三十一日に出港した。八月十八日にはアレクサンドリアに近づき、手すりのそばに立ったシャンポリオンは小型望遠鏡を手に、初めて目にする土地を一望した。

まもなく顎髭《あごひげ》をふさふさと生やし、ヨーロッパの衣服から地元民が着るローブに着替え、エジプト人として通ったと大喜びで報告する。砂糖を入れない濃厚なコーヒーを何杯も飲み干し、水ギセルをうれしそうに吹かす。誰もがこの土地の暑さには苦しんだが(「ろうそくのように溶けてしまう」)、それさえも楽しんだと書いている。

十月八日、シャンポリオンは自分の今いる場所について、「ピラミッドのふもとにある野営地にいる」と手紙で兄に誇らしげに教えている。兄さんも、石のブロックを手で触れるぐらい近づいて、ピラミッドの隣に立って見るといい。どれだけ巨大か、肌で感じられるからと。しかしシャンポリオンを驚かせたのは壮大な遺物ばかりではなかった。町のどこにでもいる野良犬を見ても、彼は目を丸くする。エジプトの犬は「トランペットみたいに尻尾を持ち上げている」ことに気づいて大興奮。そういう野良犬たちは、数千年前のヒエログリフに登場する犬にそっくりだったからだ。シャンポリオンはヒエログリフの犬を日記の余白に書いている。

何もかもがバラ色に見えたわけではない。エジプトという国がどうしようもないほど貧しく、あきれるほど腐敗しているのはシャンポリオンも知っていた。しかし彼の目は、幻滅を感じる現在のエジプトではなく、遠い昔のエジプトに向いている。「ぼくはエジプトの虜《とりこ》だ――彼女こそぼくの最も大切な人だ」と、一八二八年十一月にルクソールから兄に手紙を書き送っている。

一八二九年の元旦をシャンポリオンはダシエに手紙を書きながら祝った。パリにある銘文・文芸アカデミーの常任書記であり、学者でもあるダシエの名は、シャンポリオンの画期的な論文のタイトルにも入っている。その彼に新年の挨拶をしたためようと思って書きはじめたのだが、挨拶部分をさらりと書いてしまうと、すぐに本題に入った。

エジプトの調査旅行で、北はアレクサンドリア、南はエジプトの南国境に近い恐ろしい第二瀑布《ばくふ》まで、彼はナイル流域のほぼ全土をたどっていた。途中船を降りるたびに、神殿や墓や記念碑に刻まれた銘文を読んでいった。一番新しいギリシャ・ローマ時代のものから始まって、そこから数千年をさかのぼってファラオが全盛だった時代のものまで、さまざまなものがあった。どれについても、自分の考えた読解方法はぴたりとあてはまり、「われわれのヒエログリフのアルファベットは、何ひとつ修正する必要はない」と、誇らしげに書いている。

手紙の最後は、Notre alphabet est bon. と結ばれている。われわれのアルファベットは正しいのだ、と。

そうして、一八二九年の六月に、シャンポリオンは考古学史上最大といわれる非凡な発見をする。いや、正確には、あと少しで発見できたというべきだろう。王家の谷に近いデイル・エル＝バハリで銘文を読みながら――それができるのは世界で彼ひとりだということを、ここでも忘れないでいただきたい――気がつくとシャンポリオンは、口をぽかんとあけていたのである。

彼の日記によると、驚きの理由は、これまでまったくきいたことのない王の名前を見つけたからだった。「さらに驚いたことに、その、髭を生やしてごく普通のファラオの格好をした王について言及した銘文は、名詞も動詞もすべて女性形であって、まるで女王について書かれているような……そういうおかしなことが、至るところで見られたのだ」

アメン・ラーに捧げられたあるオベリスクには、「なぜならわたしは紛れもない彼の娘であり」という銘文が刻まれていた。「彼の栄光を讃え、彼が何を命じたかを知っているのである」

神殿の壁に刻まれたあるメッセージは警告を叫んでいた。「女王陛下を礼賛する者は生きながらえ、冒瀆《ぼうとく》する者は死ぬ」と。こんなふうに自信たっぷりに王の権力を主張して威圧するファラオの宣言はよくあるもので、驚くことではない。驚いたのは、その宣言を出した主の身元が、はっきりと書かれていたことである——女王陛下と。

シャンポリオンは驚嘆して目を見ひらいた。彼を驚嘆させたのは、一見すると、単なる小さな文法記号だ。しかし、文法がこれほど大きな問題を提議することはめったにない。

エジプトにも女性の支配者はいた。クレオパトラも有名なそのひとりである。しかしそのほとんどは、ファラオと結婚した女性か、まだ幼すぎて王座に就けない若い皇太子の名のもとに支配権を握った女性だった。この未知の支配者は、いったい誰なのだ？

この謎はシャンポリオンが亡くなって百年を経過するまで解けなかった。エジプトの歴史にまだ誰も知らないページが存在する、その最初の証拠を掘り出したのがシャンポリオンだった。二十年近いあいだ、エジプトはひとりの女性ファラオに支配されていた。ファラオの妻ではなく、自身の力で王座に就いた女性で、後の支配者たちは、その存在を歴史から削除しようとした。それがハトシェプストで、著名なエジプト学者ジェームス・ブレステッドの言葉を引けば、この人物は「われわれが知る限り、史上初の強権を握った女性」だという。

シャンポリオンが認めた手がかりは、非常にわかりにくいもので、普通の人間なら完全に見落としていただろう。しかしこの時期に至って、シャンポリオンの文法理解は完璧に近づいていたのである。

古代エジプト語は、性の区別に非常に骨を折っていたことにシャンポリオンは気づいていた。世界にはそういう言語もあれば、そうでない言語もある。たとえば英語は動詞の時制にこだわる言語だが（例：I would have been having a better time if I'd known more people at the party. もしあのパーティーにもっとたくさんの知り合いがいたら、もっと楽しめたのに）、性別にはあまり頓着しない。英語を話す人間は、king にも queen にも同じ冠詞をつけ、his brother、his sister というように、代名詞も同じだ。しかしフランス語は、le roi と la reine、son frère と sa soeur というように区別する。

エジプト語はさらにしつこくこだわる。男性名詞と女性名詞では冠詞や代名詞が異なるだけでなく、名詞自体にも異なる接尾辞がつくのだ。エジプト語には queen に相当する語はない。queen について言及している部分は、「王の第一夫人」と訳されるのが普通だ。しかしハトシェプストの神殿でシャンポリオンが見た銘文では、「王」のあとに女性を示す記号がついていた。t の音を表すパンの塊のヒエログリフだ。この小さな記号がついたことで、「王」という見慣れた語が、kingette（-ette は女性形名詞をつくる）と似た、何か奇妙なものに変質してシャンポリオンを驚かせたのだった（王お抱えの書記が、ハトシェプストについて言及するとき、そのやり方はずっとまちまちだった。エジプト学者のトビー・ウィルキンソンによれば、歴史のこの時点においては、書記は「ファラオ」を採用したという。理由ははっきりしていて、面倒な問題を避けたいからだ。ここから「ファラオ」は、これまでと同じように王宮を表すと同時に、そこに在住する支配者をも表すようになった)。

ハトシェプストの物語は、一九二〇年代に入ってようやく明るみに出る。ルクソール近郊のデイル・エル＝バハリで、メトロポリタン美術館の考古学者が彫像の壊れた破片が無数に詰まっている穴をふたつ発見したのだ。考古学者が破片をつなぎあわせていくと、かつてハトシェプストが建造した壮麗な神殿に堂々と立っていた彫像がいくつもできあがった。古代の労働者が地面に倒して穴のへりまで引きずってきたのだ。そこで大ハンマーや岩をつかって、彫像を粉々にしていく。それから穴に捨てておしまいだ。無数の銘文や彫刻にも労働者たちは襲いかかり、ハトシェプストの名前や肖像を鑿《のみ》で削って抹消する。しかし、中には見逃したものもあった。労働者はハトシェプストの名前と肖像だけに怒りをぶつけて、彼女の統治時代にあった出来事について記した銘文は見逃している。

「彼らはハトシェプストが存在した記憶を抹消した」とエジプト学者のボブ・ブライアーはいう。「それがうまくいった。実際消えたのだ。たとえば、ハトシェプストの名前はいかなる王のリストにも載っていないし、クレオパトラに尋ねたら、ファラオや、彼らの王朝に関する古代のあらゆる記録から抹消されているのである。もしクレオパトラに『ハトシェプストって、誰?』と首を傾げるはずだ。まったく何も知らない。名前をきいたこともないのだ」

「まさか現代のわれわれが突きとめるとは思いもしなかっただろう」とブライアーは続ける。「デイル・エル＝バハリに送られた労働者たちは、『彼女の名前や肖像をもれなく見つけて、かたっぱしから消せ』という命令を受けた」(現代では「外観を損なう」という薄めた意味でつかわれる

deface をまさに額面通りにやらせたのだ。同様に、ハトシェプストの彫像を壊すことも、「因習打破的な」という意味の iconoclastic のもっと乱暴な原義、肖像破壊なのである）。

こういった歴史からの抹消は、失脚した政治家を写真から摘《つ》み取るスターリンの手口と変わらず、古代における先駆けといっていい。しかし、文字の読み書きができない人間が全人口の九十五から九十九パーセントを占める社会にあれば、ハトシェプストについて言及された銘文が人々の目をすり抜けてしまうのは避けられなかった。「彫像や彫刻に携わる職人の多くは社会の下層部にいる人間であり、ハトシェプストの名前を抹消するために送り出されたところで、怠けてばかりで、よく見ようともしない。全部消してやろうなどと張り切る人間はいないのである」とブライアーはいう。

生き残った銘文から、驚くべき物語が明らかになった。ハトシェプストは紀元前一四七八年頃に王位に就いた。歴史家が第八王朝と呼ぶ時代である（のちに同じ王朝に、「異教徒の王」アクナトンとその息子ツタンカーメンをはじめ、エジプトの歴史で最も有名な名前が組み込まれることになる）。

血統でいえば、ハトシェプストは非の打ち所がなかった。ファラオの娘であり、のちにファラオの息子（自身の異母兄）の第一夫人となる。やがて夫が第二夫人とのあいだに授《さず》かった幼い息子を残して死ぬと、ハトシェプストが共同摂政として、幼児の王とともに国を支配することになった。それはわずかな期間で、まもなく彼女が自分の名で王に就任する。

ハトシェプストの治世は二十年近く続いた。彼女は成功し、エジプトは繁栄した。交易のために大がかりな遠征隊を組織し、遙か遠いプントの地（おそらくエチオピアと思われるが、正確なところは誰も知らない）まで出かけていき、香料、ミルラ樹脂、象牙、黒檀《こくたん》、銀、クジャク石、ラピスラズリ、金、牛、大型小型のサルを、自身の船にどっさり積んで戻ってきた。

ハトシェプストはエジプト全土にくまなく記念碑を建てており、その中で最も有名なものがテーベにある。そこで彼女は、オベリスクや彫像、シャンポリオンが目にした名作と謳われる巨大神殿を建造させる。ナイルの上空にそびえる崖をくりぬいて、三段にわたって並べた柱廊が見ものだ。全長三分の一マイルの広々とした参道には、全部で百体以上のスフィンクスがずらりと配置されていた。

そんなハトシェプストの肖像に無残にも加えられた暴力にはどういう説明がつくのだろう？　ハトシェプストが存在した痕跡はすべて抹消せよ。そう命じたのは、彼女の義理の息子であるトトメス三世で、彼がハトシェプストの王位を継いでいる。ハトシェプストのカルトゥーシュ内の文字は消されて、代わりにこのトトメス三世の名が入っている。その父親の名が入っていることもある。

しかしその動機については、専門家の意見がふたつに分かれている。ボブ・ブライアーを筆頭とする陣営は、ハトシェプストが抹消されたのは、女性のファラオが自然の秩序にそむくという理由からだという。そういった常道からはずれたことは、最初からなかったものとして否定するべきだと考えた。

もうひとつの陣営は、嫌悪よりも王朝の政治に焦点を当てている。トトメス三世が反ハトシェプストの命を出したのは、王座に就いて二十年以上経っていることに目をつけ、血の復讐を企《くわだ》てるには時間が経ちすぎていると考えたからだ。つまり本当の問題は、次に誰が王座に就くかという、そこなのだ。ライバル候補がいたのだと考える学者もいる。ひとりはトトメス三世の息子。もうひとりはハトシェプストとより近い関係にあって、血筋の点でもっと誇れる人間だった。しかし、ハトシェプストなどという血統は最初からなかったのだとすれば、トトメス三世の息子は何の支障も無く王位を継承できるのではないか？

たとえハトシェプストの彫像がすべて無傷で残っていたとしても、われわれには、彼女がどんな外見をしていたか知ることはできない。エジプト美術においては、「肖像」というものの意味が現代人とはまったく違うからだ。支配者の肖像には、個人的な特徴ではなく、その理想形が表現される。年老いて弱ってきた王は、若くて堂々とした肖像をつくり、幼い子どもがたまたま王位を継承した場合も同様である。「ファラオの彫像を眺めて、実際の風貌を想像しようとするのは、チェス盤上のキングに、年齢や気分を尋ねるようなものなのだ」と美術史家のエルンスト・ゴンブリッチはいう。

それでも歴史を探ろうと、考古学者たちは無限の時間を費やしてハトシェプストの破壊された彫像の残骸をつなぎあわせていった。全部とはいわずとも、丹念に拾い集めた何千というかけらから、やがて何十もの彫像が形を成していく。

ハトシェプストは男性として描かれることもあれば、女性として描かれることもあった。ときには、男性の変装をした女性として描かれることもあり、グルーチョ・マルクスの墨で描いた口髭《くちひげ》のような、ひと目でつくりものとわかる堂々たる顎髭を生やしている(ハトシェプストの名前の意味は、「彼女は最初の高貴な女性である」という意味で、性別を隠すような意図はまるでない)。

状態のいい彫像はどれも、世界美術の宝となっている。中でも最も目を引くのは、全長十一フィート、重さ七トンの御影石でつくられたスフィンクスだろう。ライオンの胴体の上にハトシェプストの顔が載っている(王のかぶる頭飾りと顎髭がついている)。無数のかけらから組み立てられたこの彫像は、現在ニューヨークのメトロポリタン博物館にあって、訪問者たちを穏やかな目で見守っている。

この息を呑む彫像は、今から三千五百年前に、現在の居場所から六千マイル離れた地でつくられた。そこにどんな物語が秘められているのか、まだわからないことが多い。しかしわかっているのは、その物語の存在をわれわれが知ることができるのは、本来そこにあるはずはないと思っていた小さなTを、シャンポリオンがたまたま目撃したおかげであるということだ。

エピローグ

その先の話は手短に語ろう。シャンポリオンの仕事は素晴らしい成果を出したが、そのテーマが広大で多様なだけに、あいまいなまま残されたものや誤解も多い。時間さえかければ、仕事の精度はもっとあがっただろう。しかしその時間が彼にはなかった。

シャンポリオンが世に知られた最初の著作『ムッシュー・ダシエへの書簡』を刊行したのは三十一歳のときだった。それから十年後に死が彼を連れ去っていく。

仕事の続きは後継者に託されたが、その中で最も有名な学者に「ドイツのシャンポリオン」を自称するリヒャルト・レプシウスがいる。シャンポリオンの解読が正しかったことを証明する論駁《ろんばく》不可能な証拠を見つけたのが彼だった。

一八六六年、レプシウスは考古学者のチームの一員としてエジプトで研究を続けていた。アレクサンドリアに近い古代都市タニスの遺跡――タニスは砂に埋もれた都市として『レイダース／失われたアーク』に登場した――でレプシウスはロゼッタストーンと同等のものを見つけたのである。

レプシウスがそれを掘り出すまで、そんなものが存在するとは誰ひとり思わなかった。この新しい石にはギリシャ語の長い一節とともに、それと同じ内容をデモティックとヒエログリフで記した銘文が刻まれていた。ロゼッタストーンより数十年前につくられたもので、内容的にはファラオ賛美と暦《こよみ》の誤りを修正することに関する言及であって、特別なことは何もない。しかし重要なのは内容ではなかった。

カノーポス・ストーン（それが書かれた都市の名前をつけられた）の重要性は、ロゼッタストーンとは異なるテキストが記されていたことにある。なぜそれが重要なのか？　じつはカノーポス・ストーンが発見されるまでは、シャンポリオンの解読結果は手の込んだ自己欺瞞《ぎまん》であるとして、はねつけられる可能性があったのだ。

それを論駁するには、シャンポリオンの見いだした方法に、高度な汎用性《はんようせい》があることを証明しなければならない。彼の翻訳は直感によるのではなく、規則とシステムに則《のっと》っている。彼は入門書を書いたのであって、水晶玉を覗きこんだのではないのだと、それを世間に証明しなければならなかった。シャンポリオンが読んだという一連のヒエログリフ。しかし古代エジプト人にきいてみたら、そんなことは書いていないというかもしれない。あり得ない話ではない。何しろシャンポリオンより先にヒエログリフの解読に挑んだ人々は、シャンポリオンのそれとはまったく異なるものを、これぞ古代エジプト語の「翻訳」だと自信たっぷりに提示していたのだから。

さらに、最初のうちは哲学的見地から、シャンポリオンの解読を拒否する学者もいた。シャンポリオンの翻訳は意味が通らないからではなかった。あまりにわかりやすすぎるのが問題なのだった。こんな世俗的な内容のどこに深い神秘があるのかと文句がついた。

たとえばラルフ・ワルドー・エマソンは、シャンポリオンがヒエログリフの真髄を見逃したと感じたらしい。シャンポリオンの凄さは彼も認めている（アリストテレス、ライプニッツ、ゲーテに匹敵する天才だとしている）。しかし、彼の発見は大局的にとらえる必要があるとエマソンは感じ、シャンポリオンは古代エジプトの「あらゆる労働者の名前や、レンガの値段を明らかにしたが」古代エジプトの真の知恵はとらえていないと非難するのである。

しかし、そこでカノーポス・ストーンが登場し、あちこちからきこえるあら探しの声をぴたりと黙らせることになった。レプシウスがこれを発見するまで、シャンポリオンは、まだ誰ひとり解けない算術の問題を解いた昔の天才といった程度の扱いをされていた。この頭のいい人物に、必要な数字を渡せば、足したり掛けたり割ったりして答えを出してくれ、おまけにどうやってその答えを出したのかも教えてくれる。毎回、これで正しいのだと本人はいうが、本当に正しいのかどうか、誰にわかるだろう？　巻末に答えが載っている算数の問題集があれば問題は解決する。カノーポス・ストーンがまさにそれだった。

つまり、これでシャンポリオンをテストすることができるのだ。カノーポスの銘文にあるヒエログリフのテキストをシャンポリオン方式で翻訳してみて、それがカノーポスのギリシャ語のテキストと合致するかどうか比べてみればいい。

専門家がやってみた。完璧に合致した。

「それはまるで、古代のエジプト人が包帯の中からふいに現れてわれわれに話しかけ、われわれが彼らの言葉を話すのを観察しているようだった」と、このテストに関わった学者が驚いている。

ヤングもシャンポリオンも、カノーポス・ストーンのことを知るまで長生きはできなかった。ヤングはレプシウスの発見より三十年以上前に亡くなっている。最後の数日は衰弱した身体をベッドから起こして仕事をし、『エジプト語の辞書素案』の校正刷りをひとつひとつ修正した（最初はペンをつかっていたが、やがてペンもインク壺もつかえなくなり、鉛筆に持ち替えた）。

この辞書の序文でヤングは、シャンポリオンの発見に賛辞を贈っている。しかし最後に至ってシャンポリオンの最も重要な結論をはねつけている。単に外国名だけでなく、普通の語を綴《つづ》る場合にもヒエログリフは音を表すという結論だ。最後までヤングはそれを否定した。シャンポリオンの「音声文字」は「記憶の手助け」として、単に速記代わりにつかわれていて、それ以上ではないのだと。

一生の友人であったガーニーに彼は語っている。この最後の仕事を、「もし自分が生きながらえて完成できたら、それで満足だ」と。しかし、それが無理な話であることもわかっていた。医者にはもうどうすることもできず、「心臓の動きに極めておかしなところがある」という診断を下すに過ぎなかった。

ヤングは九六ページまでなんとか仕上げ、そこで鉛筆を置いた。例によって取り乱したりはしない。最後まで医学者としての態度を貫き、軽い驚き混じりにこう書いている。「ずいぶん病気の進行が早く思えたが、彼は決して愚痴《ぐち》をこぼさなかった」と。

シャンポリオンはヤングが亡くなったあと、三年長く生きただけだった。もともと頑強な身体ではなく、若い頃には失神することもよくあって、それが大人になってからも彼を悩ませた。すっかり有頂天になったかと思えば、むっつりふさぎこむ。その激しすぎる感情の揺れと起伏も彼の精神の特徴だった。伝記作家の中には、その感情の揺れを身体的な兆候と結びつけて、よく失神するビクトリア朝のメロドラマに登場する女性的なイメージを付与しようとした者もいる（イギリスの作家はとりわけ、この浮《うわ》ついたフランス人のイメージを好んだ）。しかしシャンポリオンの症状を解釈しようとする医学史家たちは（家族は遺体解剖を望まなかった）、現実的な診断を下す傾向にある。原因は、ある種の血管の病気にあった可能性が高く、世事に対して過敏に反応する性癖ではないというのだ。

シャンポリオンは一八二九年の年末にエジプト旅行からフランスに戻り、高等専門研究機関コレージュ・ド・フランスで世界初のエジプト学の教授に就任した。

ヤングと同じように、彼もまた死の床で記念碑のエジプト語テキストと向き合い、ほとんど最後の息を引き取るまで執筆を続けた。「あと一か月あったら――ぼくの五百ページは完成するのに」と一八三一年に出した兄への手紙に書いている。「しかし、できるところまであきらめるしかない」

記念碑のテキストを扱った『エジプト語の文法』は完成することなく、弟思いの兄によって死後に刊行されることになる。一八三一年の十二月初頭、シャンポリオンは講義中に倒れた。その一週間後には卒中の発作を起こして、半身不随となる。

十二月二十三日、四十一歳の誕生日に、シャンポリオンは兄に頼んでマザリーヌ通りにある部屋に運んでもらう。その十年前に、そこで「エウレカ！」の瞬間を迎えたのだった。シャンポリオンは胸を熱くして思い出す。「ここで、ぼくの科学が生まれた」

終わりはすぐそこまで近づいていた。その十年前、ジョン・キーツは死の床にあって、「頭の中であふれかえる思いを、ぼくのペンはまだ書き切れていない」といって、早すぎる死を嘆いた。一八三二年の一月には、シャンポリオンがこれと同じ運命に直面する。「早すぎる」と悲嘆したシャンポリオンは片手を額に持っていって、こういった。「まだこの中には山ほど入っているというのに！」。それはキーツと同じ、書く能力を奪われた者の苦しい慟哭《どうこく》だった。

同じ月、しゃべることはできても、もうほとんど動けなくなっていたシャンポリオンは、未完の手稿である「エジプト語の文法」を苦労して兄に手渡した。

それが、ほぼ完成に近づいていたシャンポリオン最後の解説であった。彼が人生のすべてを捧げ

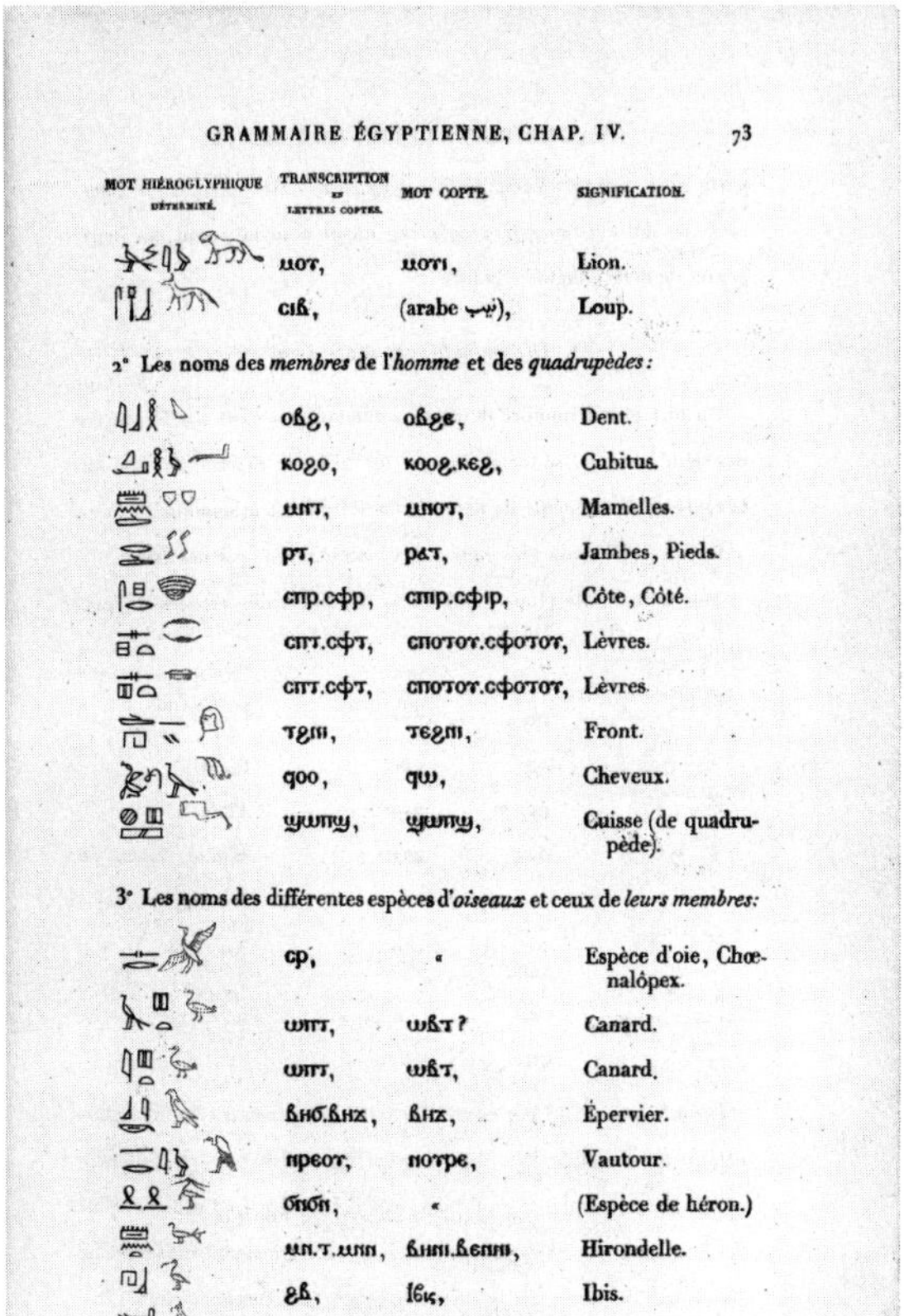
GRAMMAIRE ÉGYPTIENNE, CHAP. IV. 73

MOT HIÉROGLYPHIQUE DÉTERMINÉ.	TRANSCRIPTION EN LETTRES COPTES.	MOT COPTE.	SIGNIFICATION.
	ⲙⲟⲩ,	ⲙⲟⲩⲓ,	Lion.
	ⲥⲓⲃ,	(arabe ذيب),	Loup.

2° Les noms des *membres* de l'*homme* et des *quadrupèdes :*

	ⲟⲃϩ,	ⲟⲃϩⲉ,	Dent.
	ⲕⲟϩⲟ,	ⲕⲟⲟϩ.ⲕⲉϩ,	Cubitus.
	ⲙⲛⲧ,	ⲙⲛⲟⲧ,	Mamelles.
	ⲣⲧ,	ⲣⲁⲧ,	Jambes, Pieds.
	ⲥⲡⲣ.ⲥⲫⲣ,	ⲥⲡⲓⲣ.ⲥⲫⲓⲣ,	Côte, Côté.
	ⲥⲡⲧ.ⲥⲫⲧ,	ⲥⲡⲟⲧⲟⲩ.ⲥⲫⲟⲧⲟⲩ,	Lèvres.
	ⲥⲡⲧ.ⲥⲫⲧ,	ⲥⲡⲟⲧⲟⲩ.ⲥⲫⲟⲧⲟⲩ,	Lèvres.
	ⲧϩⲛⲓ,	ⲧⲉϩⲛⲓ,	Front.
	ϥⲟⲟ,	ϥⲱ,	Cheveux.
	ϣⲱⲡϣ,	ϣⲱⲡϣ,	Cuisse (de quadrupède).

3° Les noms des différentes espèces d'*oiseaux* et ceux de *leurs membres:*

	ⲥⲣ,	«	Espèce d'oie, Chœnalôpex.
	ⲱⲡⲧ,	ⲱⲃⲧ ?	Canard.
	ⲱⲡⲧ,	ⲱⲃⲧ,	Canard.
	ⲃⲏϭ.ⲃⲏϫ,	ⲃⲏϫ,	Épervier.
	ⲛⲣⲉⲟⲩ,	ⲛⲟⲩⲣⲉ,	Vautour.
	ϭⲛϭⲛ,	«	(Espèce de héron.)
	ⲙⲛ.ⲧ.ⲙⲛⲛ,	ⲃⲏⲛⲓ.ⲃⲉⲛⲛⲓ,	Hirondelle.
	ϩⲃ,	ⲓⲃⲓⲥ,	Ibis.
	ⲁⲁϧⲙ,	ⲁϧⲱⲙ.ⲁϩⲱⲙ,	Aigle.

19

シャンポリオンが死の床で書いたエジプト語の文法に関するページ。

て得た数々の発見を、このうえなく正確に美しくまとめた一冊だった。

「とにかく、ぼくは後世の人たちに自分の痕跡を残しておくよ」

全力を出し尽くした人はそういった。


その最も早い時期から、エジプトは不死に取り憑かれていた。死は克服可能で、命は再び蘇《よみがえ》ると、ひたすら同じことをいい続けてきた。ファラオをぬかりなく護衛するために山のように石を積み上げたのも、じつに細かな手順を踏んでミイラをつくったのも、百科事典さながらの呪文書を編んだのも、すべて死は終わりではないという信仰を持っていたゆえだった。

神官たちが長々しい祈りの言葉を型通りに読み上げるのも、自分たちは魂を不滅にするパスワードを手にしていると確信してのこと。ファラオは死後に退屈しないよう、自分の墓にボードゲームや狩猟の槍を備え、あの世での宴会のために、大切りにした牛肉や壺に詰めたワインも用意した。シャンポリオンのように信仰を持たない人間にとって、そういう儀式は大昔の迷信に過ぎない。エジプトを熱愛した彼ではあったが、そこはやはりフランス革命の時代に生まれた男子であり、死後も生きるという考えにはまったく引かれなかった。

しかしそうであっても、ある意味シャンポリオンが一生をかけて成し遂げた仕事は、古代エジプトの信仰を大いに尊《とうと》ぶものだといえよう。その宗教観を彼が支持していたという意味ではない。彼の仕事は科学的探究であるとはいえ、古代エジプトの宗教観に通じるものを体現しているといいたいのだ。不死は人間個人の問題にはとどまらない。その短すぎる生涯の中で、ジャン＝フランソワ・シャンポリオンは、死んだ言語と葬られた文化を掘り起こし、息を吹き返させたのだ。

謝辞

もう二十年ほどのあいだ、わたしの掲示板にはロゼッタストーンの絵はがきが留めてある。ロンドン旅行の記念品であり、推理の天才の象徴でもある。つまりシャーロック・ホームズのハンチングキャップみたいなものだ。しかしよくよく見ることはしなかった。ロゼッタストーンをめぐる物語はおぼろげながら知っていたが、その変わった記号の数々を誰がどうやって解読したのか、考えることはなかった。

その疑問がついに形になったのは、ブルックリンの七番街にあるタイ料理レストランだった。メニューに目を走らせたところ、pad Thai とか pad see ew といった文字が飛びこんできた。これはまず、pad が何を表すのか、同じ文字列を持つ料理名をメニューの中からできるだけたくさん探さないといけない。しかし、そのあとはどうしたらいい？

それがきっかけで、過去百年の天才たちがロゼッタストーンをどうやって解読したのかを学ぶ、重層的な探究が始まった。その手引きにしたのは、トマス・ヤングとジャン＝フランソワ・シャンポリオン、ふたりのヒーローの解説や書簡、そしてこのふたりの貢献を評価するのを一生の仕事にした大勢の学者だった。

大英博物館、メトロポリタン美術館、ブルックリン博物館、ニューヨーク公共図書館、それぞれで働く大勢の司書や研究者に心より感謝を捧げる。そして何よりもわたしは、ふたりの寛大な学者から多大なる恩恵を受けている。

ひとりは、アミール・ゼルデス。ジョージタウン大学の言語学者である彼は、コプト語の同音異義語について、見知らぬ人間から寄せられた底の浅い質問に快く答えたのをきっかけに、気がつけば、それから数か月にわたって次次とやってくる質問攻撃を受けることになったのである。

ふたりめは、ボブ・ブライアー。古代エジプトに関する著作が一棚にぎっしり並ぶ、著名なエジプト学者だ。エジプトの歴史や文化のあらゆる側面について深い造詣《ぞうけい》を持つ熱心すぎる学者であるために、所有する書籍や遺物のコレクションがとうとう自宅に入りきらなくなり、それ専用の部屋を持つに至った。彼はわたしの草稿を精査して、はっきりしない引用元を突きとめてくれ、たくさんの謎を解いてくれた。何よりも彼は、愚問というものが実際に存在することを身をもって知った。しかし、本書の中にある間違いはすべてわたしの責任であり、彼にはまったく関係ない。

マリオン・レイディアーは翻訳に力を貸してくれた。アダム・オクラシンスキーはヒエログリフを何度も書いては書き直してくれた。カール・ベルケ、バーバラ・ベルケ、マイケル・ゴールデンは、最高の旅仲間だとわかった。ダニエル・ローデルは執筆の初期段階で熱心に支援をしてくれた。コリン・ハリソンとセアラ・ゴールドバーグは、大小さまざまな問題について相談に乗ってくれ、賢明な助言をくれた。

アジャ・ポロックは細部まで丁寧に目を配って丁寧に原稿整理をしてくれた。わたしのエージェントであり友人でもあるフリップ・ブロフィは、一ダースの人間以上のエネルギーとアイディアを持っている。

作家でもある息子たちにも、折々にいろいろ助けを求めて、頼りにさせてもらった。これほど心強い味方は他にいない。

リンには、言葉にできないほど感謝している。

訳者あとがき

ヒエログリフは、いつ誰がどのようにして解読したのかと問われて、「十九世紀初めにフランスのシャンポリオンという学者がロゼッタストーンを手がかりに解読した」と答えられれば、世界史のテストではひとまず正解だ。しかしロゼッタストーンという「固い石からできた一枚の窓」から、解読に至る歴史を覗いてみると、そんな一言で、簡単にくくってしまってはいけないと思えてくる。「そこから覗けるのは、解読へ向かう本道ばかりではない。その背景にある言語という沃野《よくや》や、歴史の脇道や、人間の生み出した文化が深化していく過程までが、すべて覗ける」と著者はいう。

原書のタイトルは *The Writing of the Gods*――直訳すれば、「神々の文字」であり、日本語では「聖刻文字」と訳されることの多いヒエログリフをさしている。古代エジプト時代につくられた神殿やオベリスクに刻まれた、摩訶不思議《まかふしぎ》な絵文字の羅列。三九四年に、ナイル川上流にあった神殿の壁に刻まれたのを最後にヒエログリフはつかわれなくなり、以降誰にも読めない、意味不明のものとなる。後世のヨーロッパの学者たちは古代エジプトを神聖視するあまり、「ヒエログリフが伝えるのは日常的なメッセージではなく、深遠な宇宙の真理である」とすら考えた。

以降、さまざまな人間が解読に挑戦してきたものの、いっこうに成功せず、長きにわたって膠着《こうちゃく》状態が続いていた。そこに大きな風穴を開けたのが、十九世紀になって登場したふたりの天才学者、トマス・ヤングとジャン＝フランソワ・シャンポリオン。このふたりが生涯をかけて挑んだ究極の解読レースの模様を追うというのが、本書の中心テーマだ。

　古代文字解読の歴史はいつの世でも人気で、なかでもロゼッタストーンとヒエログリフに関する類書は多数出ており、いずれも読者の興味を引きつけてやまない。しかし、扱うのは文字学や言語学であるので、どうしても難解な側面があり、そこで挫折してしまう読者がいるかもしれない。

　しかし本書は違う。ヒエログリフを中心に、いまだ謎の部分が多いとされる古代文字の話題を取りあげながらも、難しい話は一切出てこない。遙か昔に長年月《ちょうねんげつ》をかけて生み出され、言語とともに生き栄え、言語の滅亡とともに捨て去られ、忘却された古代の文字。まるでひとつの生物種のように、誕生、進化、衰退、絶滅というプロセスを経た文字が、ロゼッタストーンという〝化石〟として発見され、研究されることによって、在《あ》りし日の姿と生態を徐々に現していく。そんな文字のめくるめく歴史が、それに関わり、翻弄《ほんろう》された、生身の人間たちの人生とともに読者の目の前にありありと展開するのである。

　ヒエログリフが刻まれたオベリスクを三年もの歳月をかけてイギリスの自邸に持ち帰り、解読者たちに貴重な資料を提供しながらも、哀れな末路をたどったウィリアム・バンクス。ぎっしり詰まったミイラと顔をこすり合わせながら墓の地下深くの狭い道を進んでいって盗掘し、ヒエログリフを解く重大な手がかりを掘り当てた元サーカス芸人の怪力男、ジョバンニ・ベルツォーニ。ヤングとシャンポリオンを主役とする解読劇に、なくてはならない役割を果たしながら、時の流れに埋もれてしまって、いまではその名も忘れ去られた個性豊かな名脇役たちも、ここでは往年の姿のままに颯爽《さっそう》と蘇《よみがえ》る。

　ロゼッタストーンという窓からは「歴史の脇道」も覗けると著者はいっているが、そこへの寄り道もまたすこぶる面白い。「まさか、そんなばかかな……」と読者を唖然《あぜん》とさせる、負けの込んだナポレオンがエジプトに兵士を残してこっそり母国に帰る遁走劇《とんそうげき》。ミイラにした生き物が売れるとわかると、ボロ布と骨のかけらを包帯でくるんでネコやハヤブサの形に仕立て、死後の世界をともに生きる永遠のパートナーとして法外な金で売りつけていた古代エジプトの悪徳商人たち。紀元前二五〇〇年、紀元前一五〇〇年、紀元前五〇〇年につくられた彫像のあいだに大した違いはないという古代エジプトの極端すぎる保守性などなど、面白いエピソードが無数の脇道をつくって、作品世界を豊かにしている。

しかしなんといっても圧巻は、肉体の死を超えて生き続けたいという古代エジプト人の願いに、ある意味で応えるかのように、一度死んだ古代エジプト文字を数千年の時を超えて蘇らせた、ヤングとシャンポリオンの偉業だ。ほぼ正反対の性格といっていいふたりは、まったく異なるアプローチでヒエログリフの解読に挑みながら、互いを意識して熾烈《しれつ》な競争心を燃やす。飽くなき好奇心と知的欲求に取り憑かれたようなふたりの人生を見てくると、難解極まる謎にどこまでも食らいついていく人間の知の執念に震撼《しんかん》する。

著者のエドワード・ドルニックは一九五二年生まれのアメリカのジャーナリスト・作家。『ボストン・グローブ』紙の元サイエンス・ライター主幹で、『アトランティック・マンスリー』、『ニューヨーク・タイムズ・マガジン』、『ワシントン・ポスト』などに記事を寄せてきた。一九九八年に*Madness on the Couch: Blaming the Victim in the Heyday of Psychoanalysis*（未訳）を出版したのを皮切りに、確かな科学知識と入念な取材に裏付けされた興味深いノンフィクション作品を続々と発表している。二〇〇六年にアメリカ探偵作家クラブ賞のベスト・ファクト・クライム部門で受賞を果たした『ムンクを追え！『叫び』奪還に賭けたロンドン警視庁美術特捜班の100日』（河野純治訳・光文社刊）は日本でも紹介されており、「ミステリーより面白い、スーパー・ドキュメント」という謳い文句に違わぬ面白さだ。

読者の心を揺さぶらずにはおかない、迫力あるノンフィクションを得意とすることで定評があるドルニック。最新作である本書は現時点における彼の最高傑作といえよう。

冒険小説を読んでいるのに等しい興奮を覚えながら夢中でページを繰るうちに、自分のなかに眠る細切れで脈絡のないバラバラな歴史の断片が、著者の巧みな比喩《ひゆ》や例示、明快かつ痛快な論調によって、ものの見事につながっていき、随所に目が覚めるような驚きの事実がちりばめられていく。まるで複雑緻密なパズルが組み上がって、脳内に壮麗な歴史絵巻が浮かび上がるような、えもいわれぬ心地よさに陶然となる。「まさに読書の喜びここに極まれり」とつぶやきつつ、深い満足感をもって本を閉じること間違いなしの作品だ。

「知る」ことは、まさに究極のエンターテイメント。ああ、世界はこんなにも面白い出来事であふれていたのだと、目の前が一気にひらけてくるような感覚をぜひ味わっていただきたい。一冊の優れたノンフィクションがもたらしてくれる極上の読書体験はなにものにも代えがたく、もっともっと本を読みたいと、知的好奇心と読書欲をますます刺激されること請け合いだ。

最後になりましたが、綿密な原稿整理と校正により、素敵な邦訳版をつくりあげるのに尽力してくださった、編集の桑野崇さんと校正者の方々に心より感謝を申し上げます。

二〇二二年十一月

参考文献

A'Beckett, G. A. "Bonaparte at Miss Frounce's School." *The Illuminated Magazine* 1 (May to October 1843).

Adams, John M. *The Millionaire and the Mummies: Theodore Davis's Gilded Age in the Valley of the Kings.* New York: St. Martin's, 2013.

Adkins, Lesley. *Empires of the Plain: Henry Rawlinson and the Lost Languages of Babylon.* New York: Thomas Dunne, 2004.

Adkins, Lesley, and Roy Adkins. *The Keys of Egypt: The Race to Crack the Hieroglyph Code.* New York: HarperCollins, 2000.

Allegro, John. "The Discovery of the Dead Sea Scrolls." In Brian M. Fagan, ed., *Eyewitness to Discovery: First-person Accounts of More Than Fifty of the World's Greatest Archeological Discoveries.* New York: Oxford University Press, 1996.

Allen, Don Cameron. "The Predecessors of Champollion." *Proceedings of the American Philosophical Society* 104, no. 5 (Oct. 17, 1960).

Arnold, Dieter. "The Temple of Hatshepsut at Deir el-Bahri." In Catherine H. Roehrig, ed., *Hatshepsut: From Queen to Pharaoh.* New York: Metropolitan Museum of Art, 2005.

Arnold, Dorothea. "The Destruction of the Statues of Hatshepsut from Deir el-Bahri." In Catherine H. Roehrig, ed., *Hatshepsut: From Queen to Pharaoh.* New York: Metropolitan Museum of Art, 2005.

Baker, Nicholson. *The Anthologist.* New York: Simon & Schuster, 2009.

Bauer, Craig P. *Unsolved: The History and Mystery of the World's Great Ciphers from Ancient Egypt to Online Secret Societies.* Princeton, NJ: Princeton University Press, 2017.

BBC documentary about Michael Ventris, "A Very English Genius." 2006. Online in seven parts at https://tinyurl.com/y2ymnykv.

Beard, Mary. "Souvenirs of Culture: Deciphering in the Museum." *Art History* 13, no.4 (Dec. 1992).

———. "What Was Greek to Them?" *New York Review of Books*, Dec. 5, 2013.

Belzoni, Giovanni. *Travels in Egypt and Nubia.* London: J. Murray, 1822.

Berman, Joshua. "Was There an Exodus?" *Mosaic*, March 2, 2015.

Bevan, Edwin. *The House of Ptolemy.* London: Methuen, 1927.

Blair, Hugh. *Lectures on Rhetoric and Belles Lettres.* Dublin, 1783.

Breasted, James Henry. *A History of Egypt from the Earliest Times to the Persian*

Conquest. New York: Scribner's, 1912.
Brier, Bob. *Ancient Egyptian Magic*. New York: Quill, 1981.
———. *Egyptomania: Our Three Thousand Year Obsession with the Land of the Pharaohs*. New York: Palgrave Macmillan, 2013.
———. *The Murder of Tutankhamen: A 3,000-Year-Old Murder Mystery*. New York: Putnam's, 1998.
Brier, Bob, and Hoyt Hobbs. *Ancient Egypt: Everyday Life in the Land of the Nile*. New York: Sterling, 2013.
Brooks, Peter. "Napoleon's Eye." *New York Review of Books*, Nov. 19, 2009.
Budge, E. A. Wallis. *The Gods of the Egyptians: Or, Studies in Egyptian Mythology*, vol. I. London: Methuen, 1904.
———. *The Rise and Progress of Assyriology*. London: Clay & Sons, 1925.
———. *The Rosetta Stone*. London: British Museum, 1913.
Budiansky, Stephen. *Battle of Wits: The Complete Story of Codebreaking in World War II*. New York: Simon & Schuster, 2002.
Bulliet, Richard. *The Wheel: Inventions and Reinventions*. New York: Columbia University Press, 2016.
Burckhardt, John Lewis. *Travels in Nubia*. London: J. Murray, 1819.
Burleigh, Nina. *Mirage: Napoleon's Scientists and the Unveiling of Egypt*. New York: Harper Perennial, 2008.（ニナ・バーリー『ナポレオンのエジプト――東方遠征に同行した科学者たちが遺したもの』竹内和世訳、白揚社、2011 年）
Caminos, Ricardo. "Peasants." In Sergio Danadoni, ed., *The Egyptians*. Chicago: University of Chicago Press, 1997.
Ceram, C. W. Gods, *Graves, and Scholars: The Story of Archaeology*. New York: Knopf, 1951.
Cerny, Jaroslav. "The Will of Naunakhte and the Related Documents." *Journal of Egyptian Archeology* 31 (1945).
Chadwick, John. *The Decipherment of Linear B*. Cambridge, UK: Cambridge University Press, 2014.
Champollion, Jean-François, *Grammaire Égyptienne*. Paris: Firmin-Didot Frères, 1836.
———. *Lettre à M. Dacier*. (*Letter to Monsieur Dacier*.) Paris: Firmin Didot, Ather & Sons, 1822.
———. *Précis du Système Hiéroglyphique des Anciens Égyptiens*. Paris: Treuttel et Würtz, 1824.
Champollion-Figeac, Aimé, *Les Deux Champollion: Leur Vie et Leurs Oeuvres*. Grenoble, Francc: Drcvct, 1887.
Coe, Michael D. *Breaking the Maya Code*. New York: Thames & Hudson, 1992.（マイケル・D. コウ『マヤ文字解読』増田義郎監修、武井摩利・徳江佐和子共訳、創元社、2003

年）
Damrosch, David. *The Buried Book: The Loss and Rediscovery of the Great Epic of Gilgamesh*. New York: Henry Holt, 2006.
Darnell, John Coleman, and Colleen Manassa. *Tutankhamun's Armies: Battle and Conquest during Ancient Egypt's Late 18th Dynasty*. Hoboken, NJ: John Wiley & Sons, 2007.
David, Rosalie, and Rick Archbold. *Conversations with Mummies: New Light on the Lives of Ancient Egyptians*. New York: Morrow, 2000.（ロザリー・デイヴィッド、リック・アーチボルド共著『ミイラ全身解剖――ミイラ科学と古病理学が明かす古代エジプト人の生と死』吉村作治監訳、講談社、2001 年）
———. *Religion and Magic in Ancient Egypt*. New York: Penguin, 2003.
Delbourgo, James. *Collecting the World: Hans Sloane and the Origins of the British Museum*. Cambridge, MA: Harvard University Press, 2019.
Dieckmann, Liselotte. "Renaissance Hieroglyphics." *Comparative Literature* 9, no. 4 (Autumn 1957).
Diffie, Whitfield, and Mary Fischer. "Decipherment versus Cryptanalysis." In Richard Parkinson, *Cracking Codes: The Rosetta Stone and Decipherment*. Berkeley: University of California Press, 1999.
Dorman, Peter F. "The Proscription of Hatshepsut." In Catherine H. Roehrig, ed., *Hatshepsut: From Queen to Pharaoh*. New York: Metropolitan Museum of Art, 2005.
Drower, Margaret. *Flinders Petrie: A Life in Archeology*. Madison: University of Wisconsin Press, 1995.
Ebers, George. *Egypt: Historical, Descriptive, and Picturesque*. Jazzybee Verlag: 2017. (Originally published 1886.)
Eiseley, Loren. *The Star Thrower*. New York: Random House, 1979.（ローレン・アイズリー『星投げびと――コスタベルの浜辺から』千葉茂樹訳、工作舎、2001 年）
Everett, Daniel. *Don't Sleep, There Are Snakes: Life and Language in the Amazonian Jungle*. New York: Vintage, 2009.（ダニエル・L・エヴェレット『ピダハン――「言語本能」を超える文化と世界観』屋代通子訳、みすず書房、2012 年）
Fagan, Brian. *Lord and Pharaoh: Carnarvon and the Search for Tutankhamun*. London: Routledge, 2016.
———. *The Rape of the Nile: Tomb Robbers, Tourists, and Archaeologists in Egypt*. New York: Basic Books, 2004.（ブライアン・M. フェイガン『ナイルの略奪――墓盗人とエジプト考古学』兼井連訳、法政大学出版局、1988 年）
Fagone, Jason. *The Woman Who Smashed Codes: A True Story of Love, Spies, and the Unlikely Heroine Who Outwitted America's Enemies*. New York: HarperCollins, 2017.
Fallows, Deborah. *Dreaming in Chinese: Mandarin Lessons in Life, Love, and Lan-*

guage. New York: Walker, 2010.
Finati, Giovanni. *Narrative of the Life and Adventures of Giovanni Finati*, vol. 2. Edited by William Bankes. London: J. Murray, 1830.
Findlen, Paula. *Athanasius Kircher: The Last Man Who Knew Everything*. New York: Routledge, 2004.
Fleming, Fergus. *Barrow's Boys*. Boston: Atlantic Monthly Press, 2000.
Fox, Margalit. *The Riddle of the Labyrinth: The Quest to Crack an Ancient Code*. New York: Ecco, 2013.
Frankfort, Henri. *Ancient Egyptian Religion: An Interpretation*. New York: Columbia University Press, 1948.
Friedman, William. "An Introduction to Methods for the Solution of Ciphers." In *Publication No. 17*. Geneva, IL: Riverbank Laboratories, Dept. of Ciphers, 1918.
Gardiner, Alan. *Egyptian Grammar*. Oxford, UK: Griffith Institute, 1927.
George, Andrew, ed. *The Epic of Gilgamesh*. New York: Penguin, 2003.
Gillispie, Charles C. *Science and Polity in France: The Revolutionary and Napoleonic Years* Princeton, NJ: Princeton University Press, 2004.
———. "Scientific Aspects of the French Egyptian Expedition 1798–1801." *Proceedings of the American Philosophical Society* 133, no. 4 (Dec. 1989).
Gillispie, Charles C., and Michel Dewachter, eds. *The Monuments of Egypt: The Complete Archeological Plates from* La Description de l'Égypte. Princeton, NJ: Princeton Architectural Press, 1987.
Glassie, John. *A Man of Misconceptions: The Life of an Eccentric in an Age of Change*. New York: Penguin, 2012.
Gleick, James. *The Information: A History, A Theory, A Flood*. New York: Vintage, 2012.（ジェイムズ・グリック『インフォメーション——情報技術の人類史』楡井浩一訳、新潮社、2013年）
Glynn, Ian. *Elegance in Science: The Beauty of Simplicity*. New York: Oxford University Press, 2010.
Gnanadesikan, Amalia. *The Writing Revolution: Cuneiform to the Internet*. Hoboken, NJ: Wiley-Blackwell, 2009.
Gordon, John Steele. *Washington's Monument: And the Fascinating History of the Obelisk*. New York: Bloomsbury, 2016.
Green, Peter. "Tut-Tut-Tut." *New York Review of Books*, Oct. 11, 1979.
Greenblatt, Stephen. *Swerve: How the World Became Modern*. New York: Norton, 2012.（スティーヴン・グリーンブラット『一四一七年、その一冊がすべてを変えた』河野純治訳、柏書房、2012年）
———. *The Rise and Fall of Adam and Eve*. New York: Norton, 2017.
Guichard Jr., Roger H. *Niebuhr in Egypt: European Science in a Biblical World*. Cam-

bridge, UK: Lutterworth Press, 2014.
Gunn, Battiscombe. "Notes on the Naukratis Stela." *Journal of Egyptian Archaeology* 29 (Dec. 1943).
Gurney, Hudson, "Memoir." In Thomas Young. *Rudiments of an Ancient Egyptian Dictionary in the Ancient Enchorial Character*. London: J. & A. Arch, 1831.
Hansen, Thorkild. *Arabia Felix: The Danish Expedition of 1761–1767*. New York: Harper & Row, 1962.
Harrison, Simon. *Hunting and the Enemy Body in Modern War*. New York: Berghahn, 2012.
Hartleben, Hermine, ed. *Lettres et Journaux de Champollion le Jeune*, 1, 2. Paris: Leroux, 1909.
———. *Champollion: Sein Leben und Sein Werk*. Weidmannsche Buchhandlung: Berlin, 1906.
Haycock, David Boyd. *William Stukeley: Science, Religion and Archaeology in Eighteenth-Century England*. Woodbridge, Suffolk, UK: Boydell Press, 2002.
Herodotus. *The Histories*. London: Penguin, 1954.（ヘロドトス『歴史』松平千秋訳、岩波文庫、1971・1972年）
Herold, J. Christopher, *The Age of Napoleon*. New York: Mariner Books, 2002.
———. *Bonaparte in Egypt*. Tucson, AZ: Fireship Press, 2009.
Higgins, Charlotte. "How to Decode an Ancient Roman's Handwriting." *New Yorker*, May 1, 2017.
Hilts, Victor L. "Thomas Young's 'Autobiographical Sketch.'" *Proceedings of the American Philosophical Society* 122, no. 4 (Aug. 18, 1978).
Horapollo, *The Hieroglyphics of Horapollo Nilous*. London: W. Pickering, 1840.
Hornung, Erik. *The Secret Lore of Egypt: Its Impact on the West*. Ithaca, NY: Cornell University Press, 2001.
Hume, Ivor. *Belzoni: The Giant Archeologists Love to Hate*. Charlottesville: University of Virginia Press, 2011.
Ikram, Salima. *Death and Burial in Ancient Egypt*. Cairo: American University in Cairo Press, 2015.
Iversen, Erik. *The Myth of Egypt and its Hieroglyphs*. Princeton, NJ: Princeton University Press, 1961.
Kahn, David. *The Codebreakers: The Story of Secret Writing*. London: Sphere Books, 1973.（デイヴィッド・カーン『暗号戦争』秦郁彦・関野英夫共訳、ハヤカワ文庫、1978年）
Keegan, John. *Intelligence in War: Knowledge of the Enemy from Napoleon to al-Qaeda*. New York: Knopf Doubleday, 2003.（ジョン・キーガン『情報と戦争——古代からナポレオン戦争、南北戦争、二度の世界大戦、現代まで』並木均訳、中央公論新

社、2018年)
Kember, Joe, John Plunkett, and Jill Sullivan, eds. *Popular Exhibitions, Science and Showmanship, 1840–1910*. New York: Routledge, 2012.
Kramer, Samuel Noah. *The Sumerians: Their History, Culture, and Character*. Chicago: University of Chicago Press, 1971.
LaBrière, Leon de la. *Champollion Inconnu: Lettres Inédites*. Paris: Plan, 1897
Leal, Pedro Germano. "Reassessing Horapollon: A Contemporary View on *Hieroglyphica*." *Emblematic* 21 (2014).
Livingstone, Josephine. "Old English." *New York Times Magazine*, Jan. 6, 2019.
Luckenbill, Daniel. *Ancient Records of Assyria and Babylonia*, vol. 2. Chicago: University of Chicago Press, 1927.
Lynch, Jack. *You Could Look It Up: The Reference Shelf from Ancient Babylon to Wikipedia*. New York: Bloomsbury, 2016.
Man, John. *Alpha Beta: How 26 Letters Shaped the Western World*. New York: Barnes & Noble, 2005.
Manetho. *History of Egypt*. Translated by W. G. Waddell. Cambridge, MA: Harvard University Press, 1940.
Manguel, Alberto. *A History of Reading*. New York: Penguin, 2014.(アルベルト・マングェル『読書の歴史――あるいは読者の歴史』原田範行訳、柏書房、2013年。1996年版より邦訳)
Mayes, Stanley. *The Great Belzoni: The Circus Strongman Who Discovered Egypt's Ancient Treasure*. London: Tauris Parke, 2006.
McDowell, Andrea. *Village Life in Ancient Egypt: Laundry Lists and Love Songs*. New York: Oxford University Press, 1999.
McMahon, Darrin. *Divine Fury: A History of Genius*. New York: Basic Books, 2013.
McWhorter, John. *The Language Hoax: Why the World Looks the Same in any Language*. New York: Oxford University Press, 2014.
———. *The Power of Babel: A Natural History of Language*. New York: Henry Holt, 2001.
Mertz, Barbara. *Red Land, Black Land: Daily Life in Ancient Egypt*. New York: William Morrow, 2008.
———. *Temples, Tombs and Hieroglyphs: A Popular History of Ancient Egypt*. New York: Morrow, 2009.
Moorehead, Alan. *The Blue Nile*. New York: Harper Perennial, 2000.(アラン・ムアヘッド『青ナイル』篠田一士訳、筑摩叢書、1976年。1962年版より邦訳)
Morenz, Ludwig. "The Origins of Egyptian Literature." In Bill Manley, ed., *The Seventy Great Mysteries of Ancient Egypt*. London: Thames & Hudson, 2003.
Morrison, Robert. *The Regency Years: During Which Jane Austen Writes, Napoleon*

Fights, Byron Makes Love, and Britain Becomes Modern. New York: Norton, 2019.
Nightingale, Andrea. *Once Out of Nature: Augustine on Time and the Body*. Chicago: University of Chicago Press, 2011.
Parkinson, Richard. "Egypt: A Life Before the Afterlife." *Guardian*, Nov. 5, 2010.
———. *Cracking Codes: The Rosetta Stone and Decipherment*. Berkeley: University of California Press, 1999.
———. *The Painted Tomb Chapel of Nebamun*. London: British Museum Press, 2008.
Parsons, Peter. *City of the Sharp-Nosed Fish: The Lives of the Greeks in Roman Egypt*. London: Orion, 2012.
Peacock, George. *Life of Thomas Young, M.D., F.R.S., & C.* London: J. Murray, 1855.
Peet, T. Eric. *A Comparative Study of the Literatures of Egypt, Palestine, and Mesopotamia: Egypt's Contribution to the Literatures of the Ancient World*. Eugene, OR: Wipf and Stock, 1997.
Petrie, Flinders. *Seventy Years in Archeology*. London: Low, Marston, 1931.
———. *The Pyramids and Temples of Gizeh*. London: Field & Tuer, 1883.
Pharr, Clyde, Theresa Sherrer Davidson, and Mary Brown Pharr, eds. *The Theodosian Codes and Novels and the Sirmondian Constitutions*. Princeton, NJ: Princeton University Press, 1952.
Picchi, Daniela, Karen Ascani, and Paola Buzi, eds. *The Forgotten Scholar: Georg Zoëga (1755–1809): At the Dawn of Egyptology and Coptic Studies*. Leiden, Netherlands: Brill, 2015.
Pope, Maurice. *The Story of Decipherment: From Egyptian Hieroglyphs to Maya Script*. London: Thames and Hudson, 1975.（モーリス・ポープ『古代文字の世界——エジプト象形文字から線文字Ｂまで』唐須教光訳、講談社学術文庫、1995年）
Ray, John. *The Rosetta Stone and the Rebirth of Ancient Egypt*. Cambridge, MA: Harvard University Press, 2007.（ジョン・レイ『ヒエログリフ解読史』田口未和訳、原書房、2008年）
Reid, Donald Malcolm. *Whose Pharaohs?: Archeology, Museums, and Egyptian National Identity from Napoleon to World War I*. Berkeley: University of California Press, 2003.
Renouf, Peter Le Page. "Young and Champollion." *Proceedings of the Society of Biblical Archeology* 19 (May 4, 1897).
Ritner, Robert K. "Tutankhamun for the Twenty-first Century: Modern Misreadings of an Ancient Culture." Talk delivered at the Field Museum of Natural History, Chicago, on Oct. 26, 2006. Online at tinyurl.com/4z6vh60h.
Roberts, Andrew. *Napoleon: A Life*. New York: Penguin, 2015.
Robinson, Andrew. *Cracking the Egyptian Code: The Revolutionary Life of Jean-François Champollion*. New York: Oxford University Press, 2012.

———. *Lost Languages: The Enigma of the World's Undeciphered Scripts*. New York: McGraw-Hill, 2002.

———. *Sudden Genius?: The Gradual Path to Creative Breakthroughs*. New York: Oxford University Press, 2010.

———. *The Last Man Who Knew Everything: Thomas Young, the Anonymous Genius Who Proved Newton Wrong and Deciphered the Rosetta Stone, Among Other Surprising Feats*. New York: Plume, 2007.

———. *The Man Who Deciphered Linear B: The Story of Michael Ventris*. London: Thames & Hudson, 2012.（アンドルー・ロビンソン『線文字Bを解読した男――マイケル・ヴェントリスの生涯』片山陽子訳、創元社、2005年。2002年版より邦訳）

———. *The Story of Writing: Alphabets, Hieroglyphs, and Pictograms*. London: Thames & Hudson, 1995.（アンドルー・ロビンソン『［図説］文字の起源と歴史――ヒエログリフ、アルファベット、漢字』片山陽子訳、創元社、2006年）

Roehrig, Catharine H., ed., *Hatshepsut: From Queen to Pharaoh*. New York: Metropolitan Museum of Art, 2005.

Romer, John. *A History of Ancient Egypt, Volume 2: From the Great Pyramid to the Fall of the Middle Kingdom*. New York: Thomas Dunne, 2017.

———. *Ancient Lives: Daily Life in Egypt of the Pharaohs*. New York: Holt, Rinehart and Winston, 1984.

Roth, Ann Macy. "Models of Authority: Hatshepsut's Predecessors in Power." In Catharine H. Roehrig, ed., *Hatshepsut: From Queen to Pharaoh*. New York: Metropolitan Museum of Art, 2005.

Salt, Henry. *Essay on Dr. Young's and M. Champollion's Phonetic System of Hieroglyphics*. Cambridge, UK: Cambridge University Press, 2014. (Originally published 1823.)

Schiff, Stacy. *Cleopatra: A Life*. Boston: Little, Brown, 2010.（ステイシー・シフ『クレオパトラ』近藤二郎監修、仁木めぐみ訳、早川書房、2011年）

Schmandt-Besserat, Denise. "The Evolution of Writing." Online at https://tinyurl.com/y72ynmqz.

———. *How Writing Came About*. Austin: University of Texas Press, 1992.（デニス・シュマント＝ベッセラ『文字はこうして生まれた』小口好昭・中田一郎共訳、岩波書店、2008年）

Sebba, Anne. *The Exiled Collector: William Bankes and the Making of an English Country House*. Dovecote, UK: Dovecote Press, 2009.

Selin, Shannon. "Boney the Bogeyman: How Napoleon Scared Children." Online at https://tinyurl.com/y5wl7ayo.

Seyler, Dorothy U. *The Obelisk and the Englishman: The Pioneering Discoveries of Egyptologist William Bankes*. Amherst, NY: Prometheus Books, 2015.

Shaw, Ian, ed. *The Oxford History of Ancient Egypt.* New York: Oxford University Press, 2003.

Solé, Robert, and Dominque Valbelle. *The Rosetta Stone: The Story of the Decoding of Hieroglyphics.* New York: Four Walls Eight Windows, 2002.

Stiebing Jr., William H. *Uncovering the Past: A History of Archeology.* New York: Oxford University Press, 1993.

Strabo. *Geography.* Cambridge, MA: Harvard University Press, 1932.

Strathern, Paul. *Napoleon in Egypt.* New York: Bantam, 2009.

Thomasson, Fredrik. *The Life of J. D. Åkerblad: Egyptian Decipherment and Orientalism in Revolutionary Times.* Leiden, Netherlands: Brill, 2013.

Thompson, Jason. *Wonderful Things: A History of Egyptology, Volume 1: From Antiquity to 1881.* Cairo: American University in Cairo Press, 2015.

———. *Wonderful Things: A History of Egyptology, Volume 2: The Golden Age: 1881–1914.* Cairo: American University in Cairo Press, 2016.

———. *Wonderful Things: A History of Egyptology, Volume 3: From 1914 to the Twentyfirst Century.* Cairo: American University in Cairo Press, 2018.

Tyldesley, Joyce. *Hatchepsut: The Female Pharaoh.* London: Penguin, 2008.

———. *Myths and Legends of Ancient Egypt.* New York: Viking, 2010.

Tyndall, John. "Thomas Young. A Discourse." Lecture delivered at the Royal Institution in London on Jan. 22, 1886. Online at https://tinyurl.com/y2rhqkmz.

Ucko, Peter, and Timothy Champion, eds. *The Wisdom of Egypt: Changing Visions Through the Ages.* Abingdon, UK: Routledge, 2003.

Urbanus, Jason. "In the Time of the Rosetta Stone." *Archaeology*, Nov./Dec. 2017.

Usick, Patricia. *William John Bankes' Collection of Drawings and Manuscripts Relating to Ancient Nubia.* University of London PhD thesis from 1998. Online at https://tinyurl.com/y6hhdqrq.

Walker, C. B., and James Chadwick. *Reading the Past: Ancient Writing from Cuneiform to the Alphabet.* Berkeley: University of California Press, 1990.

Warner, Oliver. *The Battle of the Nile.* New York: Macmillan, 1960.

White, Matthew. *Atrocities: The 100 Deadliest Episodes in Human History.* New York: Norton, 2012.

Wilkinson, Toby. *The Rise and Fall of Ancient Egypt.* New York: Random House, 2010.

———. *Writings from Ancient Egypt.* New York: Penguin, 2017.

Williams, Ann. "Animals Everlasting." *National Geographic*, Nov. 2009.

Wilson, John A. *Signs and Wonders Upon Pharaoh: A History of American Egyptology.* Chicago: University of Chicago Press, 1964.

Wood, Alexander. *Thomas Young: Natural Philosopher.* Cambridge, UK: Cambridge University Press, 1954.

Yates, Frances. *Giordano Bruno and the Hermetic Tradition*. Abingdon, UK: Routledge, 1999.（フランセス・イエイツ『ジョルダーノ・ブルーノとヘルメス教の伝統』前野佳彦訳、工作舎、2010 年）

Young, Thomas. "Egypt." *Encyclopedia Britannica*, supplement vol. 4, 1819. In John Leitch, ed., *Miscellaneous Works of the Late Thomas Young*. London: J. Murray, 1855.

———. "On the mechanism of the eye." *Philosophical Transactions of the Royal Society of London* 91 (Part I, 1801).

———. *An Account of Some Recent Discoveries in Hieroglyphical Literature and Egyptian Antiquities including the Author's Original Alphabet as Extended by Mr.Champollion with a Translation of Five Unpublished Greek and Egyptian Manuscripts*. London: J. Murray, 1823.

———. *Rudiments of an Ancient Egyptian Dictionary in the Ancient Enchorial Character*. London: J. & A. Arch, 1831.

図版クレジット

[本文]

p. 16: Jan Wlodarczyk / Alamy Stock Photo　p. 17: Nikreates / Alamy Stock Photo　p. 23 (上段): SuperStock / Alamy Stock Photo　p. 23 (中段): SuperStock / Alamy Stock Photo　p. 23 (下段): SuperStock / Alamy Stock Photo　p. 25: © Trustees of the British Museum　p. 41: Evren Kalinbacak / Alamy Stock Photo　p. 45: Smith Archive / Alamy Stock Photo　p. 47: Wikimedia Commons　p. 56 (上段): Cairo Egyptian Museum　p. 56 (下段・右): Metropolitan Museum of Art, Gift of Darius Ogden Mills, 1904　p. 61: Wikimedia Commons　p. 64: Palace of Versailles　p. 88: Wikimedia Commons　p. 89: The Print Collector / Alamy Stock Photo　p. 102: A. Astes / Alamy Stock Photo　p. 105: Wikimedia Commons　p. 114 (左): Hi-Story / Alamy Stock Photo　p. 114 (右): Wikimedia Commons　p. 140: SuperStock / Alamy Stock Photo　p. 164: Wikimedia Commons　p. 178: Wikimedia Commons　p. 198: The National Trust/The Bankes of Kingston Lacy & Corfe, Castle Archives, Dorset Record Office　p. 234 (左): © Trustees of the British Museum　p. 234 (右): © Trustees of the British Museum　p. 240 (左): © Trustees of the British Museum　p. 240 (右): Wellcome Collection, Attribution 4.0 International (CC BY 4.0)　p. 242: Wikimedia Commons　p. 270: © Musée du Louvre, Dist. RMN-Grand Palais / Christian Decamps / Art Resource, NY　p. 273: Wikimedia Commons　p. 341: Bibliothèque Nationale de France

[カラーページ]

1. Lent to Belvedere by Kunsthistorisches Museum　2. Copy by Henry Briggs of Thomas Lawrence's portrait of Thomas Young　3. Portrait of Jean-François Champollion, 1831, by Léon Cogniet. Louvre　4. Jan Adam Kruseman, 1824, Fitzwilliam Museum　5. North Wind Picture Archives / Alamy Stock Photo　6. Courtesy of the author　7. © 2020 Bridgeman Images　8. Calin Stan / Alamy Stock Photo　9. National Archives　10. New-York Historical Society　11. © President and Fellows of Harvard College

THE WRITING OF THE GODS

The Race to Decode the Rosetta Stone

by Edward Dolnick

ヒエログリフを解け

ロゼッタストーンに挑んだ英仏ふたりの天才と
究極の解読レース

2023年1月27日　初版
2023年5月19日　4版

著者———エドワード・ドルニック

訳者———杉田七重（すぎた　ななえ）

発行者——渋谷健太郎

発行所——（株）東京創元社
〒162-0814 東京都新宿区新小川町1-5
電話　03-3268-8231（代）
URL　http://www.tsogen.co.jp

装丁———中村　聡

カバー写真—Fotosearch/Getty Images

DTP———キャップス

印刷———理想社

製本———加藤製本

ISBN 978-4-488-00397-5　C 0022